去**美国**

终极实用版

"去旅行"编辑部◎主编

中国农业出版社

图书在版编目（CIP）数据

去美国终极实用版／"去旅行"编辑部主编 .
-- 北京：中国农业出版社，2014.4

ISBN 978-7-109-18756-6

Ⅰ. ①去… Ⅱ. ①去… Ⅲ. ①旅游指南－美国Ⅳ. ①K971.29

中国版本图书馆CIP数据核字（2013）第310341号

中国农业出版社出版

（北京市朝阳区麦子店街18号）

（邮政编码：100125）

策划编辑：李梅

责任编辑：李梅

北京中科印刷有限公司印刷　　新华书店北京发行所发行
2014年4月第1版　　2014年4月第1次印刷

开本：710mm×1000mm　1/16　　印张：23

字数：380千字

定价：49.90元

帝国大厦

前 言 PREFACE

美国，一个发达、开放的国家，最大的魅力在于，她曾经以民主、自由、富裕、开放的西方世界文化、思潮吸引了无数中国人，曾是中国改革开放以后众多中国人的向往之地，就像《中国合伙人》中所表现的那样。如今三十多年过去了，美国已不再那么神秘和遥不可及。

自由女神像、白宫、百老汇、大都会博物馆、科罗拉多大峡谷、尼亚加拉大瀑布、黄石国家公园、迪斯尼乐园、迈阿密海滩、夏威夷火山国家公园、纳帕谷葡萄园，公路上跑着各种模样的汽车，街上走着各种肤色各种穿着的人……你想去美国看什么？在这片只有两百多年历史的广阔疆土上，美国以其移民国家特有的宽容度，汇集了多样的人群，多元的文化以及丰富多彩的艺术形式。美国拥有着一种奇异而丰富的魅力。

美国物质极为丰富，这也是早年间的传说。到底是不是呢？年轻的时尚达人们去美国回来后会咬牙切齿地告诉你，便宜且好，下次要带大箱去买衣服……其实便宜是相对的，不管去哪里玩，购物淘货都是一乐，美国岂能例外！美国知名品牌众多的第五大道，高档精品店聚集的麦迪逊大道，独门精品繁多的西湖中心，中国传统商品云集的纽约唐人街，海产品汇聚的渔人码头，物美价廉的商品聚集的布鲁克林跳蚤市场……既然赫赫有名，自然是有道理的，是否名副其实，去看看就知道了。

在美国旅行的人没有没吃过汉堡的。很多人都说汉堡包太大了，一个吃不完！美国当然不只有汉堡包，牛排、炸鸡、三明治、热狗、甜甜圈、炸薯条、沙拉、比萨、宫保鸡丁、酱汁面条、塔可卷饼、冰激凌，还有各种饮品：咖啡、可乐、啤酒、葡萄酒和烈酒，可能美国独有的饮食不多，但别处有的美国都可以有。

走吧！将体内那颗狂热躁动的心安抚下来，收拾起行装，带上足够的钞票，带上《去美国终极实用版》，为自己做好行程规划，行动起来，开始前往美国的旅途吧。

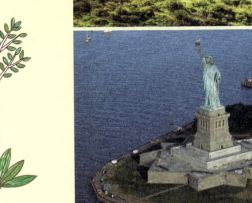

P R E F A C E

目 录 CONTENTS

写在前面：旅游达人侃美国

PART 1 去美国前

✈ PART 2 到达美国后

✈ PART 3 纽约→华盛顿→费城→波士顿

✈ PART 4 迈阿密→新奥尔良→休斯敦

✈ PART 5 洛杉矶→旧金山→西雅图

✈ PART 6 拉斯维加斯→盐湖城

PART 7 芝加哥→底特律→尼亚加拉瀑布城→匹兹堡

PART 8 热岛探访——夏威夷、塞班岛

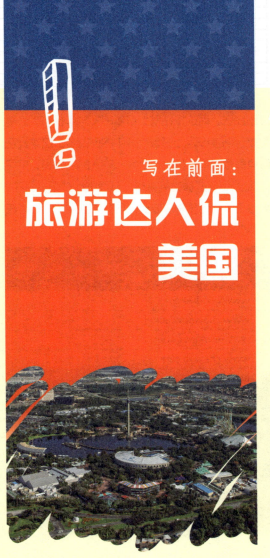

写在前面：
旅游达人侃美国

A
吃：美国就餐大不同

1.分量大，油炸多

　　作为一个移民国家，美国的食物具有多元化的特征，融合了世界各地的美食。但在其发展的过程中，美国人也发明了不少带有本国特色的美食，然而这些食物大部分都有分量大、油炸多、奶酪多的特征。但是这些都是美国的"本帮菜"，带有"美国风味"，去美国旅行的时候可以品尝一下。

特色美食推荐	
名称	**特色**
牛肉汉堡	汉堡是美国食物的代表，而夹着碎牛肉的牛肉汉堡最受人们喜爱。美国的Arby's汉堡店（www.arbys.com）的牛肉汉堡，又绵又软，有别于一般的碎牛肉馅汉堡
巧克力曲奇冰激凌	巧克力曲奇冰激凌是一种有大块乳脂软糖、条状太妃糖、核仁巧克力碎以及巧克力曲奇的冰激凌，十分可口
费城奶酪牛排堡	费城奶酪牛排堡将洋葱、高丽菜、西红柿及各种香料炒过的碎牛肉与浓浓的奶酪夹在长形的面包里，味道十分美味
甜甜圈	甜甜圈是一种将面粉、砂糖、奶油和鸡蛋混合后经过油炸的甜食。最普遍的两种形状是中空的环状和面团中间有包入奶油、蛋浆（卡士达）等甜馅料的封闭型甜甜圈

2.网上订餐很方便

在美国，提供网上订餐服务的餐馆数目正在急剧膨胀，而选择在网上订餐的多是年轻一族。美国网上订餐先驱之一的食品网（www.food.com）是目前美国网上订餐行业中的佼佼者。这家设在旧金山的网络公司服务于全美13000个餐馆，任何消费者只要轻松地连上网，输入邮区号码，就可以了解周围有哪些餐馆提供网上送餐服务，并可以浏览到这些餐馆的菜单，从而进行预订。仅在2分钟内，预订者就可以通过电子邮件得到确定。再过不久，你就可以收到你所订的美食了。选择在网上订餐，不仅方便快捷，同时在价格上也会便宜不少。

美国网上订餐网址推荐	
名称	网址
Goodies.co	www.goodies.co
ChowNow	www.chownow.com
Allmenus.com	www.allmenus.com
Chewse	www.chewse.com
OLO	www.olo.com
Munchery	munchery.com

3.去高级餐厅着正装

在美国的高级餐厅就餐，你需要穿正装。即使餐馆的着装要求是轻便的服装，也尽量不要穿紧身牛仔裤，可穿卡其裤；尽量不穿T恤，应穿有领衬衫。一般情况下，女性以裙装为宜，男性应打领带穿深色西装。通常西装外套只扣上几个扣，也可全部不扣，但切忌全扣。西装背心最下一个扣通常不扣。穿深色西装应穿黑色皮鞋、深色袜子，切忌白袜搭配黑鞋。

4.大部分餐厅不能吸烟

美国很多公众场合都是禁止吸烟的，如餐厅、公司、酒吧等，一般只有在野外可以吸烟。在大街上也可以吸烟，但是最好找个没人的地方。有的大楼也禁止吸烟，就是在楼外，也要在15米以外。如果是在餐厅里，就应该问餐厅服务员是否有吸烟区，否则不仅会引起公惯，还有可能会被罚款。

5.和老美就餐AA制

美国人凡事都习惯AA制，无论在家还是在外面，每个人只吃自己盘子里的食物、喝自己杯子里的水，而不会和他人共享，付账也是各自付各自的账单，就算对方是女性，或者这一餐由对方提议，也应实行AA制。如果你出于好意抢着替美国人付账，他们会觉得很困扰，也会礼貌地谢绝你的好意。

美国就餐常用英语

英文	中文
May I have a menu,please?	➡ 请给我菜单。
Do you have a menu in chinese?	➡ 是否有中文菜单?
What kind of drinks do you have for an aperitif?	➡ 可否让我看看酒单?
Could you recommend some good wine?	➡ 是否可以推荐一些不错的酒?
What is the specialty of the house?	➡ 餐厅最特别的菜式是什么?
Can I have the same dish as that?	➡ 我可以点与那份相同的餐吗?
How do you like your steak?	➡ 你的牛排要如何烹调?
Well done (medium/rare),please.	➡ 全熟(五分熟/全生)。

B

：达人教你这样选

1.青年旅舍很实惠

　　青年旅舍是自助旅行者不错的选择，其多样化的服务及低廉的价格，都受到诸多游客的青睐。此外，这里还是结识各国友人的好地方。美国的青年旅舍根据地区和设备不同而有所差异。有些青年旅舍提供家庭或夫妻单独的房间，但大多都是男女分住的上下铺大房间，有些还提供厨房和家庭用品，出租脚踏车、储藏室及洗衣设备等。不过，居住在青年旅舍也有不少限制，例如部分青年旅舍会要求游客白天某时段不得出入，有的宵禁、不接受预约、甚至还限制留宿天数等。如果你对青年旅舍比较感兴趣，可以登录国际青年旅舍网站预约，网址：www.iyhf.org。

　　打算住在青年旅舍的游客，有几点信息需要了解：青年旅舍的入住时间为17:00~22:30，退房时间是7:00~10:00；大部分青年旅舍提供免费的早餐，有的允许你自己做饭，但不一定提供炊具；提供公用的浴室，但需要自备浴巾及盥洗用具；需要准备一些零钱，在使用投币式锁物柜时会用到；旅游旺季来美国，需提前预订住宿，可在网上预订，中国游客可登录国际青年旅舍联盟中国网站（www.yhachina.com），申请办理国际青年旅舍会员卡。

青年旅舍推荐			
名称	所属城市	网址	费用参考
New York YHA	纽约	www.hinewyork.org	27～29美元
San Francisco Union Square YHA	旧金山	www.norcalhostels.org	22美元
San Francisco Fisherman's Wharf YHA	旧金山	www.norcalhostels.org	22～25美元
Santa Monica YHA	洛杉矶圣莫尼卡	www.HILosangeles.org	21～23美元
Los Angeles Fullerton YHA	洛杉矶	www.sandiegohostels.com	13～15美元
Chicago YHA	芝加哥	www.hichicago.org	19～23美元
Seattle YHA	西雅图	www.hiseattle.org	16～19美元

2.家庭旅馆需要这样预订

　　美国一般的旅馆主要以家庭旅馆居多，这种旅馆价格实惠，每晚价格在40～50美元，同时干净安全，是来美旅游短期居住的最佳选择。而选择家庭旅馆最大的好处就是可以接触当地人的生活。如果是华人开的家庭旅馆，那就会感觉更加亲切了。另外，有些家庭旅馆还提供付费的机场接送服务，有的还提供早餐等。

　　不过，家庭旅馆的房间都比较少，建议游客提早预订。游客可在国内登录网站www.airbnb.com，寻找适合自己的家庭旅馆。在选择时，建议尽量找评价比较多的房子，同时，还要注意看房主的介绍和要求。此外，江西华人在美创办的"网罗美国旅行社"也提供有不少家庭旅馆。美国热线：718-737-2266。

3.短期公寓有居家的感觉

　　美国有不少公寓型旅馆，里面有完备的家具、电器与生活用品，还有客厅、厨房，让住客有居家般的感觉。这些短期公寓提供的住宿时间短则为1天，长则可以延伸到1年。另外，这些旅馆所在的地方交通非常便利，价格也比较实惠。如果你是一家人到美国旅游，那么短期公寓将是你最佳的住宿选择。除了当地人提供的公寓外，还有不少留学生在寒暑假（12月至次年1月，5月至8月）回国时，将空出来的公寓以便宜价钱转租。如果你刚好是在这个时期来美国，不妨找一找这样的公寓。转租公寓网址推荐：www.sublet.com。

短期公寓推荐		
名称	概况	网址
Woogo	英国在美国纽约出租的公寓及旅馆，没有最低住宿天数的要求	www.woogo.com
HospitalicyCo	纽约出租公寓，从简易型到豪华型都有	www.HospitalicyCo.com
Extstay	在全美200多个城市都有连锁店，可以提供长期或者短期的公寓，简易型与豪华型都有	www.extstay.com

4.在朋友家住宿有讲究

如果你有幸在美国去朋友家住宿，那将会为自己省掉一大笔住宿费，这也是一件十分有意义的事。不过需要注意的是，通常住宅区距离市区比较远，交通会是一个问题。如果打算住进朋友家，就有必要先了解一下美国家庭是怎样的，这样才能做个有礼貌的借宿客。

大部分美国人进屋子是不需要脱鞋的，但也有特殊情况，所以进屋子前不妨询问一下；美国人家里的厨房和我们中国人的厨房有所区别，如美国厨房会有一个装有搅菜机的水槽，这是用来将厨余打碎，方便冲进下水道的。美国厨房通常会有洗碗机，有时候碗筷和盘子会直接放在洗碗机内；美国人家里的浴室地板没有排水孔，洗澡时记得将浴帘放进浴缸内。

5.推荐几个不错的订房网站

网址	概况
www.expedia.com	全美知名度极高的酒店、机票预订网站，在各大主流媒体都能看到他们的广告
www.priceline.com	酒店、机票、租车预订网站，独有的Name Your Price服务，在这个网站上经常能预订到比其他网站价格低很多的酒店房间
booking.com	酒店在线预订网，全世界各个目的地预订酒店都可享受超值优惠，安全保障
Cn.taketours.com	拥有中文界面和客服，可在线预订酒店、机票、旅游团，同时提供租车服务

美国住宿常用英语

英文	中文
I'd like to make a reservation for two nights for my family and myself.	➡ 我想要给自己和家人预订房间，准备住两个晚上。
Do you have anything bigger(better/cheaper)	➡ 是否还有更大的（更好的/更便宜的）房间？
Do you have any less expensive room?	➡ 有没有便宜一点的房间？
How much is a room per night?	➡ 住一晚要多少钱？
I'd like a room on the upper level.	➡ 我想要一间视野好(有阳台)的房间。
Does your hotel have pick-up service at the airport?	➡ 请问你们旅馆有机场的接送服务吗？
How can l take a bus or subway to your hotel?	➡ 我要如何乘车才能到达你们的酒店？
I Would like to check my valuable.	➡ 请你帮我把贵重物品寄存一下。

C

行：多种交通工具齐上阵

1.乘飞机就像乘巴士

飞机是美国人最常用的交通工具，在美国，乘飞机就像乘巴士一样，既舒适又方便，美国的飞机场一般都设在城市附近。在纽约、洛杉矶、芝加哥等城市，不断有飞机起飞和到达，几乎美国所有的城市都有飞机往来。如果你的旅行时间较短或是游览的城市较少，那么乘飞机是一个不错的选择。

如果你打算乘飞机，就需要提前了解购买机票的程序和技巧。上网买机票是最快的方法，自由选择度较高，而且还可能买到特价的便宜票。但是在网上买机票，需要注意几点：网上买票通常使用信用卡，购票成功后需打印出电子票并带到机场向柜台报到；买票时要注意票的种类，是直飞的还是非直飞的；购买机票时，要看清楚机票可不可以改签；如果你选定的城市有好几个，可以查询下是否可以购买"区域制联票"（只要购买美国单一城市的国际票价，就可以在划定的区域内额外乘坐美国国内航线到达其他城市。）。

此外，美国的某些航空公司还会推出套票，即周游券。此类套票适用于多个城市的飞机旅行，如美国航空、大陆航空、西北航空、联合航空等都有此服务。

需要提醒的是，购买飞往美国的飞机票最好提前一个月左右预订，那样会便宜不少。北京飞往美国洛矶杉的飞机票，可以在中旅社预订，票连税费约6200元。另外，还可以选美国的联合航空(United Airlines)，价格更低，只需约5800元。

美国航空公司推荐		
航空公司	简称	网站
美国航空	AA	www.aa.com
大陆航空	CO	www.continental.com
西北航空	NW	www.nwa.com
全美航空	US	www.usair.com

2.坐火车最好选Amtrak

美国的火车使用频率远远不如飞机，但乘火车旅行，可以饱览沿途景色，观察风土人情，对于游客而言是一个不错的选择。想要搭乘火车的游客，不妨选Amtrak。Amtrak是美国大陆的横贯铁路，路线从东到西、从南到北，遍布美国全州。你可以在车站、旅行社或者网上（www.amtrak.com）购买Amtrak铁路的火车票，还可以拨打1–800–8727245免费电话订票。打算乘火车环游美国的游客，可以购买USA Rallpass，USA Rallpass是Amtrak对外国旅客发售的铁路环游券，这种环游券必须在美国以外的地方预先购买，自发行之日起90天内使用，乘车期有30天和15天两种，持券人可以在乘车期内无限次使用，但如果想坐卧铺或豪华车则要补钱。选择全美游，15天票价为389美元，30天票价为469美元，旺季价格会高一点。

📷 **旅游达人游玩攻略**

美国的火车最大的问题就是晚点，所以打算乘坐火车的游客，一定要留出较充足的时间，至少要留3～6小时的时间，而且也不要把行程安排得太紧；等候火车时要注意听广播，火车到站前5～15分钟广播里才会通知在几号月台上车，再加上火车时常延误时间，所以要随时注意广播；另外，坐在火车上也必须认真听广播，火车上没有电子看板，不认真听则很容易坐过站。一些路线一天只有1班火车，坐过站会非常麻烦。雨林电路，步行时间约45分钟。为了安全起见，在潮湿天气下会有部分步行道关闭，具体信息可关注公园警报。

3. 沿公路旅行就坐灰狗巴士

灰狗巴士在北美共约3100个据点，线路网络覆盖了全美及加拿大、墨西哥部分地区。灰狗巴士不仅票价便宜，而且速度很快，能通往许多偏僻的地方。想要在美国各个城市间穿梭，乘坐灰狗巴士是个明智的选择。此外，灰狗巴士车身高大，车厢内座位宽敞，车内还有空调设备，最方便的是，车身尾部还有厕所。

灰狗巴士车站一般都在市中心，游客可在车站买票，嫌麻烦的游客也可以在网上购票（www.greyhound.com）或是电话购票（214-8498100）。灰狗巴士的车票都很便宜，通常是飞机票的一半。另外，灰狗长途巴士公司还提供周游券"Discobery"，这种周游券几乎可以到达美国的任何地方。有了周游券，你便可以在有效期内不限次数任意搭乘灰狗巴士。但是灰狗巴士公司并不直接发行这种周游券，而是发行Bautya，需要携带Bautya到指定车站，换成"Discobery"周游券。

4. 在美国驾车真的爽

租车自驾游当然是最自由、最随意的旅行方式了。美国开阔的道路、完善的停车位、无限的风光更是让想要在这里自驾游的游客多了一份期待。如果你打算在美国自驾游，就必须在国内的公证机关处将国内驾照进行公证，到美国后据此申请临时驾照，有了临时驾照，才可以租车上路。

美国有很多汽车租赁公司，在美国的各机场及饭店就有租车（Car Rental）的柜台。美国的租车公司有Avis、Herz、Budget、Dollar、Advantage等，建议游客选择像Avis、Herz这样的大公司，虽然价格上会比较高，但更安全可靠，可省去很多不必要的麻烦。另外，游客还可在网上租车，网上租车比较便宜，可搜索到许多大型汽车租赁公司的优惠券代码，而且选择性多，在www.carrentals.com可以查出各租车公司的价钱。一般情况下，租车的费用已包含汽车险，但保费较低，游客可以根据自己需要加保任意汽车险。

关于租车费用，比较便宜的价格在15～25美元/天；纽约、华盛顿这些城市会比较贵，要35～50美元/天，甚至有75～120美元/天的。如果订经济型车，一周也就95美元左右。建议游客还是租辆好点的车，一是在高速公路上行车稳且安全，二是租车公司里有不少好车，比如奔驰、宝马等，多花几十美元租一辆好车在美国游玩一番，还是很爽的。

📷 旅游达人游玩攻略

美国与中国一样，都是靠右行驶。美国时速以英里计算，一般市区是25～35英里/小时（40～55千米/小时），高速公路是55～65英里/小时（85～100千米/小时）。

租车公司网址推荐	
租车公司	**网址**
Avis	www.avis.com
Alamo	www.goalamo.com
Dollar	www.dollar.com
Hertz	www.hertz.com
National Car Rental	www.natinoalcar.com

5.风景在变，家不变——**房车旅行**

在美国旅行，还可以选择的一个交通工具就是房车。房车在美国很常见，在很多旅游景点的空地处常常会见到房车的"身影"。房车大多是由大巴或货车改装而成，车内被隔成卧室、起居室、浴室和厨房等，有的房车还被精心装修，布置讲究，并添置有许多现代家电用品，冰箱、微波炉、电烤箱等，可以说是麻雀虽小，五脏俱全。选择房车旅行，无疑是一种独特而又精彩的旅行方式。需要注意的是，如果你选择的是由大巴改装成的房车，需要A照驾

驶证，而货车改装的房车只需要简单的驾驶证就可以了。

房车内会有提供干净自来水的水箱和盛放污水的水箱，方便人们在车内用水。房车内通常还会有3套供电系统，其中最重要的一套是开车用的，叫底盘电气系统，用来发动车；另外一套用于房车上小功率电器，如冰箱、灯、水泵等；还有一套是用于大功率电器的供电系统，像微波炉、电烤箱等，这套系统需要有燃油发电机或地面供电系统供电。整个房车可以说是"自给自足"，车上有水有电，甚至可以洗热水澡。房车在行进过程中，还可以使用汽车自己的制冷制热的空调系统。当房车停下来，发动供电系统，还可以使用房车的空调系统，房车上还可以有液化气罐，用于做饭。

北美最大的租房车公司是Cruise America，这家公司提供的房车都很新，而且价格适中。到了美国，游客可在谷歌地图上输入关键词"RV Rental"（房车租赁），就可以搜出附近所有租房车的店。找到房车店后，建议先到房车店看一下，了解下车况，也可以跟老板砍砍价，便宜的房车一晚上租费是125美元左右，外加清洗费约100美元。

有了房车后，就需要考虑房车的停靠问

题。美国的一些旅游景点有专门停房车和旅游大巴的地方，如果普通停车场没有，可以找个两个空的停车位停车，不过在停车前，要看看附近有没有什么禁止标志。专门供房车停靠的地方叫RV Park（房车公园），RV Park里有WiFi、公共洗澡堂、公共厕所、洗衣房等，好一些的RV Park还有游泳池。在RV Park停靠房车，非旅游景点20多美元一晚上，旅游景点40多美元一晚上，有游泳池的那种，一晚上要贵10美元左右。具体情况可登陆RV Park Review网站（www.rvparkreviews.com）进行了解，该网站介绍了很多停靠房车的地方，也有很多具体的介绍。

美国交通常用英语

英文	中文
Where is the nearest gas station?	➡ 请问最近的加油站在哪里？
Excuse me,could you tell me which bus I should take to go to the railway station?	➡ 打扰一下，请问我该乘哪路车到火车站？
Where can I get a bus?	➡ 我在哪儿可以乘坐公交车？
Where is the nearest subway station?	➡ 最近的地铁站在哪里？
How can I get down to the subway station?	➡ 我怎样才能到达地铁站？
I need a cab.	➡ 我需要一辆出租车。
Could you tell me where I can get a ticket?	➡ 你能不能告诉我在哪里可以买到车票？
I have something important to do,can you fast the speed?	➡ 我有一些重要的事情要办，你能加快速度吗？

D

游：特色景观别落下

1.博物馆游览价值高

　　很多人眼中的美国只是繁华、时尚、国际化的大都市，殊不知，美国也是极具"内涵"的。也许是因为历史比较短的缘故，美国人在文化上总有种"补课"的心态。美国是世界上博物馆业最为发达的国家，不仅数量众多，而且种类丰富，分布广泛，各大城市都能找到几家、甚至几十家博物馆。在美国纽约，甚至有"博物馆

之路"，那里聚集有各种类型的博物馆。在众多博物馆中，不乏世界闻名的博物馆，无论是建筑还是藏品都有极高的游览价值。值得一提的是，美国有很多博物馆是免费对外开放的。

博物馆推荐		
名称	所属城市	吸睛点
大都会博物馆	纽约	大都会艺术博物馆是世界四大美术馆之一，馆内藏有超过200万件艺术品。因经历经多次扩建，该馆凝聚了各个时期不同的建筑风格
美国自然历史博物馆	纽约	该博物馆是世界上规模最大的自然历史博物馆之一，馆内陈列着天文、矿物、人类、古生物和现代生物这5个方面的藏品
美国国家美术馆	华盛顿	该博物馆是建筑最精美、藏品最丰富的美术馆之一，这里的藏品从欧洲中世纪到现代、美国殖民时代到现代的艺术品都应有尽有
美国航空航天博物馆	华盛顿	该博物馆是世界上首屈一指的有关飞行的专题博物馆，主要收藏有反映美国航空航天史的飞机、发动机、火箭、登月车及著名航空员与宇航员用过的器物
亚洲艺术博物馆	旧金山	这是一座以收藏亚洲文物为主的博物馆，其中，中国文物的收藏量非常丰富，包括中国瓷器、玉器等

2.国家公园超级多

世界第一座国家公园——黄石国家公园就诞生在美国，除了黄石国家公园，美国还有其他50多座国家公园，这些国家公园个个特色鲜明，具有令人叹服的魅力。来到美国，游客无论去被誉为"地球上最美丽的表面"的黄石国家公园，还是去挂满瀑布的优胜美地国家公园，或是到雾气缭绕的大烟山国家公园，抑或在雄伟壮观的大峡谷国家公园，都能收获一份独一无二的旅行体验！

国家公园推荐	
名称	特色
黄石公园	黄石公园是世界上的第一座国家公园，被美国人自豪地称为"地球上最独一无二的神奇乐园"。该公园集温泉、湖泊、峡谷、森林、草地为一体，是一处有着绝美风光的人间天堂
优胜美地国家公园	优胜美地国家公园是美国西部最美丽、参观人数最多的国家公园之一，与黄石国家公园齐名。公园以山谷、瀑布、内湖、冰山、冰碛闻名于世。除此之外，公园内还有三个巨大的世界爷（巨杉）树林（地球上最古老的树木之一），蔚为奇观
大雾山国家公园	大雾山国家公园是美国游人最多的国家公园，四季都适合旅游。春天山花烂漫、夏天清凉凉爽、秋天树叶纷飞、冬天宁静可人。除此之外，这里还有不少动物值得观赏，包括浣熊、负鼠、狐狸、蜥蜴等珍稀动物
大峡谷国家公园	大峡谷国家公园即科罗拉多大峡谷，这里以气势磅礴、错综复杂的山峡和深谷而闻名。搭乘飞机观赏科罗拉多大峡谷绝对是一件令人感到震撼的事
夏威夷火山国家公园	夏威夷火山国家公园有世界上最大的两座活火山，冒纳罗亚火山和基拉韦厄火山。火山口喷吐的烟雾，与园内橙色的硫黄以及茂密的森林交织的颜色成为公园中最美的景象

3.东西部景观最丰富

摊开美国地图，我们会发现，那些我们所熟知的热门旅游城市或旅游地分别散布在美国的东西部。在美国的东部，有大都市纽约、政治中心华盛顿；而西部有洛杉矶、拉斯维加斯等。比较一下，我们不难看出，美国的东部和西部有着截然不同的差异。美国东部多为繁华的都市，在那里游览博物馆、城市风光是旅游的主题，来到这里，更多的是对美国人文风光的了解；而来到西部，我们看到更多的是一种纯粹的自然风光，黄石公园的火山奇观、震撼的自然景观、荒凉的黄土沙漠，都让人见识到了大自然的"本色"。来到美国，无论你是选择在东部还是西部旅游，都能收获到不一样的旅游体验。如果你时间充裕，自然应将美国人文风光、自然风光游个遍。

4. 冷门景点不冷

我们常常会发现这样一个现象，那就是很多十分著名的景点，等我们去看过之后并没有想象中的那般美好，而且人多，让原本令人赞叹的景观失了"原味"。而那些被很多人忽略的"冷门"景点，反而像一朵争奇斗艳的花朵，让人眼前一亮。身在美国，看遍了那些经典的景观后，不妨去寻觅一些"冷门"景点，让自己的旅行更加丰富多彩、别具一格。

"冷门"景点推荐		
名称	**所属城市**	**特色**
联合国总部	纽约	联合国总部有一个风景优美的花园，花园内摆放着很多世界各国赠送的雕塑，值得欣赏。此外，联合国总部还有全世界独一无二的联合邮票售卖，喜欢集邮的游客不可错过
杜莎夫人蜡像馆		杜莎夫人蜡像馆是世界上最有名的蜡像馆之一，馆内设有4个展览层，其中以恐怖屋和杜莎夫人蜡像最为出名，是青少年来纽约游玩不可错过的地方
费城动物园	费城	费城动物园是美国最古老的动物园之一，动物园内的动物种类众多，还包括一些珍贵的濒危动物。喜欢动物的游客一定会爱上这里
国际间谍博物馆	华盛顿	国际间谍博物馆是美国一个比较受欢迎的博物馆，它是世界上唯一一个以展示间谍的相关资料为主题的博物馆
西雅图水族馆	西雅图	西雅图水族馆的面积虽然不大，但里面饲养着众多海洋动物，而且还有一个巨大的球形透明玻璃视窗，人们抬头便能看到里面的海洋生物
纳帕谷	旧金山	纳帕谷是品尝世界顶级葡萄酒的好地方，这里有众多葡萄酒庄园和酿酒厂，是喜欢喝葡萄酒的人的首选之地，也是电影《酒业风云》故事的发生地
大苏尔	旧金山	大苏尔被认为是世界上陆地和海连接最美丽的地方，这里有种从未被践踏过原始的自然美感，适合自驾的朋友。来到这里，游客除了能欣赏到绝美的风光，还能进行徒步、垂钓、冲浪、骑车、野营等户外活动

美国旅游常用英语

英文	中文
Could you tell me how to go to the Empire State Building?	➡ 请问帝国大厦怎么去?
Could you tell me how should I go to this place?	➡ 请问我该如何到这个地方呢?
Where is the ticket to buy?	➡ 请问门票在哪里买?
Can you tell me what time the museum open?	➡ 请问这个博物馆什么时间开放?
Thank you for helping me.	➡ 谢谢你的帮助。
Thanks, anyway.	➡ 无论如何,我还要感谢你。

E

：只选对的不买贵的

1.哪些品牌美国最便宜

去美国购物过的游客都会得出这样的经验,那就是,在国内贵得离谱的品牌的商品,在美国竟然能以十分低廉的价格购到,有的品牌的商品价格甚至只相当于国内1/3的价格。美国的Outlets就经常销售低价位的品牌,虽然这些品牌有的是过季品、瑕疵品或是展示样品,但只要会挑会选,你就能以3~7折的超低价购买到BCBG、Gucci、Chanel、Coach等大品牌。

此外,美国本土的化妆品品牌最便宜,这些品牌包括:雅诗兰黛、倩碧、契尔氏、品木宣言等,其中倩碧的售价跟国内相比相当于打了4折,CHANEL、兰蔻、DIOR、娇韵诗、欧舒丹、娇兰等牌子,美国的售价大概是国内的7~8折;而阿迪达斯、耐克、乔丹等品牌的鞋子,在美国的各大网站上经常打折,若在打折时购买,能比国内同款便宜好几百块;CK、Levis、Lee等类似的牌子,也经常会打很大的折扣;美国品牌Juicy Couture售卖甜美风格的包包、衣服、鞋子、饰品,其设计风格独特,在美国当地买这一品牌最为划算。

2.多关注报纸上的优惠券

平常不怎么看报的游客,来到美国也该"关注"报纸了,因为美国的报纸里常常有不少商品广告,这些商品广告中不少写着销售价格,剪下这些标有价格的广告去商场货比三家,常常可以拿到同样产品的最低价。此外,超市散发的广告报也常常会印有一些商品的减价券,如果把它一一剪下收集起来,待到要买东西时,对号入座去找该商品的减价券,幸运的话,也可以因此省下约30%的钱。

3.选择合适的**购物时间**

美国一年有2个打折季，一个是夏天之前的6月初，一个是圣诞节过后的几周。在这一段时间来美国购物的游客，一定能捡到不少便宜。除了这2个季节外，各大百货公司、品牌店在换季时，也都会推出折扣，有的则是买几送几。抓住这些打折季，一定能为自己的旅行省下一笔不小的费用。

在美国住公寓或家庭旅馆，如果条件允许，游客也该在合适的时间去商场买便宜的蔬果自己做饭。美国的食品销售，常常是"一个时间一个价"，超市里早上卖的东西，到了下午就会便宜很多，隔日或三五天后的食物则更为便宜，而这些隔了半天或几小时的商品在品质上也是没有问题的。

4.**跳蚤市场的**东西也不错

美国的跳蚤市场有点类似于国内的乡镇大集，销售水果、服装、小商品、日用品、旧货等各类商品。跳蚤市场售卖的东西不乏各种品牌，甚至是古董的值钱东西。只要你有耐心，且具"慧眼"，你就能买到一件十分不错的物品。就

纽约跳蚤市场推荐	
名称	营业时间
Hell's Kitchen Flea Market	星期六、星期日 9:00 ~ 18:00
Antiques Garage	星期六、星期日9:00 ~ 17:00
GreenFlea	星期六、星期日10:00 ~ 17:30
Brooklyn Flea	周六10:00 ~ 17:00

算你不打算买东西，也可以来跳蚤市场逛逛，看看那些古旧的小玩意儿，听听美国人的购物对话，也不失为是一个感受美国风情的好方法。

5.不满意的东西**都可退换**

美国是一个"顾客至上"的国家，只要在一定的退货期限内，顾客都可以无条件退换商品。需要注意的是，每家商场或店铺退还期限会有所不同，通常在收据背后会有Return Policy（退还条例）的说明，一般是2周（14天），但也有1个月的。美国的Macy's百货公司则有180天的期限。退货时必须有收据，以及物品的吊牌，如果你遗失收据，有的商家也会退给你，不过是给你商店代金券。不能退换货的商店，在付款时商家通常就会提醒你。

美国购物常用英语

英文	中文
I'm just browsing.	➡ 我只是随便看看。
I'm looking for a turtle neck sweater. Could you help me?	➡ 我在找一件高领的毛衣，能帮我一下吗?
May I try this on?	➡ 我能试穿这一件吗?
How much is this shirt?	➡ 这件衬衣多少钱?
Can you give me a reduction?	➡ 可以给我打个折吗?
Charge or debit?	➡ 使用信用卡或是电子钱包?

F

娱：美国人开放但不随便

1.看电影需分清等级

　　美国的电影是分等级的，在美国报纸、杂志有关电影的专栏上都会看到电影等级的划分，可分为G级、PG级、PG-13级、R级、NC-17级。G级是大众级电影，适合所有年龄段的人观看；PG级是普通级的电影，儿童观看建议在父母的陪伴下观看，有些镜头可能会让儿童产生不适感；PG-13级也是普通级电影，但不适于13岁以下儿童；R级为限制级电影，17岁以下的必须由父母或者监护人陪伴才能观看，该级别的影片包含成人内容，不太适合未成年人观看；NC-17级电影是17岁或者以下观众禁止观看的电影级别，该级别的影片被定为成人影片，未成年人坚决被禁止观看。

2.不要触及他人隐私

　　美国是个非常注重个人隐私的国度，来美国的游客一定要注意这一点，以免让人感到不愉快。美国人通常不会在初次见面时便迫不及待地问及他人的个人问题，除非发问人是长辈。待熟识后，他们会比较随意放松。但是即便是同事或熟悉的朋友之间，也有一些涉及隐私的禁忌问题。比如，美国人之间一般不会动辄问起他人的家庭或收入、年龄情况等此类对我们来说司空见惯的问题。这对美国人来说，轻者会让他们一时语塞，重者则会让他们觉得你很没礼貌，甚至会从此对你敬而远之。另外，美国人在相互交谈时，也会保持着一定的距离。而在公众场合需要排队时，美国人也会与前面的人相隔1米的距离。

3.拒绝暧昧有技巧

　　美国人一向都很热情，所以在某些场合，会给人暧昧的感觉。这就需要我们在与美国人相处时，了解他们的习性，并果断拒绝暧昧。如果在酒吧或是咖啡厅，遇到主动邀请你喝咖啡（May I buy you a cup of coffee）的人，很明显他是对你有好感，在同你搭讪，这个时候，你应该礼貌地拒绝（No, thanks）。

4.开Party不能干扰邻居

如果你在住的地方开Party，那一定注意不要干扰到邻居。首先，在你打算开Party前一定要提前告知邻居，这样他们要是受到影响，也会表示一定的理解和容忍，就算他们受不了吵闹，也会第一时间与你协商，而不是向有关部门投诉。其次，你在开Party时，可以关上窗和门，把声音降到最低，避免影响到邻居。另外，你还要考虑到有足够的空间给来参加Party的朋友停车，而不是占了车道或人行道，影响到他人。最后，还要留意你喝醉的朋友，防止他们干扰到邻居。万一邻居不满，也一定要心平气和地与人交谈，只要态度和善，美国人是会"得饶人处且饶人"的。

美国交际常用英语	
英文	中文
I'm very happy to receive your invitation.	➡ 很高兴收到你的邀请。
I'm very happy today.	➡ 今天我很开心。
Where is the nearest cinema?	➡ 请问最近的电影院在哪儿?
I'm sorry to disturb you.	➡ 很抱歉，打扰到你了。
I want to drink a cup of whisky.	➡ 我想喝杯威士忌。

G

知：美国旅行必知的6大生活细节

1.如何支付小费

来到美国，身边一定要准备一些小额美元。在美国，无论你是就餐、住宿，还是乘坐出租车、理发，只要你享受了服务，就应该付小费。在美国餐厅吃饭，一般要付10%～20%的小费，在麦当劳一类的快餐店不需要付小费。在餐厅付小费可以直接把现金留在桌上，也可以用信用卡付小费；在一般的旅馆住宿，通常需要支付1美元的小费，但如果住的是高级旅馆，就需要多付一些；在美国乘坐出租车，一般要付总消费额10%的小费；此外，一些俱乐部的厕所里会有一个人坐在洗手台旁边，帮你递毛巾、喷古龙水，这也要付

小费，通常是1美元。

2. 不要将衣服晾在外面

在美国，你很少看到晾在屋外的衣服，因为美国人认为晾衣服是一种不雅的行为。美国人家里通常会有烘干机，洗完衣服烘干就好。但如果你不想烘干衣服或你的衣服不适合烘干，也该挂在自己的房间或是浴室里晾干。

3. 沐浴时要将浴帘拉进缸内

无论是住在星级酒店还是公寓或是旅馆，都应该注意，洗澡的时候要站在澡盆里并将浴帘放进浴缸内，千万不要站在澡盆外洗澡。因为美国浴室的地板通常是没有排水孔的，如果站在外面洗澡，漏水到楼下或是浸湿地板，都会给你带来麻烦，一些酒店甚至会向你索取赔偿费。

4. 住旅馆需要自备洗漱用品

美国的旅馆不提供牙膏、牙刷及拖鞋，在美国人看来，这些东西就像内裤一样，属于私人用品。所以在前往美国前，这些东西最好备齐。不过，如果实在忘了带，可以在当地买，另外，旅馆的前台有时也会提供，不过是付费的。

5. 厕所没有垃圾桶

美国的厕所没有垃圾桶，人们用完卫生纸直接丢进马桶内冲走。如果女生使用卫生巾，注意在墙上找四方铁桶（通常要掀盖子才可以看到），那是专门用来放女性生理用品的。

6. 天热撑伞很古怪

美国人没有打伞防晒的习惯，他们认为享受日光浴、晒一身古铜色皮肤是一件非常棒的事。所以，在美国想要防晒就涂抹防晒霜或戴帽子好了，不要打伞，否则会令别人感到异样。

好莱坞大道

亚利桑那州大峡谷国家公园

PART 1

去美国前

1 美国零距离

· 殖民时期

美洲土著居民中的绝大多数为印第安人，研究者将印第安人划归蒙古人种美洲支系，认为他们是在两万多年前，从亚洲的西伯利亚跨越白令海峡来到北美洲、南美洲的。印第安人在美洲繁衍生息，并创造了属于自己的民族文化。直到17世纪初，英国开始向北美殖民，打破了印第安人原有平静的生活，战争不断。

在殖民时代，随着多民族之间的经济文化交流，以及英国放任自由的统治政策，使北美逐渐繁盛起来，并形成了独特的地域文化和独立的民族精神。另外，由于战争和疾病使得人口锐减，黑奴贸易盛行。

从1607年到1733年，英国殖民者先后在北美洲东岸（大西洋沿岸）建立了十三个殖民地。随着国家独立意识的逐渐兴起，殖民地居民为争取独立平等，在英国王室重税盘剥和高压政策的统治下，爆发了殖民地人民的反抗。北美殖民者在经历了"波士顿惨案"和"波士顿倾茶事件"后，于1775年4月，在来克星顿和康科特打响了"来克星顿的枪声"，揭开了美国独立战争的前奏。

· 独立战争时期

1774年9月，北美12个殖民地派代表在费城召开了第一次大陆会议，成立大陆协会。并于1776年7月4日的大陆会议通过了《独立宣言》，宣告北美13个殖民地正式独立。

殖民地人民在乔治·华盛顿的领导下抗击英国，进行了8年的独立战争，并取得胜利，建立起了美利坚合众国。1787年，在费城召开制宪会议，制定了宪法草案——世界上第一部成文宪法。根据宪法，美国建成立法、行政、司法三权分立、相互制衡的联邦制国家。

1814年12月，英美签订和约，标志着美国彻底摆脱英国政治上的控制和经济上的渗透，成为一个完全独立的民族主权国家。

·南北战争及重建时期

19世纪上半叶，美国领土逐渐由大西洋沿岸扩张到太平洋沿岸，极大地增加了领土，基本确立了美国今天的版图。同时，美国南北部不同的经济发展方向，在广大的领土上推广自由劳动制还是奴隶制成为全国政治斗争的主题，并形成势不两立的对立局面。随着1860年主张废除奴隶制的共和党候选人林肯当选总统后，导致美国南部的11个蓄奴州脱离联邦，不宣而战，开始了持续4年的南北战争。

战争初期，北方在军事上连遭失败，共和党内部的激进派及社会上的废奴主义者提出解放奴隶和武装黑人的主张。林肯也意识到解放奴隶的必要性。1862年5月，林肯颁布《宅地法》，1863年1月1日，林肯颁布的《解放宣言》生效，叛乱各州的黑人奴隶都被视为自由人，允许参军。翌年，战场的主动权转到北方军队手中。最终，1865年4月9日，南部同盟军总司令李将军投降，南北战争结束。

奴隶制度废除之后，美国进入了缓慢的重建时期。于1865到1877年间，着重于解决南北战争的遗留问题，如南方分离各州如何重返联邦、南方民主重建、南方邦联领导人的公民地位及黑

人自由民的法律地位等。同时，也是美国空前的移民潮时期，使资本主义经济开始迅速发展。

·工业化时期和两次世界大战

随着国内人口的增长、工业技术的发展，以及国际投机活动，使美国在1870年至第一次世界大战的40多年中，从一个农村化的共和国变成了城市化的国家，机器生产代替了手工生产，产量大增。至19世纪末，美国已成为世界工业大国，促进了许多新发明的出现，铁路网络更加庞大，工商业经营进一步扩大。

此后，美国于1917～1918年和1939～1945年，经历了第一次和第二次两次世界大战。通过战争，不仅削弱了英、法、德等强国，还促进了美国经济的繁荣，使美国成为世界头号经济强国。特别是第二次世界大战后，美国成为与苏联并立的超级大国。

·冷战时期

第二次世界大战之后，世界被分成了以美国为首的西方资本主义阵营和以苏联为首的东方社会主义阵营两大阵营。他们一如战时，各自在军

事、政治、经济、宣传各方面加紧准备，但尽量避免真正的战争，这种状态被称为"冷战"。

冷战期间，美国与苏联进行太空科技竞赛，大力发展宇航事业，取得了令人瞩目的成就。1958年，美国发射人造地球卫星，1969年7月，美国宇宙飞船"阿波罗—11"号登月舱在月球着陆。此外，美国还经历了介入朝鲜战争、越南战争、国内的反种族歧视运动、石油危机，以及1979年1月1日开始的中美两国关系正常化。

1991年，苏联解体，"冷战"结束。

· 新时代

冷战结束后，美国成为世界上唯一的超级大国，国力和国际地位历史空前。它对内大力发展经济、稳定世界金融体系，并依托发展计算机产业，带动全球的高科技信息产业，开拓了新一代的产业革命。

对外尽力维护世界霸主地位，充当"世界警察"，维持地区稳定。但在2001年9月11日发生"9·11事件"后，以"反恐"的名义发动了阿富汗战争和伊拉克战争。

2009年1月20日奥巴马宣誓就任第44任美国总统，成为美国历史上首位非洲裔总统。

文化

由于殖民的关系，美国文化在很大程度上受到了欧洲文化的影响，最主要的是受英国文化的影响，这体现在英语的应用、法律系统等方面。然而，美国文化在发展过程中，又逐步融合了本土的鲜明特色。

· 电影

谈及美国的电影，就不得不说到好莱坞大片了。无论是近年来的3D影片《阿凡达》等，还是经久不衰的《罗马假日》、《魂断蓝桥》、《飘》、《肖申克的救赎》等经典的影片，都使得美国的电影在世界电影的舞台上闪闪发光。毫不夸张地说，好莱坞电影对全世界的电影业有着重要的引导作用，无论是科技方面，还是电影本身的艺术层面。此外，美国电影也是世界上其他国家了解美国文化的一个窗口。

· 百老汇的歌剧

"百老汇"其实是宽街的意思，是美国的剧院一条街。但是今天，在很多人眼中，"百老汇"已经不仅限于这条街或剧院集中地的称谓，而是指美国歌舞剧艺术，属于美国文化的范畴。百老汇可以说是美国戏剧艺术的活动中心，上演的都是高雅的音乐剧，表演内容多以经典剧目为主，如《悲惨世界》、《仲夏夜之梦》、《歌剧魅影》等。演员的表演根据剧情需要，以群体的肢体语言和出色的音乐吟唱来表现情节，夸张、幽默、风趣、自然、轻松、活泼是百老汇一贯的表演风格。

· 音乐、舞蹈

美国的流行音乐在音乐王国中占有一定的地位，它符合年轻人的口味，非常都市化。美国流行音乐的代表性人物有"猫王"、迈克尔·杰克逊等，都是美国流行音乐艺术的经典符号，享誉全世界。除了流行音乐，爵士乐、摇滚乐、DJ舞曲、Hip Hop中的rap（说唱乐）等也是美国音乐艺术的符号，引领着世界音乐的时尚和潮流。

舞蹈是深受美国人喜爱的活动之一，它不仅仅是舞台上的艺术表现形式，更是美国人自娱的方式。美国黑人舞蹈为美国舞蹈的发展和形成具有美国风格的舞蹈起到了重要的作用。美国舞蹈的特色，并不是那种单一的风格与情调，多元化、寻求创新风格的舞蹈艺术，是美国舞蹈的实际内涵。霹雳舞是目前最受美国年轻人青睐的流行舞蹈，其动感和节奏感非常强烈，跳起来可以尽情尽兴，在美国的街头也常常会看到跳霹雳舞的年轻人，因此霹雳舞又被称为"街头舞蹈"。而流行音乐之王——迈克尔·杰克逊又为霹雳舞的发展作出了极大的贡献，其创造的"月球漫步"更是风靡全球。

· 篮球

对于美国人而言，篮球不仅仅是一项体育运动、一种球类比赛，它更代表着一种特殊的文化，就像爵士乐和猫王一样在美国文化中占据着重要的位置。美国的篮球文化也正随着NBA在世界范围内受到的广泛关注影响着世界。美国的NBA赛事深受各个年龄层次人的热切关注，而赛事产生的篮球明星，如迈克尔·乔丹、科比·布莱恩特、凯文·加内特、勒布朗·詹姆斯等，更是广大篮球迷追捧的对象。NBA的风靡使得更多的人更加深入地了解美国，毫不夸张地说，美国篮球文化是美国文化里一个醒目的文化标志。

· 汽车

美国被称为是"车轮上的国家"，几乎每个美国人都有一辆车。对于美国人而言，汽车与水和面包同等重要。汽车在美国人的生活中有着举足轻重的作用，所以汽车文化也是美国

文化中较为醒目的色彩。美国的汽车文化主要体现为汽车本身的设计和制造理念，以及所承载的汽车人文精神，比如美国自由、奔放、大气的汽车观念就和美国人崇尚自由、勇于探索的精神有着密不可分的关系。另外，美国的汽车文化还体现在汽车广告上，美国的汽车广告无处不在，互联网、电视、电影、广播、报纸、杂志、户外招牌、发布会、拍卖会、巡回展上比比皆是，香车美女更是如影随形。

经济

美国拥有高度发达的现代市场经济，是世界上的第一经济强国。20世纪90年代，以信息、生物技术产业为代表的新经济蓬勃发展，美国经济因此经历了长达10年的增长期。美国各地区的经济活动重心不一，纽约市是金融、出版、广播和广告等行业的中心；洛杉矶是电影和电视节目制作中心；旧金山和太平洋沿岸西北地区是技术开发中心；中西部是制造业和重工业中心；东南部以医药研究、旅游业和建材业为主要产业。

美国拥有丰富的矿产资源，如黄金、石油和铀，但许多能源都依赖于外国进口。美国许多农产品的生产量和出口量居世界前列，是全球最大的农业出口国，也是世界上的农业大国。美国的服务业占最大比重，全国75%的劳动力从事服务业。美国也有发达的旅游业，排名世界第三。

地理

美国位于西半球北美洲中部，东临大西洋、西濒太平洋、北接加拿大、南靠墨西哥及墨西哥湾，陆地面积为世界第四。美国由美国

密西西比河

本土、阿拉斯加州及夏威夷州三个部分组成。本土地势东西高、中央低，主要山脉为南北走向；阿拉斯加州是位在北美洲最西北部的半岛；夏威夷州则是坐落于太平洋的群岛。

美国的东部是阿巴拉契亚山脉构成的古老山地及大西洋沿岸平原；中部是大平原，地势低平，土壤肥沃，平原西部是著名的大草原；西部是科迪勒拉山系构成的广大高原和山地，包括东侧落基山脉、西侧内华达山脉和海岸山岭，以及两山之间的内陆高原和大盆地。

美国有各种迷人的自然景观：佛罗里达的阳光海滩、阿拉斯加寒冷的北国地带、中西部平坦广阔的大草原、终年冰雪覆盖的落基山脉、壮观的科罗拉多大峡谷、蜿蜒的密西西比河、震撼的黄石国家公园、绝美的尼亚加拉大瀑布。此外，美国的离岛众多，且多为观光胜地，如风光无限的夏威夷、神秘莫测的关岛等都是许多人向往的旅游胜地。

🛄 习俗

美国人以开放随性、个性自由著称，但在上班、赴宴等正式场合，美国人无论在衣着还是待人接物方面都很有讲究，十分注重礼仪。所以来到美国，游客需了解美国人的生活习惯及风俗礼仪，"入境随俗"，以免闹出笑话。

社交礼仪

美国人见面时都微笑问安，行握手礼。与美国人握手时，用力不能太小，否则会被认为不真诚。男士与女士握手时，要待到女士伸出手时方可与对方握手。

如果去拜访美国人，最好提前预约。如果你接到美国人的邀请，无论能否赴约都要和主人说清楚。赴约时应准时到，赴宴会可迟到几分钟，若比主人先到，反而失礼。在进入主人家门时，应脱掉外套、摘掉帽子。结束宴会后，应在3天内寄一张感谢卡或谢函给主人，若在主人家过夜，感谢卡通常应寄给女主人。

习俗禁忌

美国人有很多禁忌，数字上最忌讳13，而且对"星期五"也同样抱有恐惧心理；与美国人交往，忌讳问个人收入和财产情况，忌讳问妇女婚否、年龄以及服饰价格等私事；忌讳向妇女赠送香水、衣物和化妆用品；忌讳向他人伸舌头；忌讳黑色，因为黑色通常是丧葬用的色彩；女士忌讳在男士面前随便脱下自己的鞋子，或者撩动自己裙子的下摆，这往往会被看作有引诱对方的嫌疑；在美国吸烟，不要用一根火柴连续点燃三根香烟。

节日

美国的节日分为两种，一种是宗教性的，如圣诞节、感恩节、复活节、愚人节、万圣节等；另一种是本土节日，如美国独立日、华盛顿总统日、母亲节等。

圣诞节：每年12月25日的圣诞节是美国最重要的节日，在这一天，整个美国都沉浸在一片欢乐的海洋之中。人们从12月24日的平安夜开始过节，常常是通宵达旦地庆祝，或者是聚

在舞厅、酒馆、俱乐部等地庆祝，或者是全家聚集在一起，享受丰盛的晚餐。

感恩节：11月的第四个星期四是感恩节，是美国人合家欢聚的节日。每逢感恩节这一天，美国举国上下都热闹非凡，人们会前往教堂祈祷，还会举行各种戏剧表演、游行等活动。分散各地的亲人们也会在这一天团聚起来，品尝美味的感恩节火鸡。

复活节：每年春分过去，第一次月圆后的第一个星期日就是复活节。复活节有不少传统习惯，最典型的要数复活节彩蛋，此外，兔子也被认为是复活节的象征。现在每逢复活节，美国糖果店都会出售用巧克力制成的复活节小兔子和彩蛋。

愚人节：4月1日的愚人节是美国的民间传统节日。这一天最典型的活动是大家相互开玩笑，捉弄对方。如今在美国，愚人节已成为淘气的男孩子们的节日。

万圣节：11月1日的万圣节是西方的传统节日。不过在万圣节前夜，即10月31日夜晚，是儿童们纵情玩乐的好时机。当夜幕降临，孩子们便迫不及待地穿上五颜六色的化妆服，戴上

千奇百怪的面具，提上一盏"杰克灯"（南瓜灯）跑出去玩。

独立日：美国的国庆节被称为"独立日"（7月4日）。在独立日，早期以游行和演讲为主，后来还增加了户外活动、体育比赛等。

华盛顿总统日：乔治·华盛顿是美国的开国之父和美国的第一任总统。因此，他被美国人民永远纪念。他的诞辰日2月22日，是美国各州的法定假日。

母亲节：五月的第二个星期日是母亲节。这一天，人们都会想方设法让母亲愉快地度过节日，以表达对母亲的感激和爱戴。

🧳 时差

美国横跨西五区至西十区，共6个时区。除了阿拉斯加时区和夏威夷时区外，本土有4个时区。每个时区对应一个标准时间，从东向西分别为东部时间（西五区）、中部时间（西六区）、山地时间（西七区）、太平洋时间（西八区）、阿拉斯加时间（西九区）和夏威夷时间（西十区时间），按照"东早西晚"的规律，各递减1小时。

美国东部时区所包含的城市有华盛顿特区、纽约、波士顿、亚特兰大、费城、迈阿密，中部时区有芝加哥、圣路易斯、新奥尔良、休斯敦，山地时区有丹佛、凤凰城、盐湖城；太平洋时区有洛杉矶、旧金山、圣地亚哥、拉斯维加斯、西雅图。

美国的时间分夏令时和标准时。夏令时始于每年3月的第二个周日，止于每年10月的最后一个周日，其他时间则是标准时。进入夏令时，时钟要往前拨1个小时；而进入标准时，时钟在夏令时的基础上要往回拨1小时。

北京与美国主要城市时差速查表

北京时间	0	1	2	3	4	5	6	7	8	9	10	11	12	13	14	15	16	17	18	19	20	21	22	23
美国东部	11	12	13	14	15	16	17	18	19	20	21	22	23	0	1	2	3	4	5	6	7	8	9	10
美国中部	10	11	12	13	14	15	16	17	18	19	20	21	22	23	0	1	2	3	4	5	6	7	8	9
美国山地	9	10	11	12	13	14	15	16	17	18	19	20	21	22	23	0	1	2	3	4	5	6	7	8
美国太平洋	8	9	10	11	12	13	14	15	16	17	18	19	20	21	22	23	0	1	2	3	4	5	6	7
阿拉斯加	7	8	9	10	11	12	13	14	15	16	17	18	19	20	21	22	23	0	1	2	3	4	5	6
夏威夷	6	7	8	9	10	11	12	13	14	15	16	17	18	19	20	21	22	23	0	1	2	3	4	5
下表为美国夏令时间对照表，夏令时间从3月第二个星期天凌晨2:00到11月第一个星期天凌晨2:00																								
美国东部	12	13	14	15	16	17	18	19	20	21	22	23	0	1	2	3	4	5	6	7	8	9	10	11
美国中部	11	12	13	14	15	16	17	18	19	20	21	22	23	0	1	2	3	4	5	6	7	8	9	10
美国山地	10	11	12	13	14	15	16	17	18	19	20	21	22	23	0	1	2	3	4	5	6	7	8	9
美国太平洋	9	10	11	12	13	14	15	16	17	18	19	20	21	22	23	0	1	2	3	4	5	6	7	8
阿拉斯加	8	9	10	11	12	13	14	15	16	17	18	19	20	21	22	23	0	1	2	3	4	5	6	7

地区/时区	美国东部	美国中部	美国山地	美国太平洋
美国主要城市	纽约、华盛顿、费城、匹兹堡、亚特兰大、巴尔的摩、波士顿、底特律、迈阿密	芝加哥、达拉斯、新奥尔良、圣路易斯、休斯敦	丹佛、凤凰城、盐湖城	旧金山、洛杉矶、西雅图

注：蓝色部分为当天时间　黄色部分为提前一天时间

2 出发前的准备

🧳 护照

去美国旅行，首先需要准备的证件就是护照。如果你没有护照或者所持护照有效期不满6个月，就必须去办理或者更换护照。根据最新的规定，全国现在共有43个城市的外地人可以携带本人有效身份证或户口簿在当地办理，其他城市的人则需要携带有效身份证或户口簿在本人户口所在地办理。可以就近办理护照的城市有：北京、天津、石家庄、太原、呼和浩特、沈阳、大连、长春、哈尔滨、上海、南京、杭州、宁波、合肥、福州、厦门、南昌、济南、青岛、郑州、武汉、长沙、广州、深圳、南宁、海口、重庆、成都、贵阳、昆明、西安、无锡、常州、苏州、温州、嘉兴、舟山、泉州、株洲、湘潭、珠海、东莞、佛山。

办理步骤：

1.携带本人身份证或户口簿到户口所在地（可就近办理护照的43个城市除外）的县级和县级以上的派出所、公安局出入境管理部门、北京市公安局出入境管理处或者参团旅行社领取护照办理申请表。

2.填写申请表。

3.提交申请表。携带本人身份证或者户口簿相应证件，填写完整的申请表原件，彩色照片一张（需在出入境管理处或者是他们指定的照相馆照相）。

4.领取护照。公安局出入境管理处受理申请后，审批、制作和签发护照的时间是10～15个工作日。领取护照时，须携带本人身份证或者户口簿、领取护照《回执》和200元工本费。凡在《回执》上标明的取证日期3个月后没有领

取证件的，公安局出入境管理处将予以销毁。

📖 签证

护照办理好后，就该着手办理签证了。游客办理美国签证需要提前预约并接受面谈。电话预约之后到面谈，期间通常需要等待几周的时间，所以应根据计划尽早提出签证申请。在面试签证官时，游客应该保持放松，如实回答签证官的问题。想要具体了解面试签证流程的游客，可查询美国大使馆在新浪上的官方博客，上面有描述整个签证过程的细节，更有视频可看。

需准备的材料

● **个人资料：** 有效期6个月以上的护照原件，护照末页有本人签名；本人身份证原件及全家户口本原件；50mm×50mm的免冠彩色白底相片2张原件（并在背面用铅笔签名）；申请人名片原件2张；最好带一份详细的旅游计划或旅游行程安排；

● **资金证明：** 本人或配偶名下由存款银行开具的存折或存单原件，存期1年以上，金额人民币10万元以上；有房产证的也可以用来做证明；可在网银上打印一份银行流水帐；

● **在职/读证明：** 需提供本人所在工作单位的在职证明，其中包括姓名、性别、出生日期、工作起止日期、担任职务，并要单位加盖公章，还需提供所在单位营业执照复印件并加盖公章。在校学生需提供学生证复印件。无学生证时，需提供学校开具的在学证明，并加盖公章。

● **签证费用：** 在中信实业银行交纳签证申请费约160美元。

📖 费用

如果选择自助旅行，那就一定要考虑一下旅行的基本费用，并做一个大致的预算。在美国旅行，主要的开销包括：住宿费、饮食费、观光费、交通费等。做预算时，也要根据个人旅游需求而定，如果你在住宿、饮食上要求较高，那所需费用自然会高，反之则低。最便宜的一天预算在50美元左右，中档预算在120～200美元，高档预算则要在250美元以上。

住宿费用

在旅行中支出最大的当属住宿费用了，但住宿费用的弹性很大，根据城市大小不同、住宿类型不同，住房价格上也会有很大差异。大城市的中档酒店需要100～150美元，在郊区和乡村的住宿则需约60美元。住宿选择中，青年旅馆最为便宜，收费每天一般只有15美元左右。

饮食费用

餐馆有低档、高档之分，食物的选择有快餐和正餐之分，所以饮食费用也会因选择的而不同产生差异。按照最低的预算，早餐需要3～7美元，午餐需要10～15美元，晚餐需要20～25美元。一般在国道两边的家庭式餐馆，消费在8～15美元；城里的休闲式餐馆花费在20～30美元。

观光费用

去美国旅游，主要观光的有公园、博物馆以及一些著名的建筑、街区等。美国有国家公园和州立公园之分，州立公园一般可免费游览，而国家公园，如黄石公园、科罗拉多大峡谷、夏威夷火山公园等，需购票入内。购票以车为单位，车内可坐多人，1辆汽车只需购买1张门票，票价为20美元。买全国通用的年票最为合算，票价50美元，你可在一年中不限次数地到美国任何国家风景旅游区游览。想去博物馆的游客，可以选择博物馆的免费开放时段前往，通常每周或每月有一次免费参观或门票优惠。

交通费用

在美国旅行，最常用的交通工具是地铁和公交。一个区间的费用在1～2美元不等。如果在市内乘出租车，费用需要约10美元。如果打算自驾租车旅行，费用通常为40美元以上。

🎫 机票

购买飞往美国的机票，建议提早预订，这样价格上会享受很大的优惠。一般经停航班比直航多花4～5个小时，但价格上会便宜不少。如果你的时间比较自由，建议在暑期（6～9月）和圣诞节期间（12月到到来年1月）以外的时间前往美国，可以省下不少费用。

另外，游客还可以选择在网上预订机票。在网上订票，游客可以多找几家订票网站进行比较，推荐几大订机票的搜索引擎网站：www.flight.qunar.com（有很多低价机票），www.aishangfei.net。（比较权威、正规的国际机票网，也有低价票。）

🎫 行李

行李准备的妥当与否在很大程度上决定了旅行的好坏，所以，建议游客在出发前一个星期，开始着手准备行李，这样才能有足够的时间补充遗漏物品。

·证件

护照、身份证、签证、证件复印件，以及2寸证件照数张。未满16周岁无身份证的游者，需带户口本。国际青年旅舍会员卡、国际青年证、国际学生证，有的话也应带上。

·衣物类

美国的天气和北京有一定的相似性，都是早晚温差比较大，且室内多有暖气与冷气。所以，游客在衣物的选择上应以多层次搭配为主，冬天需携带挡风的外套，里面可以选择棉质舒适的衣服，太厚的毛衣则没有必要带；夏天就带些凉爽舒适的衣服，但也需带上薄外套。另外，带上一件正装也很有必要，有些高档的餐厅需要穿正装就餐。

·日常生活用品

美国旅馆不提供牙刷、牙膏等生活用品，所以最好自己准备；美国天气比较干燥，因此携带保湿性的护肤品很有必要，护手霜、乳液等就是不错的保湿品；照相机是必备品，充电器、转换器以及预备电池不要忘记；美国野外的蚊虫比较多，所以最好带上驱虫喷雾剂；为了预防紫外线，带上太阳镜、防晒霜。

·药物类

去美国旅游，最好多备些常用药，在美国看医生是很贵的。在国外旅游，最可能得的病就是肠胃病，所以一定要准备些肠胃药、腹泻药、止痛药，另外也可带些感冒药、晕车药、消炎药等。如果有慢性病的，就要在国内带足药，并记得携带英文的诊断书，万一发病，当地的医生可以尽快做出判断。不过，最好携带盒装或袋装药品，切勿携带药水或糖浆之类的水剂药物。

·其他物品

行李箱应选择带轮子的，这样方便自己托运，小背包、挎包适合参观景点的时候携带；带上信用卡，再在国内兑换一些美元，以备在机场使用；指南针在美国比较偏远的地区有可能用到，可携带；女性生理用品、男性剃须刀最好自备。

旅游达人游玩攻略

在美国打电话回国内费用十分高昂。所以游客可以选择发短信，在美国可以收到中文短信，费用会便宜很多。从美国发送短信到中国的方法是：国际冠码"0"+国家代码"86"+手机号码（11位数）。

另外，使用智能手机的游客，可利用APP下载免费的What's app软件。微信、QQ离线等免费互发短信、传照片或者视频、音频，但注意流量费用收取方法。

电话

·在中国拨打电话到美国

在中国打电话到美国，先拨国际冠码"00"，然后拨美国国家代码"1"，最后加上区域号码和电话号码。如果区域号码和电话号码前有"0"，不用拨。

·在美国拨打电话到中国

在美国打电话回中国，先拨国际冠码"00"，然后拨中国国家代码"86"（或香港代码"852"），然后拨区域号码和电话号码。

·在美国本地拨打美国电话

在美国本地打美国电话，先拨加码"1"，然后拨区域号码，最后拨电话号码或手机号码。

保险

去国外旅游，为自己投保一份旅游保险很有必要。在旅行中，无论是自身财物被盗、突发急性病或是遭遇交通事故，都会给你的旅行带来很大不便。所以，购买一份包括意外和紧急救援医疗双重保障的境外旅行险十分有必要。

在决定购买一份境外旅行险之前，一定要多花些时间了解一下这是不是一份值得托付的境外旅行险产品，保单的覆盖范围是否包含意外事故、遗失和被盗物品以及医疗费用能否由保险公司垫付等问题。除了考虑这些问题，你还应根据自己的旅游行程，充分考虑购买保险的保障期限，再来确定相应的保额和天数进行投保。还有就是一定要看清楚保单上的责任免除条款，了解清楚保险公司将不承担哪些赔偿责任。如果旅行者打算去美国比较偏远的地区，就有必要购买一份承保高风险运动的意外险产品了。

3

入境
那些事

📖 入境检查

在航班抵达美国之前，机组人员会发给乘客一张美国出入境卡（白卡）及一份海关申报单（蓝卡），这应在机组人员的指导下填写；下飞机后，乘客手持护照、机票、白卡、蓝卡以及相关资料，到指定的海关验照处等候检查。在接受检查时，游客会被要求照相和按手纹，并当场回答一些简单问题，如：来美国的目的？待几天？住在哪里？……游客只要如实回答即可。检查后，移民官会把出境卡（白卡）订在你的护照上，你一定要收好护照，切勿丢失，最好留有备份。

🧳 行李提取

通关后，游客就可以在大屏幕上找到你班机行李传送带的号码，然后去提取行李了。提取行李时，一定认真核对自己行李上所做的标记，避免拿错。如果在提取行李时无法找到自己的行李，不用着急，可以直接前往行李遗失柜台申告。行李提取后，就需要到海关检查点进行行李检查。美国海关检查物品时会比较麻烦，游客一定要积极配合，切勿抱怨和不耐烦。美国海关是绝对不允许将水果、肉类和蔬菜等带入境内的，违者有可能被重罚。随身如果带1万美元现金(包括旅行支票等)或以上，入

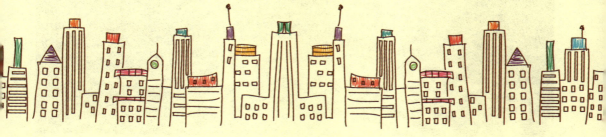

境时按规定要如实申报。否则，被查出后也要面临重罚。

🛄 下榻酒店

从内地起飞到美国的航班，多半会晚上到达。所以，到了美国下飞机后可能赶不上巴士末班车，这就要求游客提前预订好酒店。美国有一个类似于携程的网站，专门提供在线酒店预订服务，网址是www.hotwire.com，你可以先注册为会员，在线搜索城市与酒店，选好合适价格的酒店，一般预订的房间往往比实际价格便宜几十美元。

美国的星级酒店一般在市中心的繁华地带，治安与环境都很好，并且装修比较豪华，工作人员较多，酒店内从餐厅、游泳池到体育俱乐部等辅助设施都有。星级酒店单人间在170美元以上，双人标准间是190美元以上。

应急语言

网址	特色
Please send an ambulance immediately.	➡ 请马上派救护车过来。
This is my health history and medical certificate from China.	➡ 这是我在中国的健康史和诊断书。
I fell slight pain in here.	➡ 我这里有点痛。
Where is the nearest police station/hospital?	➡ 最近的警察局/医院在哪儿?
Could polices come over right now?	➡ 现在能派警察赶过来吗?
My baggage is missing.	➡ 我的行李不见了。
My bag was snatched.	➡ 我的包被抢了。
There has a pickpocket in the bus.	➡ 车上有扒手。

苏必利尔湖

PART 2

到达美国后

1

在美国的游玩计划

迪斯尼乐园 → 六旗魔术山

洛杉矶迪斯尼乐园

1 迪斯尼乐园

　　一家人在美国游玩，位于洛杉矶的迪斯尼乐园自然是你们的第一选择。迪斯尼乐园中有众多可供家人和孩子一起娱乐的游乐设施，让孩子置身于动画世界的场景中，给孩子带来最大的快乐，令亲子之情更深更浓。

洛杉矶六旗魔术山的过山车

2 六旗魔术山

　　六旗魔术山是洛杉矶又一处很受欢迎的娱乐景点，一家人在这里可以体验"巨物"、过山车、"飞龙"等惊险刺激的游乐项目，感受那份近乎极致的欢愉和快感。

→ 林肯公园　→ 底特律科学中心　→ 白宫+林肯纪念堂

3 林肯公园

林肯公园内免费开放的动物园、植物园，可以给孩子带来快乐和知识。父母还可以带着孩子在公园设立的篮球场中玩球，或在海滩上享受阳光浴。

林肯公园

4 底特律科学中心

底特律科学中心内有很多以独特的方法传授给儿童科学知识的展览馆，同时，一家人还可以在一起观看精彩的电影。

白宫

5 白宫+林肯纪念堂

位于华盛顿的白宫是美国总统居住、办公的地方，一家人游玩怎能错过呢？逛完白宫，就可以前往为纪念美国总统林肯而设立的林肯纪念堂参观。

情侣族**的游玩线路** ·····························

> 宇宙针眺望塔
> +西湖中心 → 联合广场
> +渔人码头 → 好莱坞
> 环球影城

1 宇宙针眺望塔+西湖中心

　　情侣在美国游玩，位于西雅图的宇宙针眺望塔自然是你们的首选之地。两人携手来到这里，站在眺望台上体验将山川、湖泊、市景尽收眼底的美妙感觉，还可以在旋转餐厅中品尝独特的美食。逛完宇宙针眺望塔，你们还可以前往西湖中心，挑选精品小商品，或在美食街品尝美食。

2 联合广场+渔人码头

　　来到旧金山的联合广场，你们可享受购物的乐趣。联合广场的商品种类繁多，你们可以尽情挑选自己喜爱的东西，累了沿路找家露天咖啡厅享受美好的时光。逛完联合广场，两人可以来到渔人码头品尝美味海鲜，简直是太棒了。

3 好莱坞环球影城

　　逛完街、品尝完美食，你们可以"转战"洛杉矶，去好莱坞游玩。它那满布明星手印和脚印的街道，镶满星形奖章的星光大道，能享受音乐、野餐乐趣的野外剧场，都是恋人们能尽情欢娱乐梦幻地带。

联合广场

自由女神像+
大都会歌剧院 → 迈阿密海滩

4 自由女神像+大都会歌剧院

自由女神像是美国的象征，是法国送给美国的礼物，已成为众多情侣前来见证自己爱情的地方。情侣携手来到自由女神像下，近距离观看她的样貌。看完自由女神像后，可以到大都会歌剧院，看场精彩的演出。

自由女神像

5 迈阿密海滩

迈阿密海滩是个能让情侣尽情娱乐、亲密相处的地方。在这细软绵长的沙滩上、海湾处，游泳、可以躺在沙滩上享受阳光浴、品尝美食，只有你们俩，这一切都是那么的浪漫、美妙。

大都会歌剧院

迈阿密海滩

背包族的游玩线路 ••••••••••••

| 尼亚加拉大瀑布 | → | 科罗拉多大峡谷 | → | 黄石国家公园 |

1 尼亚加拉大瀑布

　　背包族游玩美国，有着"全世界三大瀑布之一"美称的尼亚加拉瀑布自然是首选之地。来到这里，你可以近距离感受瀑布给心灵带来的震撼。

尼亚加拉大瀑布

2 科罗拉多大峡谷

　　在拉斯维加斯神秘、壮美的科罗拉多大峡谷，背包族无论是选择乘车、骑自行车游玩，还是选择徒步游玩，都能欣赏到峡谷岁月的沉积留下的美景。

3 黄石国家公园

　　逛完美丽的大峡谷，可以前往盐湖城黄石国家公园游玩。公园内的风景足够震撼，动植物种类众多，大自然的鬼斧神工在这里造就的集河、湖、溪、泉、塘于一体的美丽景色，足以令你沉醉。

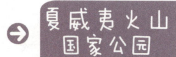

4 夏威夷火山国家公园

夏威夷火山国家公园

　　游览完风景优美的黄石国家公园，乘飞机前往夏威夷大岛上的夏威夷火山国家公园，先在附近找一家旅馆歇息，晚上找家餐馆品尝下当地的特色美食，第二天深入到公园内游玩，探访火山中的奇妙景观，探寻火山中的奇特动植物。

夏威夷火山国家公园

2

美国名片
上的
10大风景

华盛顿白宫

白宫

　　白宫是华盛顿最有名的景点，也是美国最具影响力的建筑。清幽的环境环绕下的白色宫殿，无形中给人一种庄严、神圣的感觉。置身其中，你能很轻易地感受到在现代化风格的皇室建筑中，那股独特的韵味。

自由女神像

　　自由女神像久久屹立在海滨，在沧桑的岁月中，一直静静地凝视着过往的船只和游客。那象征着自由与文明的火炬散发着不可抵挡的感召力，征服着每位慕名而来的游人的心。

好莱坞

　　好莱坞是世界上最著名的影视娱乐与旅游热点，更是顶级影视明星展示自己的大舞台。好莱坞大道上众多国际明星留下的手印、脚印，环球影城中漫长的电车之旅，都深深地吸引着全世界的目光。

帝国大厦　　科罗拉多大峡谷

帝国大厦

　　帝国大厦，不光名字霸气十足，仅仅是独特的外观就流露出令人折服的气息。这座高耸入云的建筑在"9·11"事件后曾为纽约的第一大楼，后来虽被自由塔所取代，但它对游客依然保持着极强的吸引力。

科罗拉多大峡谷

　　科罗拉多大峡谷一直以来都披有一层神秘的面纱，没有人知道它到底有多美，也没有人知道它到底藏着多少秘密。日复一日、年复一年，成千上万的游客来到这幽深的峡谷中，不断探寻它神秘面纱下那抹独特的风情。

黄石国家公园

　　黄石国家公园是世界上最美、最神奇的公园之一。变幻莫测的气候环境、复杂多样的地貌、白雪皑皑的山峦、热气腾腾的间歇泉、奔流直下的瀑布、休闲漫步的野生动物等各种奇妙结合强烈地吸引着游客。

黄石国家公园

尼亚加拉大瀑布

尼亚加拉大瀑布是世界上三大瀑布之一，也是美国最为壮观的瀑布。瀑布从数百米高的河谷中带着万马奔腾般的雄浑气势，一泻而下，激起层层水花，场面极其壮观。它的气势令众多置身此处的游客，惊叹不已。

尼亚加拉大瀑布

夏威夷火山国家公园

夏威夷火山国家公园有着世界上最大、最安全的两座活火山，它们如同两座巨塔般矗立在蔚蓝的海洋中，极其壮观。奇特的熔岩流地貌、火山喷气眼、绿沙滩等成了它的代名词。

夏威夷火山国家公园

华尔街

华尔街是举世闻名的商业街道。作为美国及世界的金融中心，美国众多大财团在此开设公司，那股金钱的味道，吸引了无数游客前来观光。

华尔街

迈阿密海滩

迈阿密海滩无疑是世界上最有名的海滩了，绵延数千米的细软沙滩，蓝得水洗过一样的天空，浩瀚的海水，温暖的阳光，还有海滩上那些养眼的美女，无处不是风景。

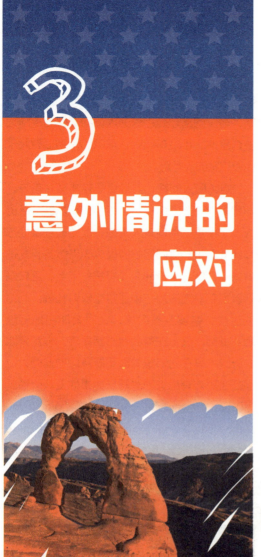

3 意外情况的应对

📋 证件丢失了怎么办

护照一旦丢失，就应立即就近报警，警察会把你丢失的证件号码记录下来，然后给你一个报案号码的小卡片，以表示你的护照遗失。然后你可以凭警方出具的护照报失单向中国驻美国大使馆或总领事馆申请补发护照或旅行证。补发护照时，需提交我国驻美使领馆签发的《中华人民共和国旅行证》，并提交户口簿、身份证原件和相应复印件。随后，中国驻美国大使馆会在核实后补发给你护照。

中国驻美国使领馆

名称	地址	电话
中国驻美国大使馆	2300 Connecticut Avenue, NWWashington, DC 20008	202-3282500/01/02
中国驻纽约总领事馆	520 12th Ave.New York, NY 10036	212-2449456
中国驻旧金山总领事馆	1450 Laguna Street, San Francisco, CA 94115	415-6091789
中国驻洛杉矶总领事馆	443 Shatto Palace, Los Angeles, CA 90020	213-8078088

生病了如何求诊

在外旅行，最常见的突发状况首先是急性胃肠炎，多由旅游时不加节制地大吃当地美食而导致。所以，建议游客根据自己的肠胃适当地选择食物。另外，在旅行前最好准备些常见药品，如肠胃药、感冒药、防暑药等。有慢性病的，就要在国内带足药，并记得携带英文的诊断书，万一出现状况，这可以帮助当地的医生尽快做出判断。

遇上感冒、肠胃不适等小问题时，可以自己吃点药，然后好好睡上一觉，补充体力。但如果感觉身体特别不舒服，就应该求助酒店的工作人员，要他们帮忙联系医生或者带你去就近的医院就医。如果是在旅途中感觉不舒服，应该让身边的人叫救护车或者前往就近的医院。

遇到美国警察，该怎么办

美国的警察大多很敬业，只是往往比较强势。在美国，如果你被警察叫住，应立即停下脚步，同时不经允许不要动，最重要的是不要把手放在衣服或包里，否则美国警察会误以为你在掏凶器，没准他先开枪自卫。当警察要求检查你的证件时，按照他的要求，拿出来给他检查即可。当他询问你问题时，如实回答即可。还有一点，如果你在美国自驾，被警车叫停，首先不能擅自下车，其次不能擅自开窗，要等警察过来敲窗后才能打开。且你需要将双手放在方向盘上，让警察明白你没有攻击性。

在美国如何问路

在美国迷路时最好的办法就是问路，如果附近有警察，最好是向警察询问。如果没有警察，可以向路边商店里的人询问。但如果附近没有警察，也没有商店，可以选择路上看起来比较正派的人问路。

向美国人问路，有几点需要注意：首先，你最好停下来等待或者缓步走向你想问路的人，切忌急切地向来人走去，以免被人误会你有什么动机。询问路的时候，面带微笑，先说一句："Excuse me"（打扰一下），这样既可以引起对方注意，也显得比较有礼貌。问路的时候，建议放慢语速，让对方明白你的意思。询问过后，在得到对方答案前，一定要耐心听，尤其在对方思考时不要急切地追问，以保证让对方有思考的时间。如果你没有听懂就可以说："I beg your pardon"或"Would you please say it again？I'm afraid I don't quite catch you."（能再说一遍吗？我不太理解你的意思。）在得到帮助后，一定不要忘记补上一句"Thank you very much"（非常感谢）。

第五大道烫斗大厦

帝国大厦

PART **3**

纽约→华盛顿→费城
→波士顿

1 纽约 niuyue

纽约交通

🚌 从机场前往市区

　　纽约有肯尼迪国际机场、纽瓦克自由国际机场、拉瓜迪亚机场三座机场，其中，中国飞往纽约的航班主要在肯尼迪国际机场停靠。

· 肯尼迪国际机场

　　肯尼迪国际机场（New York John Fitzgerald Kennedy International Airport）是纽约市最重要的国际机场，也是全世界最大的机场之一。机场内降落的飞机大多数是国际航班，也有极少数的国内航班在此降落。从中国飞往这里的航班主要来自北京、上海、广州、香港、成都等城市。肯尼迪国际机场共有9个客运航站楼，每个航站楼之间都有Air Train免费接送旅客。

肯尼迪国际机场信息			
名称	地址	电话	网址
肯尼迪国际机场	Jamaica	718-2444444	www.panynj.gov

肯尼迪国际机场进入纽约市内

　　肯尼迪国际机场进入市内的主要交通工具有机场巴士、超级穿梭灰线、地铁、公交车、出租车五种。

肯尼迪国际机场交通信息			
名称	运行时间	票价	交通概况
机场巴士	60~90分钟	15美元	在各航站楼出站口乘车，车票直接在车上用现金购买
超级穿梭灰线	45~90分钟	23美元起（根据目的地不同而收费）	在机场航站楼内的交通服务指南询问台处购买车票，也可以在车上直接购买

地铁	65分钟	2美元	乘坐机场免费穿梭巴士可从各航站楼到地铁站（Howard Beach Subway Station），从地铁站可搭乘地铁A线进入曼哈顿地区，在地铁站内购买车票即可
公交车	100～120分钟	1～2美元	乘坐机场免费穿梭巴士在牙买加站（Jamaica Station）下，乘坐Q10线可在Lefferts Blvd换乘地铁A线，或在Kew garden换乘地铁E、F线；乘坐B15线可在169大街与Hillside Ave换乘地铁F、R线；乘坐B15线可进入布鲁克林区
出租车	40～60分钟	到达曼哈顿一般要45美元以上	在各航站楼出站口乘车点搭乘

·纽瓦克自由国际机场

纽瓦克自由国际机场（Newark Liberty International Airport）是纽约都会区的三大机场之一，也是全美第十大繁忙的机场。机场拥有三座旅客航站楼，分别为A、B、C航站楼，其中国际航班主要在B航站楼停靠。从中国飞往这里的航班主要来自北京、香港、上海、广州、深圳等城市和特别行政区。

纽瓦克自由国际机场信息			
名称	地址	电话	网址
纽瓦克自由国际机场	3 Brewster Rd	973-9616000	www.panynj.gov

从纽瓦克自由国际机场进入纽约市内

纽瓦克自由国际机场进入市内的主要交通工具有机场巴士、超级穿梭灰线、站间轻轨及美铁、站间轻轨及NJ中转站、出租车五种。

纽瓦克自由国际机场交通信息			
名称	运行时间	票价	交通概况
机场巴士	4:00至次日1:00	约12美元	从机场航站楼的各出站口乘车点上车，上车后直接购票，45～60分钟可到达市内
超级穿梭灰线	次日24小时	约19美元	从机场航站楼各出站口的交通服务指南前台进行预订，上车后购票即可，约55分钟可到达市内
站间轻轨及美铁	6:00～21:00	约35美元	从机场航站楼的各出站口旁边搭乘站间轻轨，在纽华克自由国际机场站下车，换乘美铁的车辆可到达市内，所需时间为60～70分钟
站间轻轨及NJ中转站	4:46至次日1:55（周一至周五），6:07至次日1:55（周六、周日）	14美元	从机场航站楼的各出站口搭乘站间轻轨，在纽瓦克自由国际机场站下车，再换乘NJ中转站的车辆，约40分钟可到达市内
出租车	24小时	60～70美元	从机场各航站楼出站口前的出租车乘车点搭乘，35～50分钟可到达市内

·拉瓜迪亚机场

拉瓜迪亚机场（La Guardia Airport）位于纽约皇后区，是美国纽约市的三大机场之一。机场内以

停靠国内航班为主，以停靠国际航班为辅。中国飞往这里的航班主要来自北京、上海、深圳等城市。

拉瓜迪亚机场信息			
名称	地址	电话	网址
拉瓜迪亚机场	East Elmhurst	718-5333400	www.panynj.gov

从拉瓜迪亚机场进入纽约市内

拉瓜迪亚机场进入纽约市内的主要交通工具有机场巴士、超级穿梭灰线、巴士及地铁、出租车四种。

名称	运行时间	票价	交通概况
机场巴士	7:20~23:00	12美元	从机场航站楼各出站口乘车，上车后购票即可
超级穿梭灰线	24小时	18美元	从机场航站楼各出站口的交通指南服务前台进行预订，上车后付钱即可
巴士及地铁	24小时	4美元	从机场航站楼各出站口的MTA巴士站乘车，在125th St.站换乘地铁即可进入市内
出租车	24小时	18~30美元	从机场航站楼各出站口的出租车乘车点乘车

🚌 乘**地铁**游纽约

　　地铁是游玩纽约非常方便的交通工具，大部分游客都会选择乘地铁旅游。纽约的地铁线众多，主要有1、2、3、4、5、6、7、A、B、C、D、E、F、G、J、L、M、N、Q、R、S、Z、SIR等路线，还有快车与慢车之分。纽约的地铁24小时都会运行，车票一般可以在地铁站内的售票处购买，价格一般为2美元。

纽约地铁信息			
地铁名称	运行路线	地铁名称	运行路线
1	Van cortlandt park 242 st前往south ferry	A	Inwood 207 st前往ozone park leffetts blvd、Inwood 207 st前往rockaway park beach 116st、Inwood 207 st前往far rockaway mott av
2	wakefidld 241 st前往brooklyn college flatbush av	B	145 st前往brigtton beach
3	harlem 148 st前往newlots av	C	washington hts 168 st前往euclid av
4	Woodlawn前往crown hts utica av	D	Norwood 205 st前往coney Island stillwell av
5	nereid av前往brooklyn college flatbush av、eastchester dyre av-brooklyn college flatbush av	E	lexington av前往jamaica center parsons/archer
6	pelham bay park前往brooklyn bridge-city hall	F	jamaica前往coney Island stillwell av

7	fiushing main St 前往times sq 42 St	G	cout sq前往smith-9sts
L	jamaica center parsons/archer前往broad st	J	14 st前往canarsie rockaway pkwy
M	middle village metropolitan av前往chambers st	R	astoria ditmars blvd前往bay ridge 95 st
N	astoria ditmars blvd前往coney lsland stillwell av	Z	jamaica center parsons/archer前往前往broad st
Q	57 st前往coney lsland stillwell av	S	times sq 42 st前往grand central
W	astoria ditmars blvd前往whitehall st		frankin av前往prospect park
			broad channel前往rockaway park beach 116 st
V	forest hills 71 av前往2 av	SIR	Whitehall St前往Tottencille

📷 旅游达人游玩攻略

在纽约搭乘地铁，除了可以在地铁站内购买车票外，还可以购买一张捷运卡。捷运卡可以在标有大绿球的地铁站内购买，用这种卡可以在两小时内免费换乘公交车和地铁。捷运卡有7天逍遥卡、30天逍遥卡、30天快速巴士加捷运卡、1日逍遥卡等种类，这些卡的日期代表在规定期限内你可以不限次数地搭乘地铁或公车，卡的具体价格可以在地铁站内售票处询问。

纽约中央公园

🚌 乘公交车玩纽约

纽约市内的公交车分布范围很广，曼哈顿区、布鲁克林区、皇后区、布朗克斯区、史泰登岛这五大区域都有公交车运行，公交车运行区域的编码分别为M、B、Q、Bx、S。纽约的公交车总站设在第八大道以及42街路口的纽新航港局客运总站，公交车票价一般为2美元。乘车时，乘客可以直接在车上用硬币付款，也可以用在公交车总站购买的巴士卡付款。下车时，乘客只需按一下公交车窗户之间设置的彩色橡皮胶带即可。

🚌 乘出租车游纽约

纽约的出租车非常多，车身一般都为黄色，在路口或者是较大的宾馆前面就可以搭乘。出租车可自动开关门，起步价一般为2.5美元，每隔320米增加0.4美元；20:00后起步价为3美元，假日高峰期16:00～20:00这个时间段起步价为3.5美元。此外，乘车时还得准备好给司机的小费以及通过收费桥梁和隧道时的费用。

🚌 自驾车玩转纽约

自驾车游玩纽约也非常方便，纽约的租车公司一般分布在机场附近，想租车的人可以在机场咨询服务台询问租车公司的具体地址。租车时，年满25岁的乘客只需出示有效驾照、护照、旅行保险证即可，费用约为46美元每天。

纽约租车公司信息			
名称	地址	电话	网址
Avis Rent A Car	147 W 83rd St	212-3620873	www.avis.com
Aamcar	303 W 96th St	8885008460	www.aamcar.com
Prestige Car Rental	148 E 33rd St	212-6794747	www.prestigecarrental.com
Action Car Rental	741 Broadway	212-2532299	www.actioncarrental.com
Budget	304 W 49th St	212-3335901	www.budget.com

纽约市区景点

自由女神像

🔴 自由女神像

　　自由女神像，又名"照耀世界的自由女神"，被誉为美国的象征。神像的创作者是弗雷德里克·奥古斯特·巴托尔迪，女神像右手高举象征自由的火炬，左手捧着刻有1776年7月4日的《独立宣言》，脚下是打碎的手铐、脚镣和锁链。女神像底座有一个美国移民史博物馆，通过底座的螺旋形阶梯可登上女神像的头部。

💬 旅游资讯

地址： Liberty Island

交通： 乘坐地铁1、9、N、R号线到草地保龄球场下车；或乘坐M6、M15到S渡口，再从炮台站乘环线到自由女神像渡口

电话： 212-3633200

开放时间： 9:00～18:00（7～8月）；9:30～17:00（9月至次年6月）

📷 旅游达人游玩攻略

自由女神像底座下的美国移民史博物馆内设有电影院，免费为游客放映一些关于美国早期移民生活的影片。

华尔街

华尔街从曼哈顿区南部的百老汇路一直延伸到东河，是美国乃至世界的金融中心。街道上有众多大财团开设的银行，保险、航运、铁路等公司，还有纳斯达克、美国证券交易所、纽约期货交易所等机构。

旅游资讯

地址： wall st

交通： 乘坐地铁2、3、4、5号线在华尔街站下车

旅游达人游玩攻略

华尔街上有一座铜牛雕像，体积相当庞大，前来旅游的游客喜欢与铜牛合影留念，并抚摸铜牛的牛角，据说这样可以祈求好运。

华尔街

纽约时报广场

纽约时报广场（Times Square）又称"世界的十字路口"，因《纽约时报》的总部大楼曾在此而得名。广场上聚集了众多大型商场、剧院、餐馆、电影院，是纽约繁盛的娱乐、餐饮、购物中心。这个著名的广场，让人印象最深刻的是两边有众多独特的巨型广告牌。

旅游资讯

地址： Manhattan

交通： 乘坐M29、M104路公交车在7 Av/w 47 St下车

电话： 212-4525283

网址： www.timessquarenyc.org

圣帕特里克大教堂

圣帕特里克大教堂（St.Patrick's Cathedral）位于纽约最繁华的第五大道边上，是纽约最大的天主教堂。教堂建筑为古朴典雅的哥特式风格，内部有一架由数千根音管组成的巨型管风琴。来到这里，游客不仅可以很轻松地在里面参观，还能与教士一起做弥撒。

旅游资讯

地址： 460 Madison Ave

交通： 乘坐x27、x28、x37路公交车在5 Av/w 51 St下车

电话： 212-7532261

网址： www.saintpatrickscathedral.org

📍 帝国大厦

　　帝国大厦(Empire State Buliding)是现代世界"七大工程奇迹"之一，也是纽约市最著名的地标性建筑和著名的旅游景点之一。大厦建筑面积庞大，拥有数十部电梯，从底层步行至顶层需经过千余级台阶。大厦以西式艺术为装饰风格，设计极其巧妙，楼内有众多博物馆。这里还是《金刚》、《西雅图不眠夜》等经典电影的取景地。

💬 旅游资讯

地址： 350 W 34th St

交通： 乘坐地铁B、D、F、Q、R、1、2、3号线在34号大街下车

电话： 212-7363100

门票： 20美元

开放时间： 8:00至次日2:00

📷 旅游达人游玩攻略

帝国大厦每年都会举行爬楼梯比赛，外国游客也可以参加。参加者需从第1层爬至第86层，先行到达顶层的参加者可以得到丰厚的奖励。

📍 布鲁克林大桥

　　布鲁克林大桥横跨纽约东河，曾是世界上最长的悬索桥，也是世界上首次用钢材建造的大桥。大桥建成之初，主要是为了方便人们步行或骑马渡过东河，现在已成为纽约电车、巴士、私家车等运行的重要桥梁。

💬 旅游资讯

地址： 纽约东河上，连接布鲁克林区和曼哈顿区

交通： 乘坐地铁4、5、6号线在布鲁克林站下车

美国纽约布鲁克林大桥

📍 唐人街

　　唐人街是纽约的中国城，这个区域的居民几乎全是中国人，通用语言主要是汉语。街道上的大部分店铺都是餐厅，餐厅主要提供中餐。此外，这里还有水果、药材、海鲜等摊位，还有卖中文报纸的报摊。

💬 旅游资讯

地址： 曼哈顿南端下城摩特街附近的街道

交通： 乘坐地铁N线在卡纳尔大街站下车

唐人街

📍 百老汇

　　百老汇（Broadway）是音乐剧的代名词，也是美国戏剧和音乐剧的重要发扬地。百老汇的街道上分布着众多剧院，剧院内以表演音乐剧和歌剧为主，每年都有数百万游客前来观看演出。

💬 旅游资讯

地址：Broadway

交通：乘坐地铁1号线50 St站下车

百老汇演出

📷 旅游达人游玩攻略

百老汇经常上演的经典剧目主要有《狮子王》、《妈妈咪呀》、《小美人鱼》、《魔法坏女巫》等，票价一般比较贵。如果想要购买折扣票，可以在旅游信息中心(Information Center)询问是否有折扣票，咨询电话为212-3633200，咨询网址www.nps.gov。如没有，可以在周一至周六的15:00前，前往47街与百老汇大道交叉口的TKTS购买。

📍 华盛顿广场

　　华盛顿广场是波西米亚文化的所在地，也是纽约最受游客喜爱的地方之一。广场周边生活着许多画家、雕塑家和摄影家，他们经常把广场当作获取创作灵感的地方，广场上不时还会举办油画、摄影、素描和版画等展览。

💬 旅游资讯

地址：5 Ave

交通：乘地铁在第四大街西站下车

洛克菲勒中心

📍 洛克菲勒中心

　　洛克菲勒中心是美国的"国家历史地标"，20世纪最伟大的都市计划之一。这里由19栋商业大楼组成，其中最大的建筑是奇异电器大楼。建筑群内分布着餐厅、办公大楼、服饰店、银行、邮局、书店等服务设施，其主楼顶部还有著名的观景平台"巨石之顶"。

💬 旅游资讯

地址：45 Rockefeller Plaza

交通：乘坐地铁F、D、B、Q号线在洛克菲特中心站下车

电话：212-3326868

📷 旅游达人游玩攻略

洛克菲勒建筑群的中心有一个下凹的小广场，夏天有很多露天咖啡座，冬天则成了溜冰场。在小广场的四周，有数百面国旗迎风飘扬，这是纽约的标志性拍照地点之一。

📍 中央公园

　　中央公园是一个园林式的公园，也是全世界大都市中最美的城市公园。公园占地面积极其庞大，设施齐全，有森林、湖泊、草地等自然景观，还有溜冰场、露天剧场、小动物园等场所。公园四季皆美，春天嫣红嫩绿、夏天阳光璀璨、秋天枫红似火、冬天银装素裹。

💬 旅游资讯

地址： 14 E 60th St
交通： 乘坐地铁4、5、6号线在第五大道站下车
电话： 212-7946564
开放时间： 6:00至次日1:00（周一至周日）
网址： www.centralpark.org

中央公园

📷 旅游达人游玩攻略

1.中央公园内的小型动物园不需要任何费用和证件就能参观，喜爱动物的游客可以进去看下。

2.每年6～9月，中央公园内的戴拉寇特剧院都会上演莎士比亚的戏剧，游客可以免费入内观看。演出时间一般为8:00（周一公休），演出单场时间约为1小时30分钟。

📍 纽约现代艺术博物馆

　　纽约现代艺术博物馆（The Museum of Modern Art, MoMA）是世界最重要的现当代美术博物馆之一，也是第一家致力于推广现代艺术的博物馆。博物馆藏品丰富，其种类包括雕塑、版画、摄影、印刷品、商业设计等。来到这里，你总能从形形色色的馆藏当中找到自己感兴趣的东西。

💬 旅游资讯

地址： 11 W 53rd St
交通： 乘坐地铁E或M线在第五大道站或53街站下车
电话： 212-7089400
门票： 25美元
网址： www.moma.org

📍 美国自然历史博物馆

　　美国自然历史博物馆(American Museum of Natural History)位于一座综合了罗马与文艺复兴风格的雄伟大厦内，是世界上规模最大的自然史博物馆。博物馆修建历史悠久，收藏有天文、矿物、人类、古生物和现代生物5个方面的藏品，包括化石、恐龙、禽鸟、印第安人和爱斯基摩人的复制模型和大量的动物标本等。

💬 旅游资讯

地址： Central Park West at 79th St
交通： 乘坐地铁4、5、6号线在第五大道站下车
电话： 212-7695100
门票： 14美元
开放时间： 10:00～17:45
网址： www.amnh.org

📷 **旅游达人游玩攻略**

美国自然历史博物馆内有可供游客免费下载到手机的博物馆导航系统，通过这个系统，你可以在上面找到博物馆内所有展厅、剧院、卫生间和餐厅，十分方便。同时，博物馆内还免费提供移动装置供游客体验导航系统。

📍 大都会艺术博物馆

　　大都会艺术博物馆是美国最大的艺术博物馆，与英国伦敦的大英博物馆、法国巴黎的卢浮宫、俄罗斯圣彼得堡的列宁格勒美术馆并称世界四大美术馆。博物馆占地面积庞大，收藏有数百万件展品，通过欧洲绘画、美国绘画、原始艺术、中世纪绘画和埃及古董展厅进行展示。

💬 **旅游资讯**

地址： 1000 5 th ave

交通： 乘M1、M3、M4、M86公交车在82nd下

电话： 212-5357710

门票： 25美元

开放时间： 9:30～17:30（星期二至星期四），
　　　　　　9:30～21:00（星期五至星期六），
　　　　　　9:30～17:30（星期日），周一闭馆

网址： www.metmuseum.org

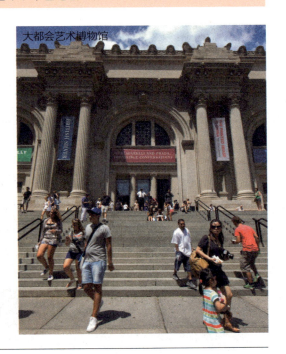
大都会艺术博物馆

📷 **旅游达人游玩攻略**

1.游览大都会艺术博物馆时，游客在入口处可以看到一张中文楼层平面图，上面有游览线路可供参考。另外，还可以在大厅服务台租一台中文语音导览机。

2.参观大都会艺术博物馆时，禁止带瓶装水入内，馆内也不允许使用有闪光功能的设备和影像摄影机。

📍 惠特尼美国艺术博物馆

　　惠特尼美国艺术博物馆，又称"惠特尼美术馆"。馆内主要收藏了美国20世纪的艺术品，其中包括爱德华·霍普、贾斯铂·约翰斯、安迪·沃霍尔等人的珍贵作品。此外，这里还有许多电影录像，拍摄了人们在野外树林或河流水中活动的情景。

💬 **旅游资讯**

地址： 945 Madison Ave

交通： 乘地铁6号线在第77大街下车

电话： 212-5703600

门票： 15美元

开放时间： 11:00～18:00（周三至周四、周六至周日），13:00～21:00(周五)，周一、周二闭馆

网址： www.whitney.org

📍 古根海姆博物馆

古根海姆博物馆（Solomn, R. Guggenheim）是世界著名的私人现代艺术博物馆之一。博物馆藏品丰富，主要收藏油画、版画、照片、雕塑、电影、设计作品等。此外，博物馆内还经常会主办不同主题的临时展览。

💬 **旅游资讯**

地址：1071 5th Ave

交通：乘坐地铁4、5、6号线在86号街下车

电话：212-4233500

开放时间：10:00～17:45（周三至周六），10:00～20:00（周五）

📷 **旅游达人游玩攻略**

古根海姆博物馆为游客提供语音导览器服务，如果想要租用语音导览器进行参观游览，可以前往博物馆咨询台租借。

纽约周边景点

📍 耶鲁大学

耶鲁大学（Yale University）是一所私立大学，也是美国最有名的大学之一。耶鲁大学规模很大，校园内的建筑主要以哥特式和乔治王朝式风格为主，对游客有着很强的吸引力。每到秋季，校园内遍地的暗红落叶非常美丽。

💬 **旅游资讯**

地址：New Haven

交通：乘坐J路公交车在Whitney Ave and Sachem St下车

电话：203-4324771

门票：免费

开放时间：10:30～14:00

网址：www.yale.edu

耶鲁大学

普林斯顿大学

　　普林斯顿大学（Princeton University）是美国一所著名的私立大学，也是八所常春藤盟校之一。校园风景优美，有很多后哥特式建筑，其中小礼拜堂和拿骚礼堂较为有名。这所大学是美国政治家的摇篮，培养出两位总统和44位州长。

旅游资讯

地址：Princeton University
交通：可以从纽约乘汽车前往
电话：609-2583000
门票：免费
开放时间：10:00～15:30
网址：www.princeton.edu

大西洋城

　　大西洋城原是一座并不出名的海滨小镇，后来随着海滩的开发利用，成了有名的海滨疗养城市。这里的海滨浴场非常多，是纽约人的度假胜地之一，经常会有著名的歌星在大西洋城举办大型演唱会。

旅游资讯

地址：新泽西州大西洋城

长岛

　　长岛（Long Island）是由冰川堆积物构成的沙质岛屿，三面临海，是休闲度假的好去处。岛上环境十分优美，分布有小山、海滩、葡萄园等景致，其中南部的琼斯海滩是长岛的必游之地。

旅游资讯

地址：布鲁克林和昆斯两区
交通：乘坐长岛铁路的火车可到
电话：877-3866654

火岛

　　火岛是距离纽约非常近的岛屿，有"纽约的夏威夷"之美称。火岛以拥有原始的生活形态、纯净的空气和洁净的海滩而闻名，主要景点有海洋海滩、樱桃园林、海洋湾公园等。此外，岛上还有餐厅、酒吧等服务设施。

旅游资讯

地址：长岛南面
交通：从长岛的轮渡码头搭乘轮渡可到

长岛

最容易让人忽略的景点

杜莎夫人蜡像馆

📍 杜莎夫人蜡像馆

　　杜莎夫人蜡像馆（Madame Tussauds）位于第七大街和第八大街之间，是世界上最有名的蜡像馆之一。馆内由3层楼及地下室组成，设有4个展览层，其中以恐怖屋和杜莎夫人蜡像最为有名。这里是青少年在纽约游玩时不可忽略的地方。

💬 旅游资讯

地址： 234 W 42nd St

交通： 乘坐地铁A线在42 St - Port Authority Bus Terminal下车

电话： 212-5129600

门票： 29美元

网址： www.madametussauds.com

📍 联合国总部

　　联合国总部位于曼哈顿东河沿岸，包含秘书处大楼、会议厅大楼、大会厅和哈马舍尔德图书馆等建筑。其中，秘书处大楼位于中心，是一栋玻璃面的板式建筑，被称为"火柴盒"。联合国总部前还有一个风景优美的花园，花园内摆放着很多世界各国赠送的雕塑。

💬 旅游资讯

地址： 1 United Nations Plaza

交通： 乘坐地铁4、5、6、7号线地铁在大中央车站下车

电话： 212-9637539

门票： 16美元

开放时间： 9:00～16:45

📷 **旅游达人游玩攻略**

联合国总部大厦的地下室内有一个联合国的邮局，里面有全世界独一无二的联合国邮票。喜欢的话，你可以买一张明信片并贴上邮票，作为纪念品寄回家中。不过，需要注意的是，这种邮票只有在联合国邮局内寄出才有效。

📍 布朗克斯动物园

　　布朗克斯动物园（Bronx Zoo）是世界十大动物园之一，也是美国都市区中最大的一个动物园。园内树林密布，有布朗克斯河流经其间，风景十分宜人。此外还有着众多珍稀动物，其中包括有狐猴、尼罗、鳄蜂鸟等。来到这里，游人只能待在玻璃屋中看自由自在行走的动物。

💬 **旅游资讯**

地址： 2300 Southern Blvd

交通： 乘地铁E、V号线在53街站下车

电话： 718-2205100

门票： 15美元

开放时间： 10:00～16:30（11月至次年4月），10:00～17:00（4月至11月周一至周五），10:00～17:30（周末及假期）

布朗克斯动物园

纽约美食

　　纽约是个美食天堂，几乎全世界的美食你都能在这里找到。假如你想尝尝美国本土风味的美食，烤鹿肉、薄荷开心果香葱酱、Usda高级干式熟成牛排是你的理想选择；假如你想吃中国风味美食，唐人街是一个不错的地方；假如你想吃其他国家的美食，可以选择寿司、红酒葱烧牛肉、意大利面等。

🍴 美国本土风味

·台地烧烤

　　台地烧烤（Mesa Grill）是明星厨师Bobby flay开设的餐厅。餐厅内环境极其安静、雅致，其食材原料大多数使用带有美国本土元素的玉米、黑豆、鳄梨，菜肴具有地道的美国西南风味。此外，餐厅中还提供多种美味鸡尾酒。

地址：102 5th Ave
交通：乘坐地铁N号线在联合广场站下车
电话：212-9890034
开放时间：12:00～14:30，17:30～22:30
网址：www.mesagrill.com

·蓝烟

　　蓝烟（Blue Smoke）是曼哈顿真正制作传统烧烤的餐厅之一。餐厅内有现场爵士和蓝调音乐表演，服务及其周到。餐厅的主打菜肴是烤鹿肉、手撕猪肉、熏有机鸡肉，其中烤鹿肉采用新鲜的鹿肉作为原料，味道特别鲜美。

地址：lexington大道和park大道之间
电话：212-5762561
开放时间：11:30～23:00
网址：www.bluesmoke.com

📷 旅游达人游玩攻略

在蓝烟餐厅吃饭时，如果一个人前往，建议慎点手撕猪肉。这个菜肴分量非常大，一个人很难吃完。

·纯食品和葡萄酒

纯食品和葡萄酒(Pure food and wine)是一家素食餐厅，以提供天然素食为主。餐厅内主打菜肴是薄荷开心果香葱酱、辣蜗居千层面等，其食材主要采用最新鲜的有机原料，不仅美味可口，而且对人的身体大有益处。

地址： 54 Irving Pl
交通： 乘坐地铁N号线在联合广场站下车
电话： 212-4776916
开放时间： 17:30～23:00
网址： www.purefoodandwine.com

📷 旅游达人游玩攻略

天气晴朗的时候，你可以坐在纯食品和葡萄酒餐厅的花园露台就餐，体验和大自然融为一体的舒适感受。

·Peter luger

Peter luger餐厅是美国最棒的牛排店之一。餐厅用餐氛围如啤酒厅一般，其主打菜肴是Usda高级干式熟成牛排，菜肴的食材是由老板亲自筛选的牛肉，味道鲜嫩，口感极好。同时，餐厅内的炸薯条、牛排酱也值得一尝。

地址： 178 Broadway
交通： 乘坐地铁N号线在Rector St站下车
电话： 718-3873523
开放时间： 11:45～22:45

其他美国本土风味餐厅推荐		
名称	地址	电话
Applewood	布鲁克林区第七大道和第八大道之间	718-7682044
Chestnut	布鲁克林区史密斯街271号	718-2430049
Dumont	布鲁克林区联合街道432号	718-4867717
The place	曼哈顿区Bank街和第12街之间	212-9242711
Home	曼哈顿区科妮莉亚圣20号	212-2439579

🍴 中国美食

· Gum Fung

Gum Fung是一家位于繁华的法拉盛唐人街上的中餐厅。餐厅的主打美食为春卷、烧卖、包子，具有极其地道的中国口味，餐厅内的服务也很热情。来到这里，你经常能看到一大群聚会的人或一个家庭在用餐。

地址： 13628 39th Ave
交通： 乘坐地铁M线可到
电话： 718-7628821
开放时间： 9:00～23:00

📷 旅游达人游玩攻略

Gum fung餐厅内的生意非常火爆，如果你想要品尝这里最棒的菜肴，就必须提前到达。另外，餐厅内还提供电话订位服务，你可以提前1～3天预订好餐位。

· 上海庭院

上海庭院（Shanghai Pavilion）是一家提供物美价廉食物的餐厅。餐厅环境极其优雅别致，以地道的上海风味菜肴为主打。午餐主要以套餐为主，晚餐则有着众多的美味菜肴可以挑选，其中以狮子头砂锅最受欢迎。

地址： 1378 3rd Ave
电话： 212-5853388
开放时间： 11:30～22:30

📷 旅游达人游玩攻略

在上海庭院吃饭时，如果你想要享受上海风格的晚宴，可以提前一天通过打电话的方式预订餐位，并说明自己的要求。

· 66

66是一家以传统中国菜肴为主的中餐厅。餐厅装饰风格时尚，餐桌上覆盖着写有中国字的红色桌布，用毛玻璃作为屏风分割成的一个个小空间，环境极其优雅舒适。餐厅中最受欢迎的菜肴为蒸鳕鱼、炒尼曼农场猪肉。

地址： 曼哈顿区教堂街241号
交通： 乘坐地铁1、2号线在富兰克林街站下车
电话： 212-9250202
开放时间： 17:30～23:00
网址： www.jean-georges.com

· 上海绿波廊

上海绿波廊 (New Green Bo Restaurant)是位于摆也街上的中餐厅，以上海菜和江浙菜为主打。餐厅外部白底绿字的招牌毫不起眼，门面也没有太多吸引力，但内部装饰极其舒适、雅致，菜肴口味非常地道，对远道而来的食客们有着深深的吸引力。来到这里，狮子头、干海带黄鱼、年糕、小笼包等美食绝对值得一尝。

地址： 66 Bayard St

交通： 乘M103公交车在Bowery-Bayard St站下车

电话： 212-6252359

📷 旅游达人游玩攻略

在上海绿波廊餐厅吃饭时，一定要记得带够现金，因为这里不接受刷卡付费。另外，身上一定要备好零钱付小费，在接受服务员的服务后，必须要给10%的小费。

其他中国风味餐厅推荐		
名称	地址	电话
凤凰城花园	曼哈顿区第二大道和第三大道之间	212-9836666
大四川菜馆	曼哈顿区坚尼街125号	212-6259212
利口福面馆	曼哈顿区包厘街28-1号	212-3490923
合记饭店	曼哈顿区勿街21街	212-9648365
百捞汇火锅海鲜酒家	法拉盛罗斯福大道142-38号	718-9611668

🍴 世界美食

· 寿司之家

　　寿司之家（Sushiden）是一家日式料理餐厅。餐厅有透明的落地玻璃窗，内部大门处有一个长长的寿司台，寿司台后面便是制作料理的地方。这里的寿司大部分采用新鲜鱼肉制成，口味极其地道，价格也比较实惠。同时，餐厅内还有穿着和服的年轻服务员为食客服务。

地址： 123 W 49th St

交通： 乘坐地铁E或M线在第五大道站或53街站下车

电话： 212-6442942

开放时间： 11:45～14:15、17:30～22:00（周一至周五、周日），周六不营业

网址： www.sushiden.com

📷 旅游达人游玩攻略

来这家餐厅吃饭时，如果喜欢吃鱼肉，建议点用金枪鱼肚皮上味道最鲜美的肥肉制成的寿司。

· Reserve

　　Reserve是纽约市内一家非常受食客喜爱的泰国餐厅。餐厅内装饰十分奢华，从餐台到餐桌都流露着一种别致的风韵，给人一种温馨、舒适的感受。来到这里，你可以坐在柔和的灯光下，静静地享用美食。

地址： 407 3rd Ave

开放时间： 11:30~10:30

电话： 212-6797772

网址： www.reservethainyc.com

📷 旅游达人游玩攻略

前往Reserve餐厅就餐前，你可以先登录官网查看里面的菜肴种类和价格，做个大概的了解；同时，也可以率先通过打电话的方式预订餐位，这样就避免了等餐位的苦恼。

· 佩里戈尔

佩里戈尔（Le Perigord）位于纽约曼哈顿区，是一家生意非常火爆的法国餐厅。餐厅内装饰风格时尚，环境干净、整洁，给人一种温馨的感受。餐厅内以传统法国风味菜肴为主打，其中红葡萄酒煮鸡、豆焖肉是最受食客欢迎的菜肴。

地址：405 E 52nd St
交通：乘坐地铁E、M线在Lexington Av/53 St下车
电话：212-7556244
网址：www.leperigord.com

📷 旅游达人游玩攻略

在佩里戈尔就餐时，不想排队等候的人可以提前通过上网或打电话的方式预订餐位，及自己喜爱的菜肴。

· Basta Pasta

Basta Pasta是一家意大利风味餐厅。餐厅环境极为舒适，墙壁上挂有艺术作品。餐厅内的主打菜肴是意大利面、黑墨鱼酱波浪宽扁面。来到这里，你既可以品尝十分美味的食品，还能观看厨师制作菜肴的过程。

地址：37 W 17th St
电话：212-3660888
交通：乘坐地铁E线或M线在第五大道站或53街站下车
开放时间：12:00～14:30
网址：www.bastapastanyc.com

其他世界美味餐厅推荐		
名称	地址	电话
Beppe	曼哈顿区百老汇和林荫大道南之间	212-9828422
Barbounia	曼哈顿区第20街250号	212-9952042
Casa mono	曼哈顿区第17街52号	212-2532773
Savoia	布鲁克林区史密斯街277号	718-7972727

纽约购物

　　纽约是许多购物者为之疯狂的地方，第五大道、麦迪逊大道、百老汇大道、SOHO历史区等地，云集了一大批大家耳熟能详的名牌商品。想购买比较便宜的物品，可以去布鲁克林跳蚤市场、格林跳蚤市场等地方。

🎁 人气旺盛的购物大街

·第五大道

　　第五大道有纽约"精品服饰集中营"的称号，每年来到这里购物的人群，可以用数以百万来计算。来到这里，你可以看到一切你知道的世界名牌商品，如路易·威登、范思哲、香奈儿、迪奥等，一定有能令你为之疯狂的品牌。

地址：944 5th Ave
交通：乘坐地铁4、5、6号线在第五大道站下车

·百老汇大道

　　百老汇大道从北向南延伸，算是曼哈顿最长的街道。大道上聚集了包括个性品牌大型旗舰店，居家饰品、生活杂货、珠宝首饰店等在内的众多商店，其中有Polo Jeans、Calvin Klein、Levis等品牌。这里是深受购物者喜爱的街区。

地址：Broadway
交通：乘坐地铁N号线在Rector St站下车

·麦迪逊大道

　　麦迪逊大道的57街到79街这片区域是其精华部分，也是世界上租金最贵的地段之一。大道周围设有包括Worth & Worth、Barney's等在内的众多高档精品店，还有以中国风格装饰的Shanghai Tang百货公司。来到这里，你可以买到众多令自己满意的商品，说不定还能遇见美国明星。

地址：Madison Ave
交通：乘地铁N线、R线、W线到59街或第五大道站下车

· SOHO历史区

SOHO历史区是纽约一个非常繁华的购物街区，每到周末或节假日，这里便挤满了购物人群。街道上有数百家店铺，主要经营珠宝、服饰、化妆品、居家用品、文具等商品，其中知名品牌店有普拉达、香奈儿、路易·威登等。

地址： 休斯敦街和格林尼街之间
交通： 乘坐地铁D号线可到

🎁 名牌集中的大本营

· 罗德泰勒百货公司

罗德泰勒百货公司(Lord & Taylor)是纽约购物地之一。商场内的装饰风格并不十分奢华，但汇聚了众多世界顶级品牌商品，如迪奥、香奈儿、纪梵希等。此外，商场内还有著名设计师设计的服装可以购买。

地址： 424 5th Ave
交通： 乘地铁B、D、F、V、7号线在42街或布来恩公园站下车
电话： 212-3913344
营业时间： 11:00～20:00

· 川普大楼

川普大楼（Trump Tower）位于第五大道56街口的入口处，是一栋高耸的摩天大楼。大楼由黑色玻璃锯齿状立面构成，连续6层的阳台上都种植了大树，内部装饰极为奢华。大楼内有着众多令人疯狂的奢侈品，是深受购物者喜爱的购物地。

地址： wall st.
交通： 乘地铁E、V线在53街或第五大道站下车
电话： 212-8322000
营业时间： 10:00～20:00

· 萨克斯第五大道

萨克斯第五大道（Saks Fifth Avenue）位于洛克菲勒中心的对面，是名贵珠宝首饰、品牌服饰的集中地。店内装饰极其奢华，还有精心设计的橱窗，其主要品牌商品包括Burberry、Charles Nolan、Cynthia Steffe 、Hugo Boss、Juicy Couture等。来到这里，你不仅可以买到满意的商品，还可以前往8楼的咖啡馆品尝咖啡。

地址： 111 E 56th St
交通： 乘地铁E、V线在53街或第五大道站下车
电话： 212-2471100
营业时间： 10:00～18:00

📷 旅游达人游玩攻略

萨克斯第五大道经常会有一些大品牌的商品打折出售，想要购买折扣商品的人，可以事先打电话询问。

🎁 物美价廉的淘宝地

·布鲁克林跳蚤市场

　　布鲁克林跳蚤市场（Brooklyn Flea Market）是纽约最受欢迎的跳蚤市场之一。跳蚤市场在每周末10:00～18:00，都会有一大批携带牛仔靴子、工艺品、食品等物品的商贩在这里聚集，也有一大批怀着"淘"宝心理的买家前来挑选货物。

地址：Skylight One Hanson Brooklyn
交通：乘地铁M号线可到
网址：www.brooklynfleamarket.com

·赫尔厨房跳蚤市场

　　赫尔厨房跳蚤市场（Hell's Kitchen Flea Market）曾被美国媒体评为"最佳家具"的购买地。跳蚤市场周围交通十分方便，每周末9:00～18:00，这里就会开放，人们可以从这里购买到古典照相机、帽子、头巾等商品。

地址：West 39th St.
交通：乘坐地铁A、C、E号线在时代广场站下车
网址：www.hellskitchenfleamarket.com

📷 **旅游达人游玩攻略**
想买东西、又不能亲自前往赫尔厨房跳蚤市场的人，可以通过上网的方式申请购买，还可以网上注册成为VIP会员，享受购物折扣。

·格林跳蚤市场

　　格林跳蚤市场（Green Flea Market）是游客喜欢光顾的跳蚤市场之一，每到星期六和星期天的10:00～17:30，这里便挤满了购物的人群。市场内提供的商品主要有手工艺品、古典服装、珠宝、灯饰、现代艺术品、古董地图、眼镜等，商品种类众多，价格也较为低廉。

地址：77th Street and Columbus
交通：乘坐M7、M11路公交车可到
网址：www.greenfleamarkets.com

📷 **旅游达人游玩攻略**
格林跳蚤市场内的很多商贩都接受顾客使用信用卡消费，所以去购买物品时，不用带太多现金。

纽约娱乐

在纽约，城市的每个角落，不论是白天还是黑夜都有着众多能让人玩得尽兴的娱乐活动。假如，你想看场精彩的篮球赛可以去麦迪逊广场花园球馆，想品尝美酒可以去McSorley's Old Ale House，想听音乐剧可以去大都会歌剧院。

酒吧

·McSorley's Old Ale House

McSorley's Old Ale House开设时间非常早，是纽约最古老的酒吧之一。酒吧内的装饰风格古朴，墙壁上有很多古老画作、照片、旧报纸，在柔和的灯光衬托下，让人有一种回到了古老时代的错觉。酒吧内还设有专门的啤酒工厂，其中清啤酒和黑啤酒是最受欢迎的酒类。

地址： 15 East 7th Street
交通： 乘M101、M102路公交车在3Av-Astor Pl下车
电话： 212-4749148
营业时间： 11:00至次日1:00

·The Marrow

The Marrow位于美国曼哈顿西村，由Harold Dieterle负责经营。酒吧内的装饰风格时尚，主要提供意大利式和德国式两种酒店，其美酒味道十分醇正。此外，酒吧内还提供各色美式风味菜肴。

地址： 99 Bank St
交通： 乘坐M11路公交车在Bethune St/Greenwich St下车
电话： 212-4286000
网址： www.themarrownyc.com

·Flute

Flute内放置有舒适的座椅，在昏暗的灯光照射下，走进其中很容易就能让人沉醉。可以找个舒适的角落坐着，然后点一杯香槟或鸡尾酒，静静地享受酒吧中梦幻般的音乐。值得一提的是，酒吧在星期五会很热闹，你可以在这天感受到火爆的气氛。

地址： 曼哈顿区第54街205号
电话： 212-2655169

·Toast

Toast是纽约一家非常有名的酒吧。酒吧内的装饰风格极其独特，虽简洁却又处处流露着华贵气息，走入其中，有一种来到农家小屋般的错觉。酒吧内提供高端啤酒，价格比较昂贵。

地址：2737 Broadway
交通：乘坐1号地铁在103 St下车
电话：212-6637010
网址：www.toastnyc.com

·Attaboy

Attaboy位于曼哈顿东区的繁华地带，是一家人气十分火爆的酒吧。酒吧内的装饰风格古朴、雅致，有两位专业调酒师按照顾客的需求现场调制美酒。酒吧内服务员的服务态度非常好，消费也并不高。

地址：134 Eldridge St
交通：乘坐B39、M15路公交车在Allen St/Delancey St下车

其他酒吧推荐			
名称	地址	电话	网址
55 Bar	55 Christopher St	212-9299883	www.55bar.com
Bua	122 St Marks Pl #126	212-9796276	www.buabar.com
230 Fifth	230 5th Ave	212-7254300	www.230-fifth.com
The Campbell Apartment	15 Vanderbilt Ave	212-9530409	www.hospitalityholdings.com
Off the Wagon	109 Macdougal St	212-5334487	www.nycbestbar.com

🎳 球队

·纽约尼克斯队

　　纽约尼克斯队是美国国家篮球协会（NBA）中的一支非常出名的篮球队，也是一支巨星云集的球队。提起尼克斯队，或许大多数中国球迷都不会陌生，中国球员姚明、易建联等人都曾在尼克斯队的主场打过比赛，2012年美籍华裔球员林书豪曾在此刮起过令无数球迷为之疯狂的"林旋风"。来到纽约游玩，怎能不去麦迪逊广场花园球馆看一场精彩的篮球比赛呢。

地址： 4 Pennsylvania Plaza
交通： 乘坐地铁1、2、3号线在34街滨
　　　　州车站下车

·纽约扬基棒球队

　　纽约扬基棒球队（New York Yankees）是一支非常有名的棒球队，其主场是扬基体育场。球队在21世纪初时，战绩逐渐下滑，导致球迷逐渐减少。近年来，随着新场馆的建成和年轻球员的成长，战绩迅速提升，球场内气氛也变得十分火爆。

地址： 1 E 161st St
交通： 乘公交车到Meadowlands Sports Complex Station
电话： 718-2934300　**网址：** www.newyork.yankees.mlb.com

·布鲁克林篮网队

　　布鲁克林篮网队（Brooklyn Nets），原为新泽西篮网队，是美国国家篮球协会（NBA）中的一支篮球队。提起篮网队，不得不提到球星德隆·威廉姆斯，这个曾经令姚明率领的火箭队相当头疼的爵士队头号球星现在已经在布鲁克林篮网队征战。篮网队的球馆是最新修建的，装潢相当奢华，每到比赛日，这里便坐满了前来观看球赛的球迷，气氛相当火爆。

地址： 布鲁克林区巴克莱中心
交通： 乘坐地铁A、C、F号线可到

·纽约巨人队

　　纽约巨人队(New York Giants)是美式足球的一支老牌球队，主场是巨人体育场。巨人队有着极其辉煌的队史，曾数次打进总决赛，并最终夺得冠军。近年来，巨人队战绩依然非常好，球场内看球的球迷也非常多。

地址： 50 state rt
电话： 201-9358111
网址： www.giants.com

📷 旅游达人游玩攻略
布鲁克林篮网队只在有季前赛、常规赛、季后赛的时间内，且是主场作战时才会有比赛举行，想要看比赛的人可以在NBA中国官方网站（www.nba.com）上查看球队赛程，然后再根据自己的行程前往球场购买门票。

🎳 歌剧院

· 大都会歌剧院

　　大都会歌剧院（The Metropolitan Opera）是纽约林肯表演艺术中心的核心部分，也是一个具有领导地位的世界级歌剧院。歌剧院的建筑风格融古典与现代于一体，规模庞大，演出过的经典剧目主要有《浮士德》、《蝴蝶夫人》、《卡门》、《秦始皇》等。

地址：65th st.
交通：乘坐地铁1号线可到
电话：212-3636000
售票时间：10:00～20:00（周一至周六），12:00～18:00（周日）
网址：www.metopera.org

· 纽约市歌剧院

　　纽约市歌剧院（New york city opera）是票价低廉的大众化剧院，也是纽约市立歌剧团。剧院内以表演歌剧为主，演员大多数是美国本土人士。此外，剧院内还会将一些非英语国家的语音译成英语，并加上字幕表演，方便观众理解。

地址：20 lincoln center
交通：乘坐地铁1号线可到
电话：212-8705570
门票：12～145美元（站票12美元）
网址：www.nycopera.com

其他娱乐场所推荐				
名称	地址	电话	网址	类型
Cafe Grumpy	224 W 20th St	212-2555511	www.cafegrumpy.com	咖啡厅
Cafe Lalo	201 W 83rd St	212-4966031	www.cafelalo.com	咖啡厅
A Cafe & Wine Room	973 Columbus Ave	212-2222033	www.acafeny.com	咖啡厅
Cinema Village	22 E 12th St	212-9243363	www.cinemavillage.com	电影院
Clearview Cinemas Ziegfeld	141 W 54th St	212-7657600	www.clearviewcinemas.com	电影院
IFC Center	323 Avenue of the Americas	212-9247771	www.ifccenter.com	电影院

纽约住宿

　　纽约的住宿点主要集中在曼哈顿区、布鲁克林区、皇后区等地，其住宿价格浮动比较大，通常在周五、周六晚上以及整个春天和秋天的房价都特别高。纽约的住宿类型主要有酒店、青年旅舍、公寓三种类型，价格以酒店和公寓比较高，青年旅舍则比较实惠。

🏠 中心区

经济型酒店

名称	地址	电话	网址
Hostelling International New York	891 Amsterdam Ave	212-9322300	www. hinewyork.org
Chelsea International Hostel	251 W 20th St	212-6470010	www.chelseahostel.com
Bowery's Whitehouse Hotel of NY	340 Bowery	212-4775623	www.whitehousehotelofny. com
be heard photography	Northern Manhattan	916-3423300	www. blogspot.com
Hotel Riverside Studios	342 W 71st St	212-8735999	www. hotelringingbell.com

中档酒店

名称	地址	电话	网址
The Manhattan at Times Square Hotel	790 7th Ave	212-5813300	www.manhattanhoteltimessquare.com
Manhattan Broadway Hotel	273 W 38th St	212-9219791	www. nymbhotel.com
Four Points by Sheraton	160 W 25th St	212-6271888	www. fourpointschelsea.com
The Jane Hotel	113 Jane St	212-9246700	www. thejanenyc.com
POD 51 Hotel	230 E 51st St	212-3550300	www. thepodhotel.com

高档酒店

名称	地址	电话	网址
Courtyard New York	3 E 40th St	212-4471500	www.marriott.com
Wyndham Garden Manhattan Chelsea	37 W 24th St	212-2430800	www. wyndhamnyc.com
Hampton Inn Manhattan-Chelsea	108 W 24th St	212-4141000	www. hamptoninn.com
The Manhattan Club	200 W 56th St	212-7075000	www. manhattanclub.com
New York Skyline Hotel	725 10th Ave	212-5863400	www. skylinehotelny.com

🏠 其他区

经济型酒店

名称	地址	电话	网址
Bibi's Garden Bed and Breakfast Brooklyn	762 Westminster Rd	718-4343119	www. bibisgarden.net
Sumner Hotel	22 Sumner Pl	718-5741500	www. sumnerhotelny.com
Best Western Robert Treat Hotel	50 Park Pl	973-6221000	www. rthotel.com
Hostelling International New York	891 Amsterdam Ave	212-9322300	www. hinewyork.org
World Hotel	101 Bowery #2	212-2265522	www. worldhotelinc.com

中档酒店

名称	地址	电话	网址
NU Hotel	85 Smith St	718-8528585	www.nuhotelbrooklyn.com
Hotel Le Bleu	370 4th Ave	718-6251500	www. hotellebleu.com
Holiday Inn Express New York-Brooklyn	625 Union St	718-7971133	www. hiexpress.com
La Quinta Inn Brooklyn Downtown	533 3rd Ave	718-8324747	www. lq.com
Pointe Plaza Hotel Brooklyn	2 Franklin Ave	718-7827000	www.pointeplazahotel.com

高档酒店

名称	地址	电话	网址
New York Marriott at the Brooklyn Bridge	333 Adams St	718-2467000	www.marriott.com
Fairfield Inn & Suites New York Brooklyn	181 3rd Ave	718-5224000	www.marriott.com
The Box House Hotel	77 Box St	718-3833800	www.theboxhousehotel.com
Riviera Motor Inn Brooklyn	2969 Atlantic Ave	718-8271111	www.reservation. magnusonhotels.com
Comfort Inn	3218 Emmons Ave	718-3683334	www.comfortinn.com

2 纽约 → 华盛顿
Niuyue → Huashengdun

华盛顿交通

从纽约前往华盛顿

·飞机

从纽约前往华盛顿，飞机是非常快捷的交通工具。纽约飞往华盛顿的飞机可以从肯尼迪国际机场起飞，前往杜勒斯国际机场（Washington Dulles International Airport），飞行时间约1小时12分钟，票价一般为150美元左右。此外，从纽约前往华盛顿，还可以从肯尼迪国际机场乘坐飞往里根国家机场（Ronald Reagan Washington National Airport）的航班，飞行时间约1小时20分钟，票价一般为200美元左右。

杜勒斯国际机场信息			
名称	地址	电话	网址
杜勒斯国际机场	1 Saarinen Cir	703-5722700	www.mwaa.com

从杜勒斯国际机场进入华盛顿市内

杜勒斯国际机场进入市内的主要交通工具有机场巴士、机场小巴、专线巴士（#5）、出租车四种。

名称	运行时间	票价	交通概况
机场巴士	5:45～22:15（周一至周五），7:45～22:15（周六、日）	约12美元	可在机场航站楼4号门附近的服务台，购买巴士票
机场小巴	24小时	26美元	在机场航站楼外机场小巴乘车处乘车
专线巴士（#5）	6:28～11:40（周一至周五），6:35～11:35（周六、日）	3美元	在机场航站楼出站口外的2E地铁巴士站处乘车
出租车	24小时	约55美元	在机场航站楼外的出租车乘车点乘车

里根国家机场信息			
名称	地址	电话	网址
里根国家机场	2401 S Smith Blvd	703-4178000	www.mwaa.com

从里根国家机场进入华盛顿市内

里根国家机场进入市内的主要交通工具有机场小巴、地铁、出租车三种。

名称	运行时间	票价	交通概况
机场小巴	根据航班的起降时间而异	13美元	从航站楼各出站口的Super Shuttle乘务员处提出申请即可
地铁	5:00～23:44（周一至周五），7:00至次日3:00（周六、周日）	约1.35美元	在机场外的Ronald Reagan Washington National Airport站乘车
出租车	24小时	约15美元	在机场航站楼的出租车乘车点乘车

·巴士

　　纽约前往华盛顿，乘灰狗巴士是最省钱的交通方式。纽约前往华盛顿的灰狗巴士从纽约长途巴士总站（地址：625 8th ave）出发，开往华盛顿灰狗长途巴士总站（地址：1005 1st），运行时间为4～5个小时，票价约为35美元。

乘地铁玩华盛顿

　　乘地铁玩华盛顿是最为便捷的交通方式。华盛顿的地铁主要有红、蓝、橙、黄、绿五条线路，贯穿了华盛顿整个市区以及周边的马里兰州和弗吉尼亚州。地铁的票价一般为1.1～3.25美元。购票时，乘客只需在自动售票机上选择好自己想要到达的站点所在的地铁线路，确认好票价，然后购买车票即可。此外，如果一天之内想去很多地方，可以在地铁站售票处购买一张5美元的"地铁通票"。

名称	运行线路	车站数量
红线	Shady Grove–Glenmont	27
橙线	Vienna–New Carrollton	26
蓝线	Franconia–Springfield–Largo Town Center	27
黄线	Huntington–Fort Totten	17
绿线	Branch Ave–Greenbelt	21

美国国会图书馆

🚌 乘巴士游华盛顿

·公交车

华盛顿的公交线路四通八达，几乎城市的每个角落都有公交车运行。华盛顿的公交车主要由Metrobus公司负责运营，票价一般为1.25美元起，按路程的远近收取不同的费用，想了解具体情况可以打电话（202-6377000）咨询。

·旅游巴士

旅游巴士是游客在华盛顿的市中心游览观光的最佳交通工具。旅游巴士主要在华盛顿的重要旅游景点之间运行，发车时间间隔为10分钟左右。旅游巴士的乘车点设在大型酒店和重要景点附近，乘客可以在上车后直接购买车票，在到达自己想玩的站点后直接下车即可。

🚌 乘**出租车**逛**华盛顿**

华盛顿的出租车比较特殊，并不是按照行驶的路程收费，而是按照城市区域收费。华盛顿市内共分5个区，在同一区域内，不分远近，车费为1.5美元左右，乘车高峰时期会有所增加。出租车一般只能通过在旅馆、餐厅打电话（202-5462400/5461212）叫车，也可在巴士站附近或其他出租车停靠区乘坐。

🚌 **自驾车**玩转**华盛顿**

在华盛顿游玩，选择自驾车自然是最方便、自由的交通方式。华盛顿市内的租车公司随处可见，只需要拿着护照、国际驾照、信用卡办理手续，就可以轻松租到车子。华盛顿租用汽车的费用一般按汽车大小、种类、租期进行计算，一般小型车(EconomyType)比大型车(Standardtype)便宜。

华盛顿租车公司信息			
名称	地址	电话	网址
Budget Rent-A-Car-Ronald Reagan International Airport	1 Aviation Cir	703-8720320	www.budget.com
Enterprise Rent-A-Car	1029 Vermont Ave NW	202-3930900	www.enterprise.com
Greenbrier Co	1455 F St NW # 225	202-7837414	www.greenbrier.com
Avis Rent-A-Car	50 Massachusetts Ave NE	202-6822983	www.avis.com
Premier Sedan Services Inc	Washington	202-6374848	www.premiersedan.com

白宫

华盛顿市区景点

白宫

　　白宫是美国总统府所在地，也是美国最受游客喜爱的建筑之一。白宫外部建筑为白色宫殿式，内部主要分为主楼和东西两翼，其中主楼二层是总统家庭居住的地方。游客参观白宫一般是在东翼，参观点包括宴会厅、红厅、蓝厅、绿厅等。

旅游资讯

地址：1600 Pennsylvania Ave NW
交通：乘地铁蓝线、橙线在Farragut West Metro Station下车
电话：202-4561111
开放时间：7:30～16:00（周二至周六）
网址：www.whitehouse.gov

旅游达人游玩攻略

参观白宫的条件非常苛刻，首先得提前6个月或者更早在网上预约，预约申请时需要组成10个人以上的参观团，并持有美国上议院议员的推荐信才能申请。

📍 国会大厦

国会大厦（United States Capitol）是美国国会所在地，通常被美国人看作民有、民治、民享政权的最高象征。国会大厦是一座三层的平顶建筑，顶部有一座高高耸立的圆顶，圆顶上有小圆塔，塔顶直立着自由女神铜像。国会大厦最引人注目的地方是中央圆形大厅，游人一般都从东门入内参观。

💬 旅游资讯

地址： 426 C St NE
交通： 乘坐D6、X8在NE C St & NE 4th St下车
电话： 202-5441880
开放时间： 9:00～17:00
网址： www.capitolassociates.com

📷 旅游达人游玩攻略

1.参观国会大厦时，必须通过上网或者打电话的方式提前预约，预约后，国会大厦的工作人员会给你安排导游团。一个导游团大概20人左右，并且只在每周一至周六的9:00～16:30才能安排入内参观。参观时间一般为30～40分钟，参观时会给每人发一个耳机，讲解员通过耳机给游客介绍里面的相关内容。

2.租车前往国会大厦参观的游客，建议尽量在早上到达大厦所在地，这样就可以免费停车。

📍 林肯纪念堂

林肯纪念堂（Lincoln Memorial）位于碧波如染的波托马克河东岸上，是一座为纪念美国总统林肯而设立的纪念堂。纪念堂由通体洁白的花岗岩和大理石建造而成，正中央放置着一座大理石的林肯雕像。

💬 旅游资讯

地址： 2 Lincoln Memorial Cir NW
交通： 乘坐7Y、L1路公交车在NW Constitution Av & NW 22ND St下车
电话： 202-4266841
门票： 免费
开放时间： 全天
网址： www.nps.gov

📷 旅游达人游玩攻略

林肯纪念堂内的林肯坐像非常特别，仔细观察后，你会发现他的左手握拳表示字母"A"（Abraham），右手伸出食指配合拇指表示字母"L"（Lincoln），组合起来正好是他的名字Abraham Lincoln。

林肯纪念堂

华盛顿纪念碑

　　华盛顿纪念碑位于华盛顿市中心，是为了纪念美国首任总统乔治·华盛顿而建造。纪念碑是一座大理石方尖碑，呈正方形，纪念塔内有铁梯和高速电梯。来到这里，游客可以站在碑顶的眺望台上眺望华盛顿全城、弗吉尼亚州、马里兰州和波托马克河的景色。

旅游达人游玩攻略

1.参观华盛顿纪念碑前，需要在纪念塔东侧亭子处领取号码牌，领取时间为8:30。（春、夏季人多，需要排队。）也可以提前一天在网上或拨打电话877-4446777预订。网上预订时，需要用信用卡缴纳1.5美元的手续费。

2.参观华盛顿纪念碑时，不要携带大型背包和食物、饮料进入纪念碑内。

旅游资讯

地址：2 15th St NW
交通：乘地铁蓝线或橙线在smithsonian站下车
电话：202-4266841
开放时间：9:00～16:45，7月4日、12月25日闭馆
网址：www.nps.gov

华盛顿纪念碑

美国航空航天博物馆

　　美国航空航天博物馆（National Air and Space Museum）是世界上非常有名的以飞行为专题的博物馆，也是目前世界上最大的飞行博物馆。博物馆外部建筑由玻璃、大理石和钢材构成，馆内主要收藏有飞机、发动机、火箭、登月车等物品，其中比较著名的有"阿波罗-11飞船登月舱"、"哥伦比亚指令舱"。

旅游资讯

地址：600 Independence Ave SW
交通：乘坐32、34、36路公交车在SW Independence Av & SW 6th St下车
电话：202-6331000
门票：免费（IMAX、天文馆及航空模拟器另行收费）
开放时间：10:00～17:30
网址：www.airandspace.si.edu

旅游达人游玩攻略

美国国家航空航天博物馆内的神秘机舱、仪表台，均可以直接接触。如果馆内陈列品没有设置"请勿触摸"的标牌，游客可以自己动手操作，并可以随意拍摄展品。

杰弗逊纪念馆堂

　　杰弗逊纪念堂是为了纪念起草《独立宣言》与《权利章典》的作者杰弗逊而兴建。纪念堂为一座仿罗马万神殿的圆顶大理石建筑，大厅中央放有杰弗逊总统的立身铜像。每年3月下旬至4月上旬，纪念馆旁的潮汐湖畔樱花盛开，这里也变得非常热闹。

旅游资讯

地址：900 Ohio Dr SW

交通：乘地铁蓝线或橙线在sithsonian站下车

电话：202-4266841

开放时间：8:00～23:00

网址：www.nps.gov

国家自然史博物馆

　　国家自然史博物馆（National Museum of Natural History）是华盛顿一家极为有名的大型博物馆。馆内藏品众多，包括恐龙蛋、恐龙化石、鸟类标本等。此外，这里还收藏有世界上最大的蓝钻——Hope Diamond。

旅游资讯

地址：Constitution Ave NW

交通：乘坐地铁蓝线或者橙线在Smithsonian站下车

电话：202-6331000

开放时间：10:00～17:30

网址：www.mnh.si.edu

国家动物园

　　国家动物园（National Zoological Park）全称为史密斯索尼娅国家动物园（Smithsonian National Zoological Park）。动物园内景色极其优美，主要有亚马逊区、非洲热带区、北美区以及亚洲区等环境区域，还有灵长区、鸟类区、爬行区以及两栖区，比较受欢迎的动物有大熊猫、猎豹、白虎、苏门答腊虎等。

旅游资讯

地址：3001 Connecticut Ave NW

交通：乘坐地铁红线在Woodley Park-Zoo Metro Station下车

电话：202-6332922

门票：免费

开放时间：6:00～20:00（4～10月），6:00～18:00（11月至次年3月）

网址：www.nationalzoo.si.edu

旅游达人游玩攻略

每年的春季和夏季都是国家动物园的游览高峰期，建议游客尽量乘坐公共交通工具前往参观，否则很难找到停车位。

国家动物园里的熊猫

美国国家历史博物馆

　　美国国家历史博物馆四周有大草坪环绕，中间是一座长方形的五层楼高的白色大理石建筑。博物馆第二层大厅中央有一个悬自天花板的链球状大钟摆，正面墙壁上有一面巨大的国旗绘画；第三层是武装力量、钱币、纺织品、珍贵的邮票展览。此外，馆内还有起草《独立宣言》时用过的书桌、世界上第一部电话机等。

旅游资讯

地址：1300 Constitution Ave NW
交通：乘坐7Y路公交车在NW Constitution Av & NW 14th St下车
电话：202-6331000
开放时间：10:00～17:30
网址：www.americanhistory.si.edu

美国印第安人国家博物馆

　　美国印第安人国家博物馆是美国第一个专门展示印第安人历史、生活、语言等文化的专题博物馆。博物馆外部建筑造型非常独特，内部收藏有包括绘画作品在内的珍贵艺术品、包括陶器在内的工艺品等数十万件珍品。

旅游资讯

地址：Independence Ave SW
交通：乘坐7Y路公交车在NW Constitution Av & NW 14th St下车
电话：202-6336644
门票：免费
开放时间：10:00～7:30，12月25日闭馆
网址：www.americanindian.si.edu

旅游达人游玩攻略

参观美国印第安人国家博物馆时，可以先通过入馆教育片学习美国本土宇宙观，然后再参观里面的展品，这样能更好地了解印第安人的生活方式。

美国印第安人国家博物馆

国家艺术馆

　　国家艺术馆（National Gallery of Art）是一座位于华盛顿特区的艺术博物馆。艺术馆展示有数万件油画、雕塑、版画和素描等艺术作品，分东西两馆收藏。西馆是古希腊建筑风格的新古典式建筑，东馆是一幢充满现代风格的建筑。

旅游资讯

地址：4th & Constitution Ave NW
交通：乘坐74路公交车在7th St NW & Madison Dr NW下车
电话：202-7374215
开放时间：10:00～17:00（周一至周六），11:00～18:00（周日）
网址：www.nga.gov

华盛顿周边景点

阿灵顿国家公墓

　　阿灵顿国家公墓（Arlington National Cemetery）是阿灵顿这个美国第四小郡境内为数不多的大型建筑之一。公墓内主要埋葬的是阵亡的士兵、政治家、对国家有杰出贡献者、在某一领域作出杰出贡献的人等，其中阵亡的士兵是阿灵顿安眠者的主体。

🗨 旅游资讯

地址： Memorial Dr
交通： 乘坐地铁蓝线在Arlington Cemetery Metro Station下车
电话： 877-9078585
门票： 免费
开放时间： 8:00～19:00（4～9月），8:00～17:00（11月至次年3月）
网址： www.arlingtoncemetery.mil

山那都国家公园

　　山那都国家公园沿蓝岭山脉分布，山岭上有天际线公路贯穿公园。公园占地面积庞大，园内景色秀丽，春天野花盛开，适合举办特别的野花导览活动。公园内还有一个总统度假山庄，是总统们常来休闲度假的地方。

山那都国家公园

🗨 旅游资讯

地址： 弗吉尼亚州境内
网址： www.gjgy.com

最容易让人忽略的景点

📍 肯尼迪艺术中心

肯尼迪艺术中心（John F. Kennedy Arts Center）是美国国家文化中心，是为了前美国总统肯尼迪而修建。艺术中心设有多个展厅，其中最出名的是肯尼迪音乐厅。音乐厅内的装饰极其奢华，设有舞台、观众席、休息室等设施。

肯尼迪艺术中心

💬 旅游资讯

地址：2700 F St NW

交通：乘坐80路公交车在Kennedy Ctr Rdwy & Eisenhower Theat下车

电话：202-4168000

网址：www.kennedy-center.org

📍 国际间谍博物馆

国际间谍博物馆（International Spy Museum）是美国最受欢迎的博物馆之一，也是世界上唯一以展示间谍相关资料为主题的博物馆。博物馆外部由灰色方砖块砌成，内部有电影院、互动式展台、间谍用品展览及餐厅等设施。其中，间谍用品展览中的展品有从美国、加拿大、英国、以色列等地收集来的物品，比较著名的有"死亡之吻"、毒雨伞。

国际间谍博物馆内藏品

💬 旅游资讯

地址：800 F St NW

交通：乘坐D3、D6公交车在NW E St & NW 9th St下车

电话：202-3937798

门票：18美元

网址：www.spymuseum.org

📍 国家画廊

国家画廊由西馆、东馆、国家画廊雕塑园三部分组成，主要收藏意大利艺术、印象派作品和美国的绘画作品等珍品。其中，西馆主要展示的是欧洲绘画、雕刻和美国艺术品；东馆展示的是《第一号》、《萨尔基汉克斯家族》等作品，国家画廊雕塑园展示的则是滑稽模仿秀雕塑。

💬 旅游资讯

地址： 4th & Constitution Ave NW

交通： 乘坐X1路公交车在NW Constitution Av & NW 6th St下车

电话： 202-7374215

开放时间： 10:00～17:00（周一至周六），11:00～18:00（周日），圣诞节、元旦闭馆

网址： www.nga,gov

📷 旅游达人游玩攻略

1.参观国家画廊时，最好参加参观团一起入内参观，跟随参观团参观的种类和开始时间可以通过参观团发布的信息来确认。具体加入参观团的方法可以打电话询问。

2.国家画廊内的大部分作品都可以拍照，但不允许使用三脚架。不过，会有少部分作品特别标明不许拍照。因此，拍照时一定要看清标识。

国家画廊

华盛顿美食

华盛顿可以说是美食的天堂，全世界的美食你几乎都能在这里找到。华盛顿地方特色美食有奶油蛤汤、色拉、甜甜圈等。

美国本土美食

· Market Inn

Market Inn是华盛顿一家非常有名的餐馆。餐馆以海鲜为主打菜肴，午餐时还会提供美味可口的汤。此外，餐厅内还经常有新奥尔良爵士乐的现场演奏，适合人们晚上来这里一边品尝美食、一边听音乐。

地址：2nd&E Sts.SW
交通：乘坐25路公交车在Lanier Pl NW站下车
电话：202-5542100

· Planet Holly wood

Planet Holly wood是一家很受欢迎的美式快餐厅。餐厅内的装饰风格独特，陈列有许多用于电影拍摄的道具。餐厅以提供品种多样、价格合理的快餐为主，价格实惠，且服务极为周到。

地址：1540 Broadway
交通：乘坐M7路公交车在7 Av/West 44 St下车
电话：212-3337827
网址：www.planethollywoodintl.com

·Fasika's

Fasika's是一家可以体验华盛顿当地民族特色的餐厅。餐厅内部的装饰风格流露着浓厚的民族风味，放有小巧的桌椅，服务也极为周到。餐厅主要菜肴有牛肉、海鲜，味道十分鲜美。

地址： 2447 18th St. NW

交通： 乘坐42、43路公交车在Columbia Rd&Adams Mill Rd NW站下车

电话： 202-7977673

·Blackie's

Blackie's是一家非常有名的餐厅，以供应美味牛排为主。餐厅入口处挂有许多曾在这里就过餐的美国总统的照片，内部装修结合了传统和现代相融合的风格。餐厅菜肴价格较为实惠，服务员也十分热情、亲切。

地址： 22nd &M Sts NW

交通： 乘坐31、630路公交车在21St & MST NW fs Sb站下车

电话： 202-3331100

其他美国本土风味餐厅推荐			
名称	地址	电话	网址
Georgia Brown's	950 15th St NW	202-3934499	www.gbrowns.com
Vidalia	1990 M St NW	202-6591990	www.vidaliadc.com
B Smith's At Union Station	50 Massachusetts Ave NE	202-2896188	www.bsmith.com
Acadiana Restaurant	901 New York Ave NW	202-4088848	www.acadianarestaurant.com
Acadiana Restaurant	901 New York Ave NW	202-4088848	www.acadianarestaurant.com
B Smith's At Union Station	50 Massachusetts Ave NE	202-2896188	www.bsmith.com
Bayou	2519 Pennsylvania Ave NW	202-2236941	www.bayouonpenn.com

🍴 中国风味

·城市之光

城市之光（City Lights of China）是一家装饰极为豪华的中国饭店，曾被华盛顿邮政报评为"最佳的中国餐馆"。餐厅内以中国特色小吃为主打，其中油炸春卷、清炒金针菇是非常受食客喜爱的菜肴。

地址： 1731 Connecticut Ave NW #1

交通： 乘坐42、43路公交车在NW Connecticut Av & NW S St下车

电话： 202-2656688　**网址：** www.citylightsofchina.com

📷 旅游达人游玩攻略

来城市之光吃饭的人非常多，一般在19:00之后就必须排队等候就餐。建议来这里吃饭前，先打电话预订好餐位。

· Meiwah Restaurant

这是华盛顿一家非常受欢迎的中餐厅。餐厅装饰风格时尚，内部环境舒适整洁，给人一种温馨的感受。餐厅的主打菜肴是脆皮辣椒炒牛肉丝、芝麻面、盐焗芦笋，味道非常好，价格也比较实惠。

地址：1200 New Hampshire Ave NW
交通：乘坐L1、H1路公交车在NW New Hampshire Av & NW N St下车
电话：202-8332888
网址：www.meiwahrestaurant.com

· Great Wall Szechuan House

Great Wall Szechuan House是华盛顿一家四川风味的中餐厅。餐厅从墙壁装饰到地板花纹，再到桌椅摆设，都流露着一种浓郁的中国风味。餐厅以提供四川菜为主，喜欢吃辣食的人可以选择到此就餐。

地址：1527 14th St NW
交通：乘坐52、54路公交车在NW 14th St & NW Q St下车
电话：202-797-8888
网址：www.greatwallszechuanhouse.com

· 新王朝中国餐馆

新王朝中国餐馆（New Dynasty Chinese Restaurant）是华盛顿社区一家很有名的中餐厅，有"优秀的中国美食"的称号。餐厅内的食材全部选用新鲜的蔬菜、肉类，比较受欢迎的菜肴有清炒花菜、芝麻肉块等。

地址：2020 P St NW
交通：乘坐D1、D2路公交车在P St NW Between 20th & 21ST下车
电话：202-2966688
网址：www.newdynastychinese.com

其他中国风味餐厅推荐			
名称	地址	电话	网址
Panda Cafe	2138 Pennsylvania Ave NW	202-3373366	www.pandacafedc.com
One Fish	2423 Pennsylvania Ave NW	202-8220977	www.onefishtwofishdc.com
Cafe Asia	1720 I St NW	202-6592696	www.cafeasiadc.com
Chalin's	1912 I St NW	202-2936000	www.chalinschinese.com

🍴 世界美食

· Filomena Ristorante

　　Filomena Ristorante是一家深受食客喜爱的意大利料理店，美国众多政要人物都曾光顾过此店。餐厅的主打菜肴有意大利面、海鲜、鸡肉、牛排和甜品，价格相对较贵，但味道非常好。

地址： 1063 Wisconsin Ave.NW

交通： 乘坐DCWE路公交车在NW M St & NW Wisconsin Av下车

电话： 202-3388800

网址： www.filomena.com

📷 **旅游达人游玩攻略**

前往Filomena Ristorante就餐，建议通过上网或打电话的方式提前预订餐位，这样可以避免就餐时要排队等候很长时间。

· Maison Blanche

　　Maison Blanche是一家法国风味餐厅。餐厅规模虽不是很大，门面也不是非常显眼，但里面却处处流露着正宗法国式的浪漫优雅气息。来到这里，你不仅能品尝到美味的法国食物，还有可能见到许多名人。

地址： 1775 F St.NW

交通： 乘坐3Y、11Y路公交车在18TH St& F St NW nb站下车

电话： 202-8420070

· Sushi Taro

　　Sushi Taro是一家口味极其地道的日本餐厅。餐厅装饰风格时尚，有巨大的落地玻璃窗和木间隔小包厢，充满了浓浓的日本情调。餐厅内的主打菜肴是寿司、烧鸡、生鱼片味道也非常好，价格较为实惠，深受喜欢日本料理的食客喜爱。

地址： 1503 17th St.W

交通： 乘坐G2路公交车在NW P St & NW 17th St下车

电话： 202-4628999

网址： www.sushitaro.com

· Thaitanic Restaurant

　　Thaitanic Restaurant是一家很受顾客喜爱的泰式餐厅。餐厅摆放着众多能反映泰国风情的雕塑，如大象、泰国佛像等。餐厅内的菜肴口味极其地道，菜量也很大。此外，餐厅内还有专业的调酒师，专门为喜欢喝酒的食客调制美酒。

地址： 1326 14th St NW

交通： 乘坐52、53、54路公交车在NW 14th St & NW Rhode Island Av下车

电话： 202-5881795

网址： www.thaitanic.us

其他世界美味餐厅推荐			
名称	地址	电话	网址
Asia Nine	915 E St NW	202-6294355	www.asianine.com
KAZ Sushi Bistro	1915 I St NW	202-5305500	www.kazsushibistro.com
Kushi Izakaya & Sushi	465 K St NW	202-6823123	www.eatkushi.tumblr.com
The Source	575 Pennsylvania Ave NW	202-6376100	www.wolfgangpuck.com
Thaiphoon	2011 S St NW	202-6673505	www.thaiphoon.com
Mai Thai LLC	1200 19th St NW	202-4526870	www.maithai.us
Asia Nine	915 E St NW	202-6294355	www.asianine.com

华盛顿购物

华盛顿的购物点非常多，在这里购物绝对是一种享受。来到这里，不管你是想要寻找品牌商品、珠宝首饰，还是买折扣商品，或是音乐唱片，你都能轻易找到，并且价格都比较合理。

人气旺盛的购物点

·Sts.NE Connecticat

Sts.NE Connecticat是华盛顿的一条高级时装商店街。街道上虽没有大型商场，但有众多珠宝商店和时装店，如Burberry's of London、Carrier等。此外，这里还有众多名牌香水店。

地址：K St Dupont Circle

· The Shops at Georgetown Park

The Shops at Georgetown Park是华盛顿乔治城最好的购物中心之一。购物中心由分布在苔藓绿色色调建筑中的近百家时尚的店铺组成，店铺内不仅有名牌专卖店，还有一些别致的小店，是年轻一族购物的首选之地。

地址：3222 M St NW
交通：乘坐DCWE路公交车在NW M St & NW Wisconsin Av下车
电话：202-3428190
开放时间：10:00~21:00（周一至周六），11:00~18:00（周日）
网址：www.shopsatgeorgetownpark.com

· Union Station

Union Station是一家非常热闹的购物中心，提供一站式的购物服务，非常方便。购物中心有百余家商店，包括了服装店、杂货店、餐厅、咖啡厅等。在这里，你还可以购买到美国特色的小礼品。

地址：50 Massachusetts Ave NE
交通：乘坐DWEC路公交车在Union Station下车
电话：202-2891908
开放时间：10:00~21:00（周一至周六），12:00~18:00（周日）
网址：www.unionstationdc.com

· Fashion Center at Pentagon City

Fashion Center at Pentagon City是阿林顿一家人气超高的大型时尚购物中心。购物中心内品牌商品众多，无论你什么时候来到这里，都能看到大批购物者。此外，这里还有众多的餐馆、咖啡厅，在购物之余，你还可以品尝美食、喝点饮料。休息好了，还可以接着逛。

地址：1100 S Hayes St　**交通**：乘坐地铁蓝线在Pentagon City Metro Station下车　**电话**：703-4152401
开放时间：10:00~21:30（周一至周六），11:00~18:00（周日）　**网址**：www.fashioncentrepentagon.com

📷 **旅游达人游玩攻略**

在Fashion Center at Pentagon City购物，需要注意的是，所有购买的货物都必须交纳4%的消费税。

🎁 物美价廉的淘宝地

·Tower Records

Tower Records位于乔治·华盛顿大学旁边，是一家物美价廉的唱片专卖店。这家店铺共有两层，第一层销售的是摇滚音乐唱片，第二层销售的是流行音乐、古典音乐、爵士乐和其他种类的唱片。

地址：2000 Pennsylvania Ave NW
电话：202-3312400

·T.J.Maxx

T.J.Maxx是华盛顿品牌商品折扣店非常集中的一条中心街道。街道上分布着众多品牌折扣店，商品种类众多，包括鞋、包、服装、饰品等。来到这里，仔细挑选后，你肯定能挑选到价格十分低廉的品牌商品。

地址： 4350 Jenifer St NW

交通： 乘坐31、32路公交车在NW Wisconsin Av & NW Jenifer St下车

电话： 202-2377616

网址： www.tjmaxx.com

华盛顿娱乐

华盛顿既是购物的天堂，同样也是娱乐的天堂。来到这里，你可以去激情四射的酒吧中一边品尝美酒一边听爵士乐，可以去篮球、足球比赛场内看精彩的比赛，可以去剧院内看表演……

🎳 酒吧

·Old Ebbitt Grill

Old Ebbitt Grill创建历史极为悠久，是华盛顿地区最古老的酒吧之一。酒吧内的装饰风格古朴，不仅有特色美酒供应，还有众多美味快餐可选择，消费也不是特别高，很多人都乐意前往。

地址： 675 15th St NW

交通： 乘坐32、36路公交车在NW 15th St & NW F St下车

电话： 202-3474800

开放时间： 7:30～0:00（周一至周五），8:30～24:00（周六）

网址： www.ebbitt.com

·Blues Alley

Blues Alley 是一家以爵士乐为主题的酒吧。酒吧装饰风格时尚，中央有很大的爵士乐表演舞台。每到周末，这里便挤满了人，场面十分火爆，技术精湛的乐手总是能用爵士乐将顾客的情绪调到最高点。

地址： 1073 Wisconsin Ave NW

交通： 乘坐DCWE路公交车在NW M St & NW Wisconsin Av下车

电话： 202-3374141

网址： www.bluesalley.com

·Tuscana West

Tuscana West是华盛顿一家非常有名的酒吧。酒吧装饰得十分奢华，走入其中，有一种进入了高级酒店般的错觉。酒吧内不但提供各种特色美酒，还有众多美味菜肴，你可以一边喝美酒一边品尝美食。

地址： 1350 I St NW
交通： 乘坐地铁蓝色、橙色线在McPherson Sq Metro Station下车
电话： 202-2897300
网址： www.tuscanawest.net

·Opera Ultra Lounge

Opera Ultra Lounge位于华盛顿市中心繁华的街道上，是一家有着巨大落地玻璃窗的酒吧。酒吧装饰风格时尚，环境优雅别致。来到这里，你可以点一杯自己喜爱的美酒，找个靠窗的座位坐着，整个人便能彻底地放松下来。

地址： 1400 I St NW
交通： 乘坐地铁蓝色、橙色线在McPherson Sq Metro Station下车
电话： 202-2891400
网址： www.operadc.com

其他酒吧推荐

名称	地址	电话	网址
American Bar Association	740 15th Street	202-6621000	www.americanbar.org
Le Bar	806 15th St NW	202-7308703	www.sofitel.com
Recess Lounge	727 15th St NW	202-6377667	www.recesstapaslounge.com
Fast Eddie's Sports & Billiards	1520 K Street Northwest	202-7377678	www.fasteddies.com
Shadow Room	2131 K Street Northwest	202-8871200	www.shadowroom.com

球队

·华盛顿奇才队

华盛顿奇才队原为巴尔的摩子弹队，是美国国家篮球协会（NBA）的一支球队。奇才队是一支非常有名的球队，阿里纳斯、沃尔等球星都是来自这里，中国球员易建联也曾经在这支球队征战过。

地址： 601F ST.
交通： 乘坐地铁红线在Gallery Pl站下车
电话： 202-6615050
网址： www.nba.com

·华盛顿红人队

华盛顿红人队（Washiongton Redskins）是一支美式足球队，属于NFC东部地区。红人队战绩比较好，也很受球迷欢迎，比赛的时候，通常场内都挤满了球迷。来到华盛顿，你可以去球场感受一下美式足球的魅力。

地址： 1600 fedex way landover
交通： 乘坐地铁蓝线在morgan blvd站下车
电话： 301-2766050
网址： www.redskins.com

🍴 剧院

• 福特剧院

　　福特剧院是为了纪念美国总统林肯而修建的剧院。剧院内舞台右上方用星条旗装饰的包厢是当年林肯遇害的地方。来到剧场内，你可以听到关于林肯总统被刺杀时的情景解说，并可以欣赏到其他精彩的表演。

地址：480 L'Enfant Plaza SW

交通：乘坐52路公交车在D St before 9th St SW下车

电话：202-4841000

开放时间：9:00～17:00，日常演出、圣诞节闭馆

网址：www.lenfantplazahotel.com

其他娱乐场所推荐				
名称	地址	电话	网址	类型
Cafe Mozart	1331 H St NW	202-3475732	www.cafemozartgermandeli.com	咖啡厅
Tryst	2459 18th St NW	202-2325500	www.trystdc.com	咖啡厅
U Street Cafe	1301 U St NW	202-3321066	www.ustreetcafe.com	咖啡厅
Landmark's E Street Cinema	555 11th St NW	202-7839494	www.landmarktheatres.com	电影院
Avalon Theatre	5612 Connecticut Ave NW	202-9663464	www.theavalon.org	电影院
West End Cinema	2301 M St NW	202-4193456	www.westendcinema.com	电影院

华盛顿住宿

　　华盛顿的住宿点相对于美国其他城市来说，相对较为集中，主要分布在华盛顿市中心和杜邦广场两块地方。不过，这里的酒店比较多，设施比较齐全，廉价的旅馆和背包客客栈非常稀少。其中，高档酒店的双人间每晚价格一般在180美元以上；中档酒店的双人间价位一般在100～180美元；经济型的酒店双人间价格在100美元以下。

🏠 华盛顿市中心区

经济型酒店			
名称	地址	电话	网址
Bolger Hoterl and Conference Center	9600 New Bridge Drive	301-9837499	www.bolgercenter.com
Cafe Dupont	1500 New Hampshire Ave	202-7970169	www.doylecollection.com

Four Points	10800 Vandor Ln	703-3350000	www.starwoodhotels.com
Days Inn Baltimore West Security Blvd	1660 Whitehead Ct	443-4297600	www.daysinn.com
Hilton Garden Inn Rockville Gaithersburg	14975 Shady Grove Rd	240-5071800	www.hiltongardeninn3.hilton.com

中档酒店			
名称	地址	电话	网址
Fairfield Inn & Suites Washington	500 H St NW	202-2895959	www.marriott.com
Georgetown University Hotel and Conference Center	3800 Reservoir Rd NW	202-6873200	www.acc-guhotelandconferencecenter.com
Hampton Inn Washington-Downtown-Convention Center	901 6th St NW	202-8422500	www.hamptoninn.com
L'Enfant Plaza Hotel	480 L'Enfant Plaza SW	202-4841000	www.lenfantplazahotel.com
Holiday Inn Washington-Georgetown	2101 Wisconsin Ave NW	202-3384600	www.holidayinn.com

高档酒店			
名称	地址	电话	网址
The Ritz Carlton Washington DC	1150 22nd St NW	202-8350500	www.ritzcarlton.com
Marriott at Metro Center	775 12th St NW	202-7372200	www.marriott.com
InterContinental The Willard Washington DC	1401 Pennsylvania Ave NW	202-6289100	www.ihg.com
The Fairmont Washington DC	2401 M St NW, Washington	202-4292400	www.fairmont.com
Embassy Suites Crystal City – National Airport	1300 Jefferson Davis Hwy	703-9799799	www.embassysuites1.hilton.com

 杜邦广场区

中档酒店			
名称	地址	电话	网址
Topaz Hotel	1733 N St NW	202-3933000	www.topazhotel.com
The Dupont at the Circle	1604 19th St NW	202-3325251	www.dupontatthecircle.com
Beacon Hotel & Corporate Quarters	1615 Rhode Island Ave NW	202-2962100	www.beaconhotelwdc.com
Bier Baron Hotel & Tavern	1523 22nd St NW	202-2931887	www.bierbarondc.com

高档酒店			
名称	地址	电话	网址
Residence Inn Washington	2120 P St NW	202-4666800	www.marriott.com
The Fairmont Washington DC	2401 M St NW	202-4292400	www.fairmont.com

3 华盛顿→费城
Huashengdun→Feicheng

费城交通

从华盛顿前往费城
·飞机

　　从华盛顿前往费城，飞机是非常快捷的交通工具。从华盛顿杜勒斯国际机场乘飞机前往费城国际机场，飞行时间为60～70分钟，票价一般为300美元左右。

·巴士

　　从华盛顿前往费城，巴士是最省钱的交通工具。从华盛顿前往费城的巴士主要有一元巴士（Mega bus）和闪电巴士（Bolt bus）两种，票价一般较为便宜。乘坐一元巴士时，你需要提前上网（www.us.megabus.com）预订，预订时可以咨询一下在费城的乘坐地点。

🚌 乘地铁游费城

费城的地铁分布比较广泛，几乎城市的每个角落都有地铁经过。费城地铁主要有蓝线、橙线、红线三条线路，其中蓝线是贯穿费城东西的地铁线，橙线是连通费城南北的地铁线，红线是连接费城东部和中部的地铁线。此外，费城内由五条电车线路组成的绿线、红箭头线、诺里斯高速线，也被视为是费城地铁的一部分。

颜色	名称	运行站点
蓝线	市场·法兰克福线（Market·Frankfurt Line）	从法兰克福交通中心开往69街
橙线	宽街线（Broad Street Line）	此线路除蕨岩站（Fern Rock）以外全部在地下运行。另外，有一条名为宽脊支线（Broad Ridge）的支线全部在地下运行
红线	港务局交通公司高速线（PATCO Speedline）	从15th开往lindenwold
绿线	10路、11路、13路、34路、36路电车	从1jpnlpor开往33rd站后，10路前往10lo ovorbrook，11、13、34、36路继续向西南方向行驶，随后11路开往达比交通中心（Darby Transportation Center），13路开往伊顿（Yeadon），34路开往安哥拉（Angora），36路开往伊斯特维克（Eastwick）
红箭头线	101路、102路	在其专有路权的轨道上运行，不跟路面交通共用轨道，但101路有一小段仍在路面上行驶
诺里斯高速线	100路电车	为一条拥有完全专有路权的轻轨，在地铁线路图上被标为紫线

 旅游达人游玩攻略

费城的地铁票价一般为2美元，乘客可以直接在地铁站附近的自动售票机上购买。此外，地铁票可以用来乘坐巴士，如果一次购买5张地铁票的话，只需要6.5美元。

🚌 乘巴士玩费城

·公交车

费城的公交车运行线路非常多，几乎所有的著名景点都有公交车运行，因此乘坐公交车玩费城变得十分方便。费城的公交车票价一般为2美元。此外，如果在费城想换乘公交车时，只需在上车时多付0.75美元，然后跟司机多要一张"转车票"，就可以直接乘坐下一辆公交车。

·市区观光巴士

费城的市区观光巴士是一种运行在市内著名景点之间的巴士，乘客只需在市内大型酒店旁边搭乘即可。市内观光巴士的运行时间一般是9:00～18:00，发车时间间隔一般为10～20分钟。

🚌 乘出租车游费城

　　在费城游玩，乘出租车非常容易。搭乘时，乘客只需在路口招手即可。出租车的起步价一般为1.8美元/0.4千米，之后每0.4千米或每走一分钟收取0.3美元。此外，在费城旅行，你还可以通过打电话的方式呼叫出租车，主要出租车公司有Olde City Taxi(215-3380830)、Quaker City Cab(215-7288000)、United Cab(215-2389500)。

费城景点

📍 独立国家历史公园

　　独立国家历史公园（Independence National Historical Park）是一座在美国历史上占有重要地位的公园，这里曾是《独立宣言》和美国宪法起草的制订地。公园内的主要景点有独立厅、贝特西·罗斯屋、自由钟等。

💬 旅游资讯

地址： 143 South 3rd St.
交通： 乘21、57路区间巴士可到
电话： 215-9652305
门票： 免费
开放时间： 8:30～17:00
网址： www.nps.gov

📷 旅游达人游玩攻略

1. 参观独立国家历史公园的自由钟时，你若在钟旁边设置的小孔中投进硬币，便可听到关于自由钟和国家独立历史公园的录音介绍。

2. 参观独立国家历史公园的独立厅和自由钟是免费的，但必须先到游客中心领取门票才能入内参观。同时，工作人员会帮游客安排参加一个解说团。

独立国家历史公园

📍 国家宪法中心

国家宪法中心（National Constitution Center）是一座唯一以美国宪法作为展览主题的博物馆。博物馆主要通过放映影片和展示历史文物的方式，向游客展示美国宪法颁布以及召开国会时的情景，目的是为了吸引游客参观、了解美国宪法。

💬 旅游资讯

地址：525 Arch St.

交通：乘坐48路公交车在Arch St & 6th St下车

电话：215-4096600

门票：12美元

开放时间：9:30～17:00（周一至周五），9:30～18:00（周六），12:00～17:00（周日）

网址：www.constitutioncenter.org

📷 旅游达人游玩攻略

参观国家宪法中心时，游客可以在二楼展厅的讲台上模仿总统宣誓就职。模仿期间，会有工作人员给游客拍照，想要获得照片需付钱。

📍 市政厅

市政厅是费城市中心的古老石砖建筑，也是费城最引人注意的建筑之一。大厅由著名建筑师John McArthur设计。登上市政大厅塔，你便可鸟瞰整个费城，城市的所有美景都能尽收眼底。

市政厅

💬 旅游资讯

地址：Broad & Market Sts.

电话：215-6862840

门票：5美元

开放时间：10:30～16:15（周一至周五）

📍 木匠厅

木匠厅（Carpenters' Hall）是美国早期历史上一个重要的会议厅，为一座两层砖砌建筑，美国第一届大陆会议曾在此召开，现在是木匠公司的会议厅。这里曾接待过多个前来访问的国家政要人物，知名度非常高。

💬 旅游资讯

地址：320 Chestnut St.

交通：乘坐9、57路公交车在4th St & Walnut St站下车

电话：215-9250167

门票：免费

网址：www.ushistory.org

🔴 罗丹博物馆

　　罗丹博物馆（Rodin Museum）是电影巨头朱尔斯赠给费城的礼物，是为了丰富市民生活而建。博物馆内收藏着众多罗丹的青铜雕塑艺术作品、大理石雕刻品和石膏模型，其中著名的作品有《思想者》、《吻》、《地狱之门》等。

💬 旅游资讯

地址： 2154 Benjamin Franklin Pkwy

交通： 乘坐7、32、48路公交车在Hamilton St & 21st St下车

电话： 215-7638100

门票： 3美元

开放时间： 10:00～17:00（周二至周日），周一闭馆

网址： www.rodinmuseum.org

🔴 费城艺术博物馆

　　费城艺术博物馆（Philadelphia Museum of Art）号称全美第三大艺术馆。博物馆位于一幢古希腊神庙式的建筑内，内部设有多个展厅，藏品相当丰富，其中以法国印象派作品最为著名。此外，馆内还收藏有美国家具，雕刻、手工艺品等物品。

💬 旅游资讯

地址： 2600 Benjamin Franklin Pkwy

交通： 乘坐38路公交车在Art Museum Dr & Back Entrance-2下车

电话： 215-7638100

门票： 16美元

开放时间： 10:00～20:45(周五)，10:00～17:00（周二至周四、周六至周日),周一及节假日闭馆

网址： www.philamuseum.org

📷 旅游达人游玩攻略

费城艺术博物馆在每个月第一个周日10:00～17:00不收门票，游客入内参观时，可以象征性地给1美元参观费。

🔴 富兰克林科学博物馆

　　富兰克林科学博物馆（The Franklin Institute Science Museum）是为了纪念富兰克林的伟大成就而建立，是富兰克林科学研究所最负盛名的博物馆。馆内展出的物品种类非常广泛，包括运输、航空、物理、化学、天文地理等多个方面，资料非常齐全。博物馆最具特色的标志就是巨大的心脏和真正的蒸汽机火车头。

💬 旅游资讯

地址： 222 N.20th St.

交通： 乘坐33、38路公交车在20th St & Race St下车

电话： 215-4481200

门票： 14.75美元

开放时间： 9:30～17:00

网址： www.fi.edu

富兰克林科学博物馆

最容易让人忽略的景点

费城动物园

费城动物园是北美地区第一家动物园，也是美国最古老的动物园之一。动物园里动物种类众多，主要有灵长类、爬行类、两栖类、鸟类等多个种类。此外，馆内还有一些是珍贵的濒危动物。

💬 旅游资讯

地址： 3400 W Girard Ave

交通： 乘坐15路轻轨车在Girard Av & 34th St下车

电话： 215-2431100

网址： www.philadelphiazoo.org

费城动物园里的动物

艾尔弗兰斯巷

艾尔弗兰斯巷（Elfreth's Alley）是一条幽静的石铺小巷，也是美国最古老的住宅区之一。小巷两旁的房屋修建历史悠久，房屋的门前都装饰着可爱、别致的花卉，浪漫气息十足。此外，小巷内还有一座艾尔弗兰斯巷博物馆，里面再现了1755年的家居景象。

💬 旅游资讯

地址： 126 Elfreth's Alley

交通： 乘坐5、48路公交车在Arch St & 2nd St站下车

电话： 215-5740560

门票： 2美元

开放时间： 10:00～17:00（周一至周六），12:00～17:00（周日）

网址： www.elfrethsalley.org

费城美食

费城的餐厅非常多，菜肴种类也十分多样。费城最具特色的美食有奶酪牛排、软椒盐脆饼、特大号三明治等。此外，费城还有许多供应美味海鲜的餐厅，如迪纳多著名的螃蟹等。

美国本土风味

·吉米牛排

吉米牛排（Jim's Steaks）是美国的一家连锁餐厅。这家餐厅有着悠久的历史，以牛排和奶酪烧烤为主打菜肴，其中奶酪烧烤是这里非常有名的菜肴，也是游客最喜欢吃的美食之一。

地址： 400 South St
交通： 乘坐40、57路公交车在4th St & South St下车
电话： 215-9281911
网址： www.jimssteaks.com

其他吉米牛排餐厅推荐			
名称	地址	电话	网址
吉米牛排	431 N 62nd St	215–7476615	www. jimssteaks. com
吉米牛排	469 Baltimore Pike	610–5448400	www. jimssteaks. com
吉米牛排	2311 Cottman Ave	215–3335467	www. jimssteaks. com

·DiNard's Famous Seafood

DiNard's Famous Seafood是一家以海鲜为主打菜肴的餐馆，供应大量的螃蟹和美国巨鳌虾。餐馆内的装饰风格时尚，环境极为舒适。来到这里，你可以品尝到最地道的美国菜。

地址： 312 Race St.
电话： 215-9255115

·城市酒馆

城市酒馆（City Tavern）是一家历史非常悠久的美国餐厅。餐厅内的装饰极其古朴，给人一种来到了旧时代美国的错觉。餐厅内的菜肴极其美味，服务员着装极为特别，服务也非常周到。

地址：138S.2nd st.

交通：乘坐21、42路公交车在2nd St & Walnut St下车

电话：215-4131443

开放时间：16:00～21:00

网址：www.citytavern.com

·迪纳多著名的螃蟹

迪纳多著名的螃蟹（DiNardo's Famous Crabs）是费城一家非常有名的餐馆，有着"费城海鲜之最"的美称。餐馆内的螃蟹特别有名，蒸螃蟹、煮螃蟹、蟹饼都是非常美味的菜肴，价格也比较实惠。

地址：312 Race St.

交通：乘坐5、57路公交车在3rd St & Race St下车

电话：215-9255115

网址：www.dinardos.com

其他美国风味餐厅推荐			
名称	地址	电话	网址
Vidalia	1990 M St NW	202-6591990	www.vidaliadc.com
Acadiana Restaurant	901 New York Ave NW	202-4088848	www.acadianarestaurant.com
TruOrleans Restaurant & Gallery	400 H St NE	202-2901244	www.truorleans.com
B Smith's At Union Station	50 Massachusetts Ave NE	202-2896188	www.bsmith.com
Bayou	2519 Pennsylvania Ave NW	202-2236941	www.bayouonpenn.com

🍴 中国美食

· 醉仙楼酒家

　　醉仙楼酒家（Joy Tsin Lau）是一家以广东菜为主打菜肴的中餐馆。餐厅外部有镏金的招牌和蟠龙的红漆大柱，流露着一股古色古香的韵味。餐馆内部摆放有关公像，墙壁上有花鸟苏绣、题字、对联、锦旗等装饰，还有木制桌椅放置其间，给人一种回到家的感觉。餐馆内的春卷、小笼包、龙虾都是值得一尝的菜肴。

地址： 1026 Race St

交通： 乘地铁橙线在Chinatown Station下车，或乘坐23、61路公交车在11th St & Race St下车

电话： 215-5927227

网址： www.joytsinlauchineserestaurant.com

📷 **旅游达人游玩攻略**

前往醉仙楼酒家吃饭前，你最好先打电话预订餐位。餐厅生意非常火爆，如果不提前预订就前往，往往只能站着排队就餐。

· 峨眉山庄

　　峨眉山庄（Emei Restaurant）是一家以川菜为主打菜肴的中餐馆。餐馆外部有红底白字的招牌，大门为透明玻璃门，门上贴有图片，内部装饰风格时尚，给人一种温馨、舒适的感觉。餐馆内的特色菜肴有辣椒炒肉、肉末粉条等。

地址： 915 Arch St

交通： 乘坐48、61路公交车在Arch St & 10th St下车

电话： 215-627-2500

网址： www.emeirestaurantphilly.com

· 生记烧腊

　　生记烧腊（Sang Kee Peking Duck House）是一家以提供中国风味小吃为主的餐馆。餐馆内最受食客欢迎的菜肴有烤鸭、腊肉粉条、油炸烧卖等，菜肴价格较为实惠，服务人员的服务也极为周到，很受来费城游玩的中国游客的喜欢。

地址： 238 N 9th St

交通： 乘坐400、401、402路公交车在Vine St at 10th St下车

电话： 215-9257532

网址： www.sangkeechinatown.com

世界美食

· 一袋栗子

一袋栗子（La Castagne）是一家意大利风味的料理餐厅。餐厅内部装饰以意大利风格为主，环境优雅、安静，马苏里拉奶酪、上汤焗龙虾是其主打菜肴，味道十分鲜美，价格也比较实惠。

地址：1920 Chestnut St
交通：乘坐9、17、21路公交车在Chestnut St & 20th St下车
电话：215-7519913
网址：www.lecastagne.com

· 驯鹿咖啡馆

驯鹿咖啡馆（Caribou Cafe）既是一家小规模的咖啡店，也是一家法国料理餐厅。来到这里，你既可以品尝到香浓的咖啡，还能吃到价格较为公道的正宗法国料理。同时，还能品尝各种酒类。

地址：1126 Walnut St.
交通：乘坐9、12、21路公交车在12th St & Walnut St下车
电话：215-6259535
网址：www.cariboucafe.com

· 森本

森本（Morimoto）是一家极为出名的日本料理餐厅。餐厅的门脸非常小，外表毫不起眼，但里面的装饰风格充满着现代时尚感，里面的寿司、荞麦面也非常美味，深受食客喜爱。

地址：723 Chestnut St.
交通：乘9、21、38路公交车在8th St & Chestnut St下车
电话：215-4139070
开放时间：11:00～14:00、17:00～22:00
网址：www.morimotorestaurant.com

费城购物

费城是美国"古都",也是宾夕法尼亚州最大的城市,购物点非常多,而且每个购物区都有各自不同的特色。另外,宾夕法尼亚州不征收服装销售税,所以顾客在费城购物可以省下不少钱。

🎁 人气旺盛的购物大街

·古董一条街

古董一条街(Antique Row)是一条人气十分旺盛的古董街。街道上有包括瓷器店、青铜器店等在内的众多古董店,商品种类非常多,价格高低不等。来到这里,只要你细心挑选,一定能挑到自己喜爱的古董。

地址:341 S 12th St
交通:乘坐地铁橙线在Lombard South Station下车
电话:215-5927802

📷 **旅游达人游玩攻略**

在古董一条街挑选古董时,很多店都是可以"砍价"的,遇到自己喜爱的古董,你可以试着去跟老板"砍价"。

·纺织品一条街

纺织品一条街(Fabric Row)位于费城市内僻静的街道上,是一条以卖纺织品为主的街道。街道上有着包括棉布、床单在内的众多高档纺织品,做工精细,质量非常好,价格普遍比较高。

地址:Bainbridge和Catherine之间
交通:乘坐57路公交车在4th St & Monroe St下车

🎁 名牌集中的大本营

·富兰克林·米尔斯购物中心

富兰克林·米尔斯购物中心(Franklin Mills)是费城郊外库存商品折扣店的集中地。这里聚集了百余家商店,商店内有众多的品牌折扣商品。来到这里,你可以买到很多比市场实际价格低很多的品牌商品。

地址： 1455 Franklin Mills Cir.

交通： 乘坐129、130路公交车在Knights Rd & Franklin Mills Circle下车

电话： 215-6321500

网址： www.franklinmills.com

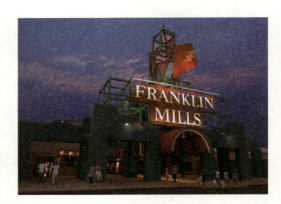

📷 旅游达人游玩攻略

前往富兰克林·米尔斯购物中心购物，你可以选择在换季时前往，这时候商品折扣非常低，可以轻易挑选到折扣在5折以下的商品。

·东市场画廊购物中心

东市场画廊购物中心（The Gallery at Market East）位于费城商业区的中心地带，占据着多条购物街区，有着百余家购物商店，店内品牌商品非常多，价格也不尽相同。只要你有足够的时间，一般都能从这里挑选到自己喜欢的商品。

地址： 901 Market St

交通： 乘地铁蓝线在11th St Station下车，或乘38、44、62路公交车在Market St & 10th St - MBNS下车

电话： 215-6254962

网址： www.galleryatmarketeast.com

·The Shops at Liberty Place

The Shops at Liberty Place位于繁华的自由广场周围。这里以自由广场为中心，聚集了多家设计简约的商店及酒店的购物中心，商店内有着众多品牌商品，很多你感兴趣的品牌都能在这里找到。

地址： 1625 Chestnut St.

交通： 乘坐2、9、21路公交车在Chestnut St & 16th St下车

电话： 215-8519055

网址： www.shopsatliberty.com

费城娱乐

费城的娱乐种类非常多，娱乐场所几乎遍布了整个城市。来到这里，你可以去酒吧品尝美酒，可以去电影院内观看一场电影，可以去俱乐部学习莎莎舞，还可以去球场中看场热血沸腾的球赛……总之，来到这里，只要你愿意就能玩得尽兴。

俱乐部

· 巴西之夜俱乐部

巴西之夜俱乐部（Brasil's Nightclub）是非常一家非常热闹的俱乐部。俱乐部以表演热情的桑巴舞蹈为主，场面十分热闹。同时，游客也可以入场跟着舞蹈师学习莎莎舞。

地址： 112 Chestnut St
交通： 乘坐21、42路公交车在Chestnut St & Front St下车
电话： 215-4131700
网址： www.brasilsnightclub-philly.com

📷 旅游达人游玩攻略

巴西之夜俱乐部学习桑巴舞蹈的时间为21:00～23:00。此外，年龄满21岁的人都可以免费现场学习莎莎舞。

 球队

· 费城菲利斯代表队

费城菲利斯代表队（Philadelphia Phillies）是美国国家联盟东部赛区的棒球队，也是美国职业棒球大联盟的创始队。球队主场占地面积非常大，设施也很完善，球队的吉祥物是"狂热"。

地址： 1001 Pattison Ave
交通： 乘坐6路公交车在Pattison Av & 7th St下车
电话： 215-4631000
网址： www.philadelphia.phillies.mlb.com

· 费城76人队

费城76人队（Philadelphia 76ers）是美国国家篮球协会（NBA）的一支球队，也是费城非常有名气的篮球队。说起76人队，相信篮球迷们并不陌生，它是令无数球迷为之疯狂的篮球巨星艾弗森的母队，虽然艾弗森现在已经离去，但球队的影响力依然存在。来到费城，亲自去76人队主场看一场比赛，是一件非常值得骄傲的事情。

地址： 3601 S Broad St
交通： 乘坐地铁橙线在A T and T Station下车
电话： 215-3397600
网址： www.nba.com

📷 旅游达人游玩攻略

前往费城76人队主场看球时，强烈建议购买靠近比赛场地的门票。不然，当比赛进行时，面对无数激动的高个子观众，你只能通过荧幕看比赛了。

电影院

· Ritz East Cinema

Ritz East Cinema是一个能给观众提供独立空间观看外国纪录片的电影院。电影院占地面积比较大，内部主要有DLP数字投影和声音等设备，视觉、听觉效果都非常好。

地址：125 S 2nd St
交通：乘坐21、42路公交车在2nd St & Walnut St下车
电话：215-9254535
网址：www.landmarktheatres.com

· Ritz Five

Ritz Five创建历史悠久，是费城一家经典小电影院。电影院以放映费城艺术电影为主，以放映国外经典电影为辅。来到这里看电影，你可以根据自己的喜好选择观看。

地址：214 Walnut St
交通：乘坐21、42路公交车在2nd St & Walnut St下车
电话：215-9257900
网址：www.landmarktheatres.com

📷 旅游达人游玩攻略

去Ritz Five看电影前，你可以先在网上（www.tickets.landmarktheatres.com）购买电影票，在购票完成后，将系统中显示的条形码门票打印出来，即可进入电影院。

费城住宿

费城的大部分酒店和旅馆都集中在中心城区，设施都比较好，交通也便利。但大学城及机场周围也分布有不少酒店、青年旅舍和汽车旅馆，价格较为实惠。如果，你想要住得舒适些，建议在市中心居住。

经济型酒店			
名称	地址	电话	网址
Rodeway Inn Center City	1208 Walnut St	215-5467000	www. rodewayinn.com
Embassy Suites Philadelphia – Center City	1776 Benjamin Franklin Pkwy	215-5611776	www.embassysuites3.hilton.com
Holiday Inn Express Philadelphia–Midtown	1305 Walnut St	215-8931600	www.doubletree3.hilton.com
DoubleTree by Hilton Hotel Philadelphia Center City	237 S Broad St	215-7359300	www.doubletree3.hilton.com

中档酒店

名称	地址	电话	网址
The Latham Hotel	135 S 17th St	215-563-474	www.lathamhotelphiladelphia.com
Hyatt at The Bellevue	200 S Broad St	215-8931234	www.bellevue.hyatt.com
Loews Philadelphia Hotel	1200 Market St	215-6271200	www.loewshotels.com
The Windsor Suites	1700 Benjamin Franklin Pkwy	215-9815678	www.thewindsorsuites.com

高档酒店

名称	地址	电话	网址
Philadelphia Marriott Downtown	1201 Market St	215-6252900	www.marriott.com
Residence Inn Philadelphia Center City	11 N Juniper St	215-5570005	www.marriott.com
DoubleTree by Hilton Hotel Philadelphia Center City	237 S Broad St	215-8931600	www.doubletree3.hilton.com
Hotel Palomar Philadelphia	117 S 17th St	215-5635006	www.hotelpalomar-philadelphia.com

4 费城 ——→ 波士顿
Feicheng ——→ Boshidun

波士顿交通

从费城前往波士顿

·飞机

从费城前往波士顿，乘飞机是很好的选择。从费城飞往波士顿的飞机从费城国际机场起飞，飞往波士顿洛根国际机场（Logan International Airport），飞行时间约为1小时30分钟，票价一般为200美元左右。

洛根国际机场信息			
名称	地址	电话	网址
洛根国际机场	1 Harborside Dr	800–2356426	www.massport.com

从洛根国际机场进入波士顿市区

从洛根国际机场进入波士顿市区的交通工具主要有机场巴士、地铁、出租车三种。

名称	运行时间	票价	交通概况
机场巴士	5:30至次日2:00	约22美元	从机场行李提取处外面乘车，大约30分钟可到达市内
地铁	5:00至次日0:45	约2美元	从机场各航站楼乘坐洛根穿梭巴士22、35路前往地铁Airport站，乘坐蓝线地铁可到达市内
出租车	24小时	约40美元	从机场航站楼行李提取处乘车，约30分钟可到达市内

·一元巴士

从费城前往波士顿，乘一元巴士是比较方便的交通方式。费城前往波士顿的一元巴士是从费城开往纽约，然后再由纽约转往波士顿。关于一元巴士的具体运行时间以及搭乘转换站点，你可以通过打电话或上网的方式向波士顿旅游局询问。

波士顿旅游局信息			
名称	地址	电话	网址
波士顿旅游局	Two Copley Pl #105	617–5364100	www.bostonusa.com

🚌 乘地铁玩波士顿

波士顿地铁均以字母"T"表示，且分布范围极其广泛，市内随处可见"T"型地铁站口标志。波士顿地铁主要有红线、绿线、橙线、蓝线和银线五条线路，其中绿线共有4条交叉线，均从Lechmere站始发，到了市中心Copley后，再分为B、C、D、E线四个方向行驶。波士顿地铁的票价均为2美元，你直接在地铁站内的售票处购买车票即可。

名称	运行线路
红线	Alewife–braintree、Alewife–mattapan
绿线	Lechmere–boston college(B线)、Lechmere–cleveland circle（C线）、Lechmere–riverside（D线）、Lechmere–heath st.
橙线	Oak grove–forest hills
蓝线	Bowdoin–wonderland
银线	Airport–dudley square、Airport–design center

麻省理工学院

🚌 乘巴士游波士顿

· 公交车

　　波士顿的公交车运行线路非常多，几乎遍布了整个城市。波士顿的公交车由波士顿海湾交通局（MBTA）负责运营，每条公交车的行车路线以及具体时刻表你都可以在地铁站或是车上拿到，车票票价为1.5美元。想了解波士顿公交车的具体运行路线和行驶首末班车时间，你也可以登录官网（www.mbta.com）查询。

· 旅游巴士

　　观光巴士是你在波士顿旅游时，可以选择的比较方便的一种交通方式。观光巴士的运行线路一般在市内的重要景点之间，没有严格规定上下车地点，乘客看到自己想要游玩的景点便可下车。观光巴士分为一日游和两日游两种，其中一日游票价约30美元，两日游约40美元，想要购买的游客可以直接跟司机买，也可以在波士顿海湾交通局购买。

波士顿海湾交通局信息			
名称	地址	电话	网址
波士顿海湾交通局	300 Summer St	617-2223200	www.mbta.com

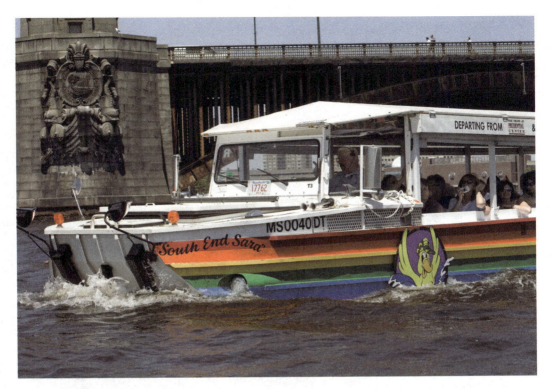

·鸭子船

鸭子船是波士顿一种水陆两用的交通工具，其游览线路几乎涵盖整个波士顿市区。波士顿鸭子船的运营时间从每天9:00开始到日落前一个小时，票价约32美元，发车间隔为30～60分钟，主要乘车点为Prudential Center与Museum of Science。乘坐鸭子船时，建议游客先通过上网（www.bostonducktours.com）或打电话（617-4500065）的方式预订座位。

🚌 乘出租车逛波士顿

波士顿的出租车非常多，你可以直接在路边等车，也可以打电话叫车。出租车起步价为1.75美元，之后每200米加收0.3美元。在波士顿乘出租车时，如果你有行李需要搬运，应额外付给司机15%的行李搬运小费。

波士顿出租车公司信息			
名称	地址	电话	网址
Metro Cab	120 Braintree St	617-7825500	www.metro-cab.com
Boston Cab Association	72 Kilmarnock St	617-5365010	www.bostoncab.us
Bay State Taxi	24 Factory St	617-5665000	www.baystatetaxi.com

哈佛大学

波士顿景点

🔴 哈佛大学

  哈佛大学（Harvard university）是世界大学中的典范，也是世界顶级名校之一。哈佛大学在美国享有盛名，曾有多位美国总统在此就读。校园环境清幽，风光非常迷人，除了图书馆以外，还有哈佛大学艺术博物馆、哈佛大学自然史博物馆可以游玩。

💬 旅游资讯

地址： 1350 Massachusetts Ave

交通： 乘坐1、69路公交车在Quincy St @ Broadway opp Fogg Museum下车

电话： 617-4951000

门票： 免费

开放时间： 9:00～17:00

网址： www.harvard.edu

📷 旅游达人游玩攻略

哈佛大学虽然不收门票，但当你参观校园内的博物馆时，需要另外购买门票。想了解各展馆的情况，你可以登录哈佛大学校园观光团（www.harvard.edu），也可以打电话（617-4951573）向哈佛大学活动及信息中心咨询。

旧北区教堂

　　旧北区教堂（Old North Church）是波士顿最古老的基督教教堂之一。教堂之所以非常有名并非因它年代久远，而是因为它在1775年的一个夜晚曾拯救过美国军民才名声大振。教堂内的白色尖塔也是美国殖民时期的标志性建筑。

旅游资讯

地址：193 Salem St
交通：乘坐4路公交车在Commercial St @ Hanover St下车
电话：617-5236676
门票：1美元
开放时间：10:00～16:00
网址：www.oldnorth.com

州议会大厦

　　州议会大厦（The State House）曾一直是州议会召开的会议大楼，也是波士顿著名的地标性建筑之一。大厦内部装饰极为奢华，其地下档案馆和博物馆里有《五月花和约》等珍贵的历史文件，地上一层为航海博物馆，二层为波士顿市民协会的展示室。

旅游资讯

地址：206 Washington St
交通：乘坐93路公交车在Devonshire St @ State St下车
电话：617-7201713
门票：7美元
开放时间：9:00～17:00
网址：www.revolutionaryboston.org

公共花园

　　公共花园（Public Garden）是美国最有名的植物园之一。植物园内环境清幽，所有花草树木都经过了精心的修剪，非常美观。在春天的时候，这里随处可见非常迷人的郁金香。此外，公园内的众多铜像和在园内中央区域水池来往的天鹅船都非常吸引人们的目光。

旅游资讯

地址：69 Beacon St
交通：乘坐43路公交车在Charles St @ Beacon St下车
电话：617-6354505
门票：免费
网址：www.cityofboston.gov

公共花园

旅游达人游玩攻略

1.在公共花园游玩时，建议你尽量在天黑之前离开公园；切忌在天黑后在公园内散步，这样不太安全。

2.在公共花园乘坐天鹅船时，需要花约3美元购买门票，在下雨或刮大风的时候天鹅船会停运。天鹅船管理处的联系电话为617-5221966，运行时间为15分钟，想了解具体情况的可打电话询问。

波士顿艺术博物馆

波士顿艺术博物馆（Museum of Fine arts）是美国最有名的艺术博物馆之一。博物馆内以展示东亚、古埃及、古希腊、罗马文明等文化，和欧洲各个时期的绘画流派作品，最有名的是来自中国的陶器、佛像以及莫奈的印象派美术作品。

旅游资讯

地址：465 Huntington Ave

交通：乘坐39路公交车在Huntington Ave @ Forsyth Way下车

电话：617-2679300

门票：20美元

开放时间：10:00～16:45

网址：www.mfa.org

邦克山纪念碑

邦克山纪念碑（Bunker Hill Monument）是美国"自由之路"的终点处，是为了纪念美国历史上最惨烈的战争——邦克山战役而修建的纪念碑。纪念碑高约67米，内部有数百级台阶连接瞭望台，站在瞭望台上，你可以观看波士顿市内的景致。

旅游资讯

地址：Monument Square

交通：乘坐89、93路公交车在Bunker Hill St @ Ferrin St下车

电话：617-2425641

开放时间：9:30～16:30

网址：www.nps.gov

最容易让人忽略的景点

新英格兰水族馆

新英格兰水族馆（New England Aquarium）是世界上最有名的大型水族馆之一。水族馆内以巨大的海洋之槽为中心，周围分布有企鹅游泳池、企鹅表演馆、美国淡水鱼馆、思索走廊、热带走廊等展示馆，这里共有千余种海生动物。

新英格兰水族馆中

🗨 旅游资讯

地址： 1 Central Wharf

交通： 乘坐地铁蓝线在水族馆Aquarium站下车

电话： 617-9735200

门票： 20.95美元

开放时间： 9:00～18:00

网址： www.neaq.org

📷 旅游达人游玩攻略

在新英格兰水族馆游玩时，你可以在大厅旁边的MITAC购买门票，这里经常有折扣票提供，运气好的话还可以买到10美元的水族馆门票和其他博物馆的低价门票。

新英格兰水族馆

公园街教堂

📍 公园街教堂

公园街教堂（Park Street Church）是美国一座象征自由的教堂。教堂位于波士顿市中心，是一座顶部有八角形尖塔的大型教堂。教堂内装饰极其奢华，并陈设有波士顿当时发布反对奴隶制领袖加里森演讲时情景的资料。

🗨 旅游资讯

地址： 1 Park St

交通： 乘坐15、39、43路公交车在Park St. Station下车

电话： 617-5233383

门票： 免费

开放时间： 9:30～15:30

网址： www.parkstreet.org

🗨 旅游资讯

地址： Boston

交通： 乘坐93路公交车在Devonshire St @ State St下车

电话： 617-3578300

网址： www.bostonmassacre.net

📍 波士顿惨案遗址

波士顿惨案遗址（Site of Boston Massacre）是为了纪念发生在1770年的波士顿惨案而修建的建筑。遗址位于旧州议会大楼的东侧，来这里参观，你可以了解到波士顿惨案和导致美国独立战争爆发的原因。

波士顿美食

　　波士顿的美食以新鲜海产品最受食客欢迎。波士顿的海产品以鱼类和贝类为主，其中新英格兰蛤肉杂烩（浓奶汤）、鱼饼及清煮龙虾均是非常有名的美食。此外，波士顿的波士顿烤豆、印第安布丁及波士顿奶油馅饼也是值得一尝的美食。

美国本土美食

· 干杯

　　干杯（Cheers Boston）是波士顿当地一家非常有名的餐厅。餐厅创建历史悠久，装饰风格古朴、雅致，给人一种极为清新、舒适的感觉。餐厅以提供正宗美国风味的海鲜为主，菜量非常大，价格也较为实惠。

地址： 84 Beacon St
交通： 乘坐43路公交车在Charles St @ Beacon St下
　　　　车
电话： 617-2279605
网址： www.cheersboston.com

· Wagamama

　　Wagamama是一家位于波士顿市中心The Shops at the Prudential Center购物中心内的美式餐馆。餐馆内有巨大的落地玻璃窗，环境清新雅致，菜肴分量非常大，色香味俱全。来到这里，顾客可以在购物之余，品尝到极其美味的菜肴。

地址： 800 Boylston St #117
交通： 乘坐39、55、57路公交车在Boylston St opp
　　　　Gloucester St下车
电话： 617-7782344
网址： www.wagamama.us

· Steakhouse

　　Steakhouse是波士顿一家非常受欢迎的餐厅。餐厅内的装饰风格时尚，环境干净整洁，充满了美国南部风情。餐厅以提供美味海鲜为主，味道十分地道，菜量也很大。不过，餐厅内的菜肴价格普遍都比较贵。

地址： 50 Park Plaza Boston

· Durgin Park

　　Durgin Park是一家生意非常火爆的餐厅。餐厅内以提供口味独特的新英格兰风味美食为主，菜肴种类繁多，主要有牛排、海鲜等种类。其菜量非常大，价格也较为昂贵。不过，餐厅内的服务非常周到，就餐环境也极为优雅、别致，深受游客喜爱。

地址： 340 N Market St
交通： 乘坐15、39路公交车在Congress St @ North St下车
电话： 617-2272038
网址： www.durgin-park.com

其他美国本土风味餐厅推荐			
名称	地址	电话	网址
Durgin-Park	340 N Market St	617-2272038	www.durgin-park.com
O Ya	9 East St	617-6549900	www.oyarestaurantboston.com
The Elephant Walk	900 Beacon St	617-2471500	www.elephantwalk.com
Atlantic Fish	761 Boylston St	617-2674000	www.atlanticfishco.com
Union Oyster House	41 Union St	617-2272750	www.unionoysterhouse.com

世界美食

· Salsa's

　　Salsa's是波士顿一家非常受欢迎的墨西哥餐厅。餐厅内的装饰风格时尚，以提供墨西哥风味菜肴为主，主打菜肴是炸玉米饼。此外，餐厅内除了有美味菜肴外，还有鸡尾酒等饮料可以供食客品尝。

地址： 118 Dorchester St
交通： 乘坐9、10路公交车在Dorchester St @ Broadway下车
电话： 617-2697878
网址： www.salsasmexican.com

· **Red Sky**

　　Red Sky位于法尼尔厅旁边，是波士顿市内一家非常受食客喜爱的亚洲风味餐厅。餐厅内的装饰以典型的亚洲风格为主，环境优雅、舒适，给食客营造出一种十分温馨的就餐环境。餐厅内主要提供午餐，还有晚餐和夜宵服务，菜肴种类非常多，价格也比较实惠。

地址： 18 North St
交通： 乘坐4、15路公交车在Congress St @ North St下车
电话： 617-7423333
网址： www.redskyboston.com

其他世界美味餐厅推荐			
名称	地址	电话	网址
Fresh Taste of Asia	118 Washington St	978-8251388	www.freshtasteofasia.com
Szechuan Taste & Thai Cafe	19 Pleasant St	978-4630686	www.szechuantaste.com
Douzo	131 Dartmouth St	617-8598886	www.douzosushi.com
Oishii Boston	1166 Washington St	617-4828868	www.oishiiboston.com

波士顿购物

　　在波士顿，从新潮时尚名牌店到古董工艺品店，从著名商城到减价地下室商城，都是购物的好去处。大部分购物场所都可以刷卡消费，你可以不用带太多现金。

🎁 人气旺盛的购物店

· 宝城中心商店

　　宝城中心商店（The Shops at Prudential Center）是一座由数十家商店组成的小型购物商场。商店内的商品种类非常多，服饰、鞋、帽、化妆品、体育用品、小工艺品、生活用品等商品你在这里都能找到。

地址： 800 Boylston St
交通： 乘坐39、55路公交车在Boylston St opp Gloucester St下车
电话： 617-2363100
网址： www.prudentialcenter.com

·剑桥边拱廊购物中心

剑桥边拱廊购物中心（Cambridge Side Galleria）是一座由100余家专卖店组成的大型购物商城。商城内的专卖店主要以销售国际知名品牌、美国本土知名品牌商品为主，商品种类齐全，质量非常好，价格也比较昂贵。

地址： 100 Cambridgeside Pl

交通： 乘坐69、80、87路公交车在Lechmere Station下车

电话： 617-4948408

网址： www.express.com

·法林地下商城

法林地下商城（filenes basement）是波士顿一家非常有名的大型特价专营商城。商城内营业面积较大，一楼主要以提供男士商品为主，二楼主要以提供女士商品及鞋类为主，是人们来波士顿购物的好去处。

地址： 497 Boylston St

交通： 乘坐9、55路公交车在Boylston St @ Berkeley St下车

电话： 617-4245520

网址： www.filenesbasement.com

· Downdown Crossing

Downdown Crossing是一个大型商业区。商业区内有众多著名的购物场所，如著名的Filene's百货大厦、Macy's百货大厦、Woolworth连锁店，商品种类繁多，其中以珠宝店最受顾客喜爱。

地址： Washington St 与 Winter St 交界处

交通： 乘坐92、93路公交车在Franklin St @ Washington St下车

· Harverd Sq

Harverd Sq（哈佛广场）是一处非常热闹的购物点。广场上分布着数十家购物商店，其中以书店和Tower Record音像制品店最受顾客欢迎。此外，在每周周末的夜晚，你还可以在广场上看到各种各样的街头艺术表演。

地址： 哈佛大学附近

交通： 乘坐1、69路公交车在Quincy St @ Broadway opp Fogg Museum下车

· Copley Place

Copley Place 位于Copley Sq附近，是一座规模十分庞大的室内购物商城。该商城创立时间较早，有百余家商店和餐厅，商店布局典雅，货物种类繁多，是适合潮流购物者的理想之地。

地址： 100 Huntington Ave

交通： 乘坐92、93路公交车在Franklin St @ Washington St下车

电话： 617-2626600

网址： www.simon.com

波士顿娱乐

波士顿的娱乐场所非常多，酒吧、咖啡馆、歌舞厅、夜总会、电影院等随处可见。除了娱乐场所特有的活动外，查尔斯河（Charlies River）畔蚬壳露天剧场（Hatch Shell）中的音乐或表演活动也是非常受游客喜爱的娱乐活动。

酒吧

·6B Lounge

6B Lounge是一家位于波士顿市中心的老牌酒吧。酒吧内不仅有香气四溢的美酒，还有美国特色风味的美食提供。来到这里，你可以在悠扬的音乐中，一边品尝美酒一边享用美食。

地址：6B Beacon St
电话：617-7420306
网址：www.6blounge.com

·Beantown Pub

Beantown Pub位于繁华的街道上，是一家非常受顾客喜爱的酒吧。酒吧内的装饰风格时尚，有爵士乐播放，气氛十分热烈。酒吧内有专业的调酒师亲自为顾客调制喜爱的美酒，美酒价格算不上十分昂贵。

地址：100 Tremont St
交通：617-4260111
电话：www.beantownpub.com

·The Hub Pub

The Hub Pub是一家位于波士顿市中心的酒吧。酒吧内有巨大的落地玻璃窗，装饰风格时尚、大气，处处洋溢着活泼、火辣的气氛。酒吧内有各种美酒供应，是一个让顾客感到轻松和快乐的酒吧。

地址：18 Province St
交通：乘坐15、39、57路公交车在Tremont St @ Beacon St下车
电话：617-2278952
网址：www.thehubpub.com

其他娱乐场所推荐				
名称	地址	电话	网址	类型
Emmet's Irish Pub and Restaurant	6 Beacon St	617-7428565	www.emmetsirishpubandrestaurant.com	酒吧
The Alley Bar	275 Washington St	617-2631449	www.thealleybar.com	酒吧
Scholars Boston	25 School St	617-2480025	www.scholarsbostonbistro.com	酒吧
Marliave	10 Bosworth St	617-4220004	www.marliave.com	酒吧
Last Hurrah	60 School Street	617-2278600	www.omnihotels.com	酒吧
Wilbur Theatre	246 Tremont St	617-2489700	www.thewilburtheatre.com	音乐厅
Wang Theater	270 Tremont St	617-4829393	www.citicenter.org	音乐厅
Berklee Performance Center	136 Massachusetts Ave	617-2667455	www.berkleebpc.com	音乐厅
Flour	1595 Washington St	617-2674300	www.flourbakery.com	咖啡厅
Boston Common Coffee Co	515 Washington St	617-5420595	www.bostoncommoncoffee.com	咖啡厅
Caffe Paradiso	255 Hanover St	617-7421768	www.caffeparadiso.com	咖啡厅
AMC Loews Boston Common 19	175 Tremont St	617-4235801	www.amctheatres.com	电影院
Regal Cinemas Fenway Stadium 13 RPX Movie Theater	201 Brookline Ave	617-4246111	www.regmovies.com	电影院
The Paramount Center	559 Washington St	617-8248000	artsemerson.org	电影院

波士顿住宿

波士顿的住宿地非常多，主要有星级宾馆、汽车旅馆、大饭店、酒店等类型。其中，星级宾馆、汽车旅馆的价格比较低廉，设施比较齐全；大饭店和酒店则比较贵，且大多数位于市中心，内部娱乐、餐饮等设施也较为完备。

经济型酒店			
名称	地址	电话	网址
DoubleTree by Hilton Hotel Boston – Downtown	821 Washington St	617–9567900	www.doubletree3.hilton.com
Revere Hotel Boston Common	200 Stuart St, Boston	617–4821800	www.reverehotel.com
The Lenox Hotel	61 Exeter St	617–5365300	www.lenoxhotel.com
Ames Hotel	1 Court St	617–9798100	www.ameshotel.com
Omni Parker House Hotel	60 School St	617–2278600	www.omnihotels.com

哈佛大学中的雕塑

中档酒店			
名称	地址	电话	网址
The Langham	250 Franklin St	617-4511900	www.boston.langhamhotels.com
Hotel Commonwealth	500 Commonwealth Ave	617-9335000	www.hotelcommonwealth.com
The Lenox Hotel	61 Exeter St	617-5365300	www.lenoxhotel.com
Omni Parker House Hotel	60 School St	617-2278600	www.omnihotels.com
Fairmont Copley Plaza	138 St James Ave	617-2675300	www.fairmont.com

高档酒店			
名称	地址	电话	网址
Boston Harbor Hotel	70 Rowes Wharf	617-4397000	www.bhh.com
Renaissance Boston Waterfront Hotel	606 Congress St	617-3384111	www.marriott.com
Intercontinental Boston	510 Atlantic Ave	617-7471000	www.intercontinentalboston.com
Nine Zero Hotel	90 Tremont St	617-7725800	www.ninezero.com
The Copley Square Hotel	47 Huntington Ave	617-5369000	www.copleysquarehotel.com

海湾市场

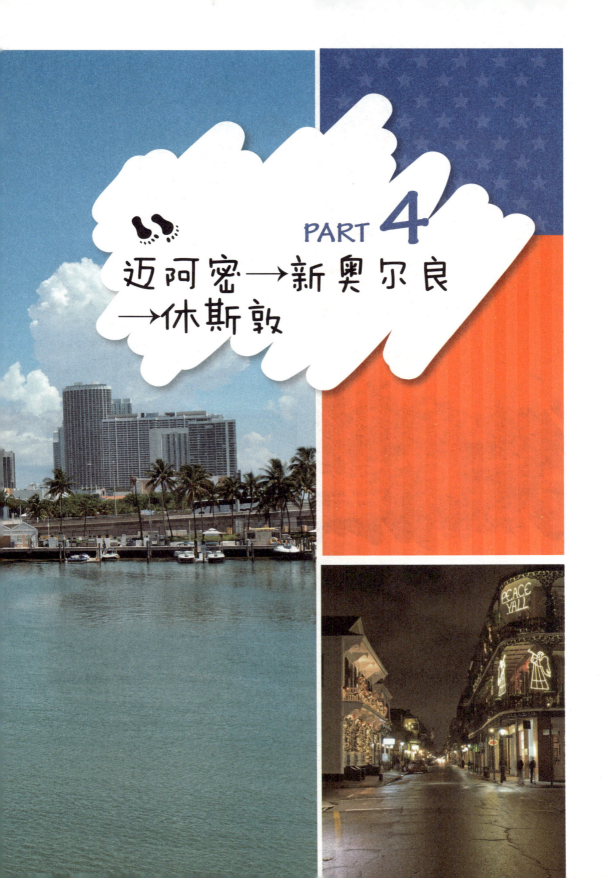

PART 4

迈阿密→新奥尔良
→休斯敦

1 迈阿密 mi'ami

迈阿密交通

🚌 从机场前往市区

·迈阿密国际机场

迈阿密国际机场是美国连接中南美洲的重要门户，也是美利坚航空公司的4大中枢之一。中国飞往迈阿密国际机场的航班主要来自北京、上海、广州等城市，航班主要停靠在迈阿密国际机场航站楼2楼。

迈阿密国际机场信息			
名称	地址	电话	网址
迈阿密国际机场	2100 NW 42nd Ave	305–8767000	www.miami–airport.com

从迈阿密国际机场进入迈阿密市区

从迈阿密国际机场进入迈阿密市区的交通工具主要有超级穿梭巴士、三线铁路、出租车三种。

迈阿密国际机场信息			
名称	运行时间	票价	交通概况
超级穿梭巴士	24小时	17～20美元	在机场航站楼1楼的行李预存处旁边会有巴士的相关负责人等候，直接跟随工作人员即可找到乘车处，约20分钟可到达市内
三线铁路	4:14～21:21	约3美元	从机场航站楼出来后，在东边的le jeune rd.旁边乘坐，约1小时可到达市内
出租车	24小时	25～30美元	从机场航站楼1楼外的出租车乘车处乘车，约20分钟可到达市内

📷 旅游达人游玩攻略

迈阿密国际机场外的三线铁路运行次数较少，且到达市内所需的时间较长，建议游客在进入市内时，选择乘坐超级穿梭巴士或出租车。不过，时间比较充裕的游客可以选择乘坐三线铁路，因为票价较为便宜。

🚌 乘轨道交通玩迈阿密

·地铁

迈阿密的地铁是旅游观光的重要交通工具，几乎市内的每个景点都有地铁运行。迈阿密的地铁主要有绿线、橙线2条线路，票价均为2美元，每次换乘地铁时都需要追加50美分车票。

名称	运行线路	主要站点
绿线	palmetto–dadeland south	santa clara、civic center、douglas road
橙线	government center–government center（环线）	college north、college、1st st、knight center

·轻轨

迈阿密的轻轨也是旅游观光的重要交通工具之一。迈阿密的轻轨主要有深蓝色线、紫线两条线路，票价均为2美元，每次换乘轻轨时都需要追加50美分车票。

名称	运行线路	主要站点
深蓝色线	school board–freedomtower	11th st、college、government center
紫线	fifinancial distriot–riverwalk	5th st、rivenrwalk、government center

🚌 乘巴士游迈阿密

·公交车

迈阿密公交车的运行路线和发车数量非常多，几乎在整个市区你都能见到公交车的身影。迈阿密的公交车票价为2美元，运行地点主要为市中心和迈阿密海滩，其中公交车号

码带有英文字母的是迈阿密海滩线路。如果想了解迈阿密公交车的具体运行线路和首末班车时刻，你可以在迈阿密旅游局信息中心领取相关的信息表。

迈阿密旅游局信息			
名称	地址	电话	网址
迈阿密旅游局	701 brickell ave.	305-5393000	www.miamiandbeaches.com

·水上巴士

水上巴士是一种连接迈阿密市区与迈阿密海滩之间的十分便捷的交通工具。水上巴士运行时间为11:00～18:00，票价为4美元（往返7美元），电话为954-467667。

迈阿密景点

迈阿密海滩

迈阿密海滩是美国著名的海水浴场，也是全世界最有名的观光胜地之一。海滩上海水清澈，浪花很小，沙粒细软，沙滩平坦广阔，还有一群群海鸥在海上戏水，总之，这里是游玩迈阿密时最值得一去的地方。

迈阿密海滩

旅游资讯

地址： 迈阿密东部海边

交通： 乘103、113、115路公交车在 **Alton Rd@39 St** 下车

旅游达人游玩攻略

在迈阿密海滩游玩时，你除了可以尽情享受沐浴海水的乐趣外，还可以在迈阿密海滩艺术节这一集工艺美术展览和文艺演出为一体的综合性艺术节时前往那里，观看雕塑、玻璃艺术、陶器、珠宝和摄影等艺术展览。

📍 迈阿密水族馆

迈阿密水族馆（Miami Seaquarium）是南佛罗里达州一个重要的海洋公园。水族馆内饲养的海洋动物种类繁多，有杀人鲸、海豚、海狮等。馆内有着丰富多彩的精彩表演，其中以鳍状肢海豚的表演最受游客喜爱。

迈阿密水族馆

💬 旅游资讯

地址：4400 Rickenbacker Causeway
交通：乘坐102路巴士在Rickenbacker CY@Um Marine Lab下车
电话：305-3615705
门票：37.95美元
开放时间：9:30～18:00
网址：miamiseaquarium.com

📷 旅游达人游玩攻略

在迈阿密水族馆（Miami Seaquarium）观看海豚表演时，如果你想触摸并观察海豚的话，需要交纳140美元的费用。另外，海豚表演次数为每天2场，时间为12:00左右和15:30。

📍 大屠杀纪念馆

大屠杀纪念馆（Holocaust Memorial of the Greater Miami Jewish Federation）是为纪念第二次世界大战中受害的犹太人而修建的大型纪念馆。博物馆内有一只用青铜建造的伸向天空的手，手上刻有遇难者的名字，很值得一看。

💬 旅游资讯

地址：1933-1945 Meridian Ave
交通：乘坐123路公交车在Meridian AV@19 st站下车
门票：9:00～21:00
电话：305-5381663
网址：www.holocaustmmb.org

📍 南佛罗里达历史博物馆

南佛罗里达历史博物馆（HistoryMiami）位于一座粉色建筑内，是迈阿密的"文化中心"。博物馆内以展示史前时代的印第安文化、西班牙人入侵，以及佛罗里达被开发成为休闲旅游区的历史资料为主，以展示海中沉船的寻宝介绍、海洋生物的资料为辅。

💬 旅游资讯

地址：101 W Flagler St
门票：8美元
电话：305-3751492
开放时间：10:00～17:00
网址：www.historymiami.org

📍 南部海岸

　　南部海岸是一个快乐充溢的地方，有着世界上规模最大、建筑艺术保存完好的风景，如车道两侧的古建筑、科林斯和华盛顿大街上的艺术装饰建筑物。此外，这里还有可以供人们尽情购物的海湾市场，同时还可以观看海岸边美丽精致的海岸巡游活动。

💬 **旅游资讯**

地址：迈阿密市区南部
交通：乘坐公交M、S、H、
　　　C、G、L、F、M等路公
　　　交可到
电话：305-6722014

📷 **旅游达人游玩攻略**

南部海岸的海上巡游活动一般在每周一至周四11:00～18:00和周五至周日11:00～19:00这个时间段进行，进行时会有导游带领游客前往沿岸景点参观。想要参加海上巡游的人可以打电话（305-3795119）给Island Queen Cruises。

📍 小哈瓦那

　　小哈瓦那（Little Havana）又称"拉丁区中心地"，是古巴人的聚集地。小哈瓦那的气氛以及居民的生活方式处处流露出古巴的风韵，走在这里，你能很容易地感受到古巴特有的气氛。

💬 **旅游资讯**

地址：迈阿密小哈瓦纳地区
交通：乘坐6、8、12路专线巴士可到
电话：305-8584162

小哈瓦那

📍 迈阿密科学博物馆和天文馆

　　迈阿密科学博物馆和天文馆（Miami Museum of Science）是迈阿密一处老少皆宜的大型博物馆，也是一座极具趣味性的博物馆。来到这里，游客可以通过亲身体验和亲自操作来体验科学的奥妙，同时还可以观测迈阿密的天空。

💬 **旅游资讯**

地址：3280 S Miami Ave
交通：乘坐地铁MRL线在Vizcaya Station Rail Southbound下车
电话：305-6464200
门票：14.95美元
开放时间：10:00～18:00
网址：miamisci.org

迈阿密美食

迈阿密的美食主要以海鲜为主，味道都十分鲜美，价格并不十分昂贵。此外，迈阿密还有日本寿司、中国风味美食、泰国菜等可供你品尝。

美国本土风味

· Joe's Stone Crab

Joe's Stone Crab位于迈阿密海滩南侧，是一家赫赫有名的餐厅。餐厅内以提供鲜美无比的海鲜为主，海鱼、贝类你都能在这里吃到。餐厅内服务员的服务态度非常好，菜量也很大，只是价格较为昂贵。

地址：11 Washington Ave
交通：乘坐113、123路公交车在South Pointe Dr@Washington Av下车
电话：305-6730365
网址：www.joesstonecrab.com

📷 旅游达人游玩攻略

前往Joe's Stone Crab餐厅吃饭时，尽量错开吃饭高峰时段，不然你就要排队等候餐位了。当然，你也可以提前通过打电话，向餐厅预约想要的餐位。

· 11th St Diner

　　11th St Diner位于热闹的迈阿密海滩上，是一家非常受欢迎的餐厅。餐厅深藏在一辆闪着银光的火车车厢内，装饰风格带有浓郁的艺术色彩。来到这里，点一份自己喜爱的美食，你的心情肯定会十分愉悦。

地址：1065 Washington Ave
交通：乘坐123路公交车在Washington Av@11 St
　　　下车
电话：305-5346373
网址：www.eleventhstreetdiner.com

· Versailles Restaurant

　　Versailles Restaurant位于迈阿密市区的繁华地带，是一家很受欢迎的餐厅。餐厅外观给人一种非常大气的感觉，内部装饰极其奢华，有水晶灯垂挂其中。餐厅内以提供美式风味美食为主，鳄梨沙拉、料理等美食你都能在这里品尝到。

地址：3555 SW 8th St
交通：乘坐6、8路公交车在SW 8 St@SW 34 Av
　　　下车
电话：305-4440240
网址：www.versaillesrestaurant.com

· Norman's American Bar & Grill

　　Norman's American Bar & Grill是一家可以欣赏美丽海景的餐厅。餐厅内以提供制作比较讲究的南佛罗里达料理为主，口味独特，菜量也很大，不过价格较为昂贵。来这里吃饭前，你一定记得要通过打电话的方式提前预约。

地址：6770 Collins Ave
交通：乘坐112、115路公交车在Collins Av@69 St
　　　下车
电话：305-8689248
网址：normans.biz

· La Carreta Restaurant

　　La Carreta Restaurant位于繁华的街道上，是一栋小房子构成的餐厅。餐厅房子虽小，但是外墙装饰极为别致，有着很强的吸引力。餐厅内美食种类众多，还有香浓的咖啡可以品尝，服务人员的服务也十分周到。

地址：3632 SW 8th St
交通：乘坐6、8路公交车在SW 8 St@SW 34 Av
　　　下车
电话：305-4447501
网址：www.lacarreta.com

其他美国本土风味餐厅推荐			
名称	地址	电话	网址
Venetian Pool	2701 De Soto Blvd	305-4605306	www.coralgables.com
汉堡王	5505 Blue Lagoon Dr	305-3783000	www.bk.com
La Rosa Restaurant	4041 NW 7th St	305-5411715	www.larosarestaurantmiami.com
2B Asian Bistro	1444 SW 8th St	786-2357600	www.2b-asianbistro.com
Caffe Abbracci	318 Aragon Ave	305-4410700	www.caffeabbracci.com
Miss Saigon Bistro	148 Giralda Ave	305-4468006	www.misssaigonbistro.com

🍴 中国风味

· Tropical Chinese Restaurant

　　Tropical Chinese Restaurant是迈阿密一家靠近市中心的中国餐厅。餐厅有美丽的外观，让人有一种来到海滨度假村般的错觉。餐厅内以提供正宗中国风味的包子、春卷、蒸饺为主，价格较为实惠。

地址：7991 SW 40th St
交通：乘坐40路公交车在SW 40 St@#7995下车
电话：305-2627576
网址：www.tropicalchinesemiami.com

· Canton Chinese Restaurant

　　Canton Chinese Restaurant是迈阿密一家非常有名的中餐厅。餐厅内装饰风格古朴典雅，给人一种非常舒适的感觉。餐厅内以提供口味地道的中国传统风味菜肴为主，菜量非常大，服务也极为周到。

地址：2614 Ponce De Leon Blvd
交通：乘坐24路公交车在Andalusia Av@Ponce De Leon下车
电话：305-4483736
网址：cantonrestaurants.com

· Chef Tian Express

　　Chef Tian Express是迈阿密一家流露着浓郁的热带风情的中餐厅。餐厅外部装饰风格时尚，内部环境干净整洁，主打菜肴有水煮鱼、爆炒鸡丁、狮子头等，口味十分地道，推荐品尝。

地址：4700 S Le Jeune Rd
交通：乘坐56路公交车在SW 42 Av@Granello Av下车
电话：305-6660103
网址：www.cheftianexpressmiami.com

· 3 Chefs

3 Chefs是一家位于迈阿密靠海区域的中餐厅。餐厅内以提供正宗的中国风味的菜肴为主，其菜肴融合了中国很多地区的口味，菜量也非常大。天气晴朗时，来到这里，你还能坐在露台上就餐。

地址： 275 NE 18th St
交通： 乘坐3、16、32路公交车在Biscayne Bd@NE 18 St下车
电话： 305-3732688
网址： www.3chefs-mia.com

其他中国风味餐厅推荐			
名称	地址	电话	网址
Chong's Chinese Restaurant	1164 W Flagler St	305-5456625	www.chongschinese.com
Yummy Chinese & Sushi Bar	1671 Alton Rd	305-5311880	www.yummysouthbeach.com
China Moon	1540 Alton Rd	305-5328758	www.chinamoonsouthbeach.com
Far East Cafe	1061 NW 20th St	305-3245567	www.fareastcafemiami.com
Soï Chinese Kitchen	645 NW 20th St	305-4820238	www.soichinese.com

🍴 世界美味

· Cafe Sambal

Cafe Sambal位于迈阿密沿海的一处小岛上，是一家非常受欢迎的餐厅。餐厅内不仅提供众多韩国风味及美国本土风味的菜肴，还有咖啡等饮料可供品尝。来到这里，找一个靠窗的位子坐下，你便能一边品尝美食一边欣赏海景。

地址： 500 Brickell Key Dr
电话： 305-9138288
网址： www.mandarinoriental.com

· Lime Fresh Mexican Grill

Lime Fresh Mexican Grill是一家位于迈阿密沙滩上的墨西哥餐厅。餐厅内装饰风格时尚，环境干净整洁，主要提供墨西哥美食，薄皮墨西哥玉米饼、墨西哥玉米煎饼的菜量非常大，且价格比较实惠。

地址：1439 Alton Rd
交通：乘坐113、119路公交车在Alton Rd@14 St下车
电话：305-5325463
网址：limefreshmexicangrill.com

· Su Shin Izakaya

Su Shin Izakaya是一家非常受食客喜爱的日本餐厅。餐厅内以提供新鲜、美味的寿司为主，分量非常大，且价格较为实惠。此外，餐厅内还有非常美味的面条，这是连迈阿密富翁都乐意品尝的美食。

地址：159 Aragon Ave
交通：乘坐24路公交车在Aragon Av@Ponce De Leon Bd下车
电话：305-4452584
网址：www.izakayarestaurant.com

· Puerto Sagua Restaurant

Puerto Sagua Restaurant是一家位于迈阿密海滩中心地带的古巴餐厅。餐厅内装饰风格十分别致，有长木条吧台、木制餐桌、ATM取款机、报纸等物品。在这里，你可以品尝到碎牛肉、黑豆、鸡肉米饭等美味菜肴，同时还能品尝到最好的古巴咖啡。

地址：700 Collins Ave
交通：乘坐103、123路公交车在Washington Av@7 St下车
电话：305-6731115

· Thai Toni

Thai Toni位于迈阿密海滩上，是一家非常受食客喜爱的泰国料理店。餐厅内的装饰风格和就餐氛围，都洋溢着浓郁地泰国风情，给人一种身在泰国的错觉。餐厅内的泰国料理极其可口，是值得一尝的美食。

地址：890 Washington Ave
电话：305-5325572

· Jerry's Famous Deli

Jerry's Famous Deli是一家24小时营业的餐厅。餐厅内菜肴种类齐全，有熏牛肉、中国鸡丁沙拉、fettuccine alfredo等。餐厅极其宽敞，装饰风格别致，菜肴价格也较为实惠。

地址：1450 Collins Ave
电话：305-5343244
网址：jerrysfamousdeli.com

其他世界美味餐厅推荐			
名称	地址	电话	网址
Bar Tanaka	1801 Collins Ave	305-3411332	www.bartanaka.com
Zuma	270 Biscayne Blvd Way	305-5770277	www.zumarestaurant.com
Sushi Siam Japanese & Thai	647 Lincoln Rd	305-6727112	www.sushisiam.com
Tamarind Thai Restaurant	946 Normandy Dr	305-8616222	www.tamarindthai.us
Ricky Thai Bistro	1617 NE 123rd St	305-8919292	www.rickythaibistro.info

迈阿密购物

　　迈阿密的购物场所主要集中在迈阿密市中心区域。迈阿密的购物场所以椰林大道购物区、海湾市场、林肯路商业区最为有名，商品种类也最为齐全。除此之外，迈阿密还有很多折扣店、珠宝店。

🎁 人气旺盛的购物点

· 椰林大道购物区

　　椰林大道购物区（Cocount grove）是迈阿密市区西南部的一家现代化的超大型购物商城。商城内的装饰极其奢华，来这里光欣赏一下购物环境也是一种非常美妙的享受。商城内商品种类众多，其中以GAP服饰、冲浪用品、夏威夷便装等商品为主。

地址：Miami
交通：乘坐4路公交车在Dick Ward 085下车
电话：305-4440777
开放时间：10:00～22:00
网址：www.coconutgorove.com

📷 旅游达人游玩攻略

在椰林大道购物区（Cocount grove）购物时，不用带太多现金，直接刷卡消费就行。此外，商业区里面还有很多电影院和餐馆，在购物之后，你可以去里面看电影、品尝美食。

·海湾市场

海湾市场是一个非常热闹的购物市场，内部有数百家店铺，商品种类非常多，其中包括生活用品、皮包、服饰、鞋、帽、工艺品等，价格都比较便宜，质量也非常好，是值得一逛的地方。

地址：401 Biscayne Blvd
交通：乘坐公交3、93路公交车在Biscayne Bd@Ne 6 St站下车
电话：305-5773344

·林肯路商业区

林肯路商业区（Lincoln Road Mall）内禁止车辆通行，是步行者的购物天堂。商业区内聚集了众多小商店、购物中心、俱乐部等场所，商品种类非常齐全。此外，这里还有众多小餐馆和咖啡厅。

地址：Lincoln Rd
交通：乘坐101路公交车在Meridian Av@Lincoln Rd下车
网址：www.lincolnroadmall.com

🎁 名牌集中的大本营

·Miracle Mile

Miracle Mile是一条非常繁华的购物街道，位于迈阿密高档住宅区附近，其商品主要以高档珠宝、品牌服饰、包包为主，还有很多咖啡厅，是一个既可以购物，又能享用美味咖啡的地方。

地址：220 Miracle Mile #234
交通：乘坐24路公交车在Aragon Av@Ponce De Leon Bd下车
电话：305-5690311
网址：www.shopcoralgables.com

·Bal Harbour Shopping Center

Bal Harbour Shopping Center是一栋十分高档的购物大楼，其内部装饰极其奢华，购物环境也十分舒适，其商品主要以知名品牌为主，价格普遍比较昂贵，去的时候一定要带上足够的钱。

地址：9700 Collins Ave
交通：乘坐108、119路公交车在Collins Av@# 9700 (Bal Harbour)下车
电话：305-8660311
网址：www.balharbourshops.com

·Sawgrass Mills Shopping Mall

Sawgrass Mills Shopping Mall是一处由室内和室外街区构成的大型购物中心。购物商场内有众多品牌折扣店，其中包括LV、POLO、NAUTICA、BANANA REPUBLIC、TOMMY、NIKE等品牌店铺，商品价格比市场价格低很多。

地址：12801 W Sunrise Blvd

交通：乘坐72路公交车在NW 136 a/Orange Grove R
　　　下车

电话：954-8462300

网址：sawgrassmills.com

📷 **旅游达人游玩攻略**

Sawgrass Mills Shopping Mall占地面积非常大，购物商店也多，顾客在购物时，很容易迷失在令人眼花缭乱的商品中，找不到出口。因此，建议游客前去购物前，先在入口处领取一张地图。

迈阿密娱乐

　　迈阿密是娱乐的天堂，很多人来到这里，都是为了能够尽情玩乐。迈阿密最出名的娱乐项目莫过于在迈阿密海滩沐浴海水了。此外，迈阿密还有很多酒吧、咖啡厅、电影院、球队等，几乎你能想到的娱乐项目这里应有尽有。

🎳 球队

·迈阿密热火队

　　迈阿密热火队（Miami heat）是美国国家篮球协会（NBA）一支非常有名的篮球队，其主场是美国航空球馆。提起热火队，很多篮球迷都很了解它。热火队拥有波什、詹姆斯、韦德三大巨星，近三年内连续三次打进总决赛，并夺得了两次总冠军，球风也极具观赏性。

地址：601 Biscayne Blvd

交通：乘坐3、93、95路公交车在Biscayne Bd@NE
　　　6 St下车

电话：786-7771000

网址：www.aaarena.com

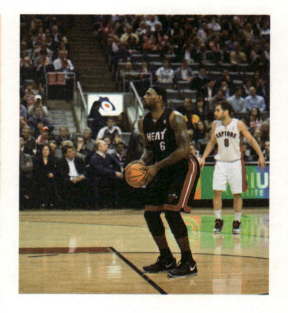

·佛罗里达马林鱼队

佛罗里达马林鱼队（Florida Marlins）是美国国家联盟东部赛区的一支棒球队，主场是sun life stadium。马林鱼队成立时间较早，有着辉煌的队史，虽在20世纪末期时曾陷入低谷时期，但如今早已重振旗鼓，成为了一支棒球劲旅。

地址：2269 NW 199th St
电话：305-9438000
网址：www.sunlifestadium.com

·迈阿密海豚队

迈阿密海豚队（Miami Dolphins）是美国联盟（AFC）东部赛区的一支美式足球队，主场也是sun life stadium球场。海豚队曾有过辉煌的队史，并打出了美式足球队最长连胜纪录。如今，海豚队战绩依然比较靠前，比赛观赏性也很强。

地址：2269 NW 199th St
电话：888-3467849
网址：www.miamidolpins.con

🎳 酒吧

·The Bar

The Bar是一家位于迈阿密市区繁华地带的酒吧，其外部门脸很小，且有两个小得可怜的玻璃窗，对人们几乎没有任何吸引力。可走进内部后，你才会发现里面的装饰是多么的吸引人。酒吧内各式美酒可随你品尝，价格也不是很贵。

地址：172 Giralda Ave
交通：乘坐24路公交车在Aragon Av@Ponce De Leon Bd下车
电话：305-4422730
网址：www.gablesthebar.com

·Mansion Nightclub

Mansion Nightclub是一家位于迈阿密海滩上的酒吧，是迈阿密海滩最具特色的酒吧之一。酒吧内部装饰十分奢华，美酒种类繁多，几乎各种知名美酒你都能在这里找到。不过，酒吧内的美酒价格都比较昂贵。

地址：1235 Washington Ave
交通：乘坐103、123路公交车在Washington Av@12 St下车
电话：305-6958411
网址：www.mansionmiami.com

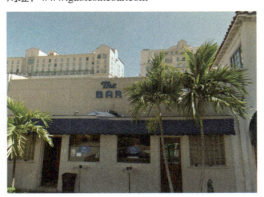

·Tobacco Road

Tobacco Road是迈阿密一家十分有名的电影酒吧，其内部装饰风格时尚，有众多特色美酒，以及多种品味的美食。除此之外，酒吧内最吸引人的地方是经常放映经典电影的电影放映室。

地址： 626 S Miami Ave
交通： 乘坐8路公交车在S Miami Av@SE 6 St下车
电话： 305-3741198
网址： www.tobacco-road.com

·Blackbird Ordinary

Blackbird Ordinary是位于迈阿密Miami River河畔的一家酒吧。酒吧内装饰风格时尚，环境温馨、雅致，给人一种舒适的感觉。酒吧内有专业的调酒师亲自为客人调制美酒，美酒价格也比较实惠。

地址： 729 SW 1st Ave
交通： 乘坐6、8路公交车在SW 1 Av@SW 7 St下车
电话： 305-6713307
网址： www.blackbirdordinary.com

其他娱乐场所推荐				
名称	地址	电话	网址	类别
EPIC Hotel: A Kimpton Hotel	270 Biscayne Blvd Way	305-4245226	www.epichotel.com	酒吧
Finnegan's River	401 SW 3rd Ave	305-2853030	www.finnegansriver.com	酒吧
Waxy O'Connor's	690 SW 1st Ct	786-8717660	www.waxys.com	酒吧
The Capital Grille	444 Brickell Ave	305-3744500	www.thecapitalgrille.com	酒吧
Greenstreet Cafe	3468 Main Hwy	305-4440244	www.greenstreetcafe.net	咖啡厅
Mango's Tropical Cafe	900 Ocean Dr	305-6734422	www.mangostropicalcafe.com	咖啡厅
Cafe Demetrio	300 Alhambra Cir	305-4484949	www.cafedemetrio.com	咖啡厅
O Cinema Wynwood	90 NW 29th St	305-5719970	www.o-cinema.org	电影院
Le Jeune Cinema 6	782 NW 42nd Ave #3	305-5298883	www.miamicinemas.net	电影院

迈阿密住宿

迈阿密的住宿点主要有酒店、公寓、青年旅舍、度假村四种类型，住宿点内部的设施都比较完备。不过，迈阿密的住宿点收费比较高，一般都在1000人民币以上。建议游客在3月至5月、6月至11月这两个时间段前往迈阿密游玩，这时房价会比较便宜。

经济型酒店

名称	地址	电话	网址
Hilton Miami Downtown	1601 Biscayne Blvd	305-3740000	www.hiltonmiamidowntown.com
The Westin Colonnade Coral Gables	180 Aragon Ave	305-4412600	www.westincoralgables.com
Hyatt Regency Coral Gables	50 Alhambra Plaza	305-4411234	www.coralgables.hyatt.com
Mayfair Hotel & Spa	3000 Florida Ave	305-4410000	www.mayfairhotelandspa.com
Holiday Inn Express Miami Airport Doral Area	8436 NW 36th St	305-5924799	www.ihg.com

中档酒店

名称	地址	电话	网址
Ritz-Carlton-Coconut Grove	3300 SW 27th Ave	305-6444680	www.ritzcarlton.com
EPIC Hotel: A Kimpton Hotel	270 Biscayne Blvd Way	305-4245226	www.epichotel.com
InterContinental Miami	100 Chopin Plaza	305-5771000	www.icmiamihotel.com
Courtyard Miami Coconut Grove	2649 S Bayshore Dr	305-8582500	www.vmarriott.com
Hampton Inn Miami-Coconut Grove/Coral Gables	2800 SW 28th Terrace	305-4482800	www.hamptoninn3.hilton.com

高档酒店

名称	地址	电话	网址
Four Seasons Hotel Miami	1435 Brickell Ave	305-3583535	www.fourseasons.com
Delano Hotel	1685 Collins Ave	305-6722000	www.delano-hotel.com
Sonesta Bayfront Hotel Coconut Grove	2889 McFarlane Rd	305-5292828	www.sonesta.com
Biltmore Hotel	1200 Anastasia Ave	855-3116903	www.biltmorehotel.com
Viceroy Miami	485 Brickell Ave	305-5034400	www.viceroyhotelsandresorts.com

2 迈阿密→新奥尔良

Mai'ami→Xin'ao'erliang

新奥尔良交通

从迈阿密前往新奥尔良

· 飞机

　　从迈阿密前往新奥尔良，乘飞机是非常方便的交通方式。飞机从迈阿密国际机场起飞，降落在新奥尔良阿姆斯特朗国际机场（Louis Armstrong New Orleans International Airport），飞行时间约为1小时50分钟，停靠在机场C航站楼。

阿姆斯特朗国际机场信息			
名称	地址	电话	网址
阿姆斯特朗国际机场	900 Airline Dr	504-4640831	www.flymsy.com

从阿姆斯特朗国际机场进入新奥尔良市区

从阿姆斯特朗国际机场进入新奥尔良市区的交通工具主要有机场巴士、专线巴士、出租车三种。

名称	运行时间	票价/电话	交通概况
机场巴士	3:30至次日2:00	约20美元/504-5223500	在机场航站楼提出行李后，询问工作人员ground transprtaion的位置，然后购买车票，便可在出口处乘车，约40分钟可到达市内
专线巴士	5:37～18:14	约2美元/504-8181077	在机场C航站楼出口处外侧乘车，约45分钟可到达市内
出租车	24小时	约33美元/504-5229771	在机场航站楼外的出租车乘车处乘坐，约30分钟可到达市内

·灰狗巴士

从迈阿密前往新奥尔良，乘灰狗巴士是一种比较实惠的交通方式。灰狗巴士从迈阿密灰狗巴士总站（411 nw 27st st.）出发开往新奥尔良联合客运总站（1001 loyola and howard ave.），运行时间约为8小时30分钟，票价约为55美元。

乘电车玩新奥尔良

乘电车游玩新奥尔良是一种非常方便、实惠的交通方式。新奥尔良的电车主要包括河岸有轨电车、运河街有轨电车、圣查尔斯有轨电车三条线路，其票价为1.25美元。此外，在新奥尔良乘电车时，你可以在Riverwalk marketplace 3楼的"gotit"内购买一日票（3美元）、

三日票（9美元）、月票（55美元，可使用31天），买了这些票中的一种，你就可以在规定时间内无限次乘坐电车了。

名称	运行时间	部分运行线路
河岸有轨电车	7:10～21:58	Eslanade ave-thalia st（2）
运河街有轨电车	6:20至次日0:33	Esplanade ave-museum（48路）/cemeteries（47路）
圣查尔斯有轨电车	24小时	Carondelet st-carondelet st

🚌 乘**公交车**游**新奥尔良**

新奥尔良的公交车主要由新奥尔良地区交通局负责运营，运行线路极其广泛，运行时间一般为5:26～23:15，票价约为2美元，具体情况可以向新奥尔良地区交通局（New Orleans Regional Transit Authority）或新奥尔良旅游局咨询。

名称	地址	电话	网址
新奥尔良地区交通局	2817 Canal St	504-8277970	www.norta.com
新奥尔良旅游局	529 st.ann st.	504-5685661	www.neworleanscvd.com

🚌 自驾车**玩转**新奥尔良

自驾车是游玩新奥尔良一种最方便的交通工具。新奥尔良的租车公司非常多，游客想租车时，年满25岁的人只需要拿驾照、护照前往租车公司办理手续即可，租车费用可在租车时具体询问。

新奥尔良租车公司信息			
名称	地址	电话	网址
Enterprise Rent a Car	1939 Canal St	504-5227900	www.enterprise.com
Limousine Livery Ltd	4333 Euphrosine St	504-5618777	www.limolivery.com
Nifty Car Rental	2070 Poydras St	800-9791899	www.niftycarrental.com
Hertz Rent a Car	901 Convention Center Blvd	504-5681645	www.hertz.com
Enterprise Rent a Car	1019 Baronne St	504-5939068	www.enterprise.com

法国区

新奥尔良景点

法国区

　　法国区（French Quarter）是新奥尔良的老市区，也是新奥尔良的旅游中心地区。整个法国区有众多景点、餐饮场所、娱乐场所，其景致大部分集中在密西西比河一侧，是你玩转新奥尔良最不可错过的地方。

📷 旅游达人游玩攻略

法国区比较适合白天前往游玩，晚上尽量不要前往波旁街附近的沿湖地区，以免发生危险。另外，晚上在法国区游玩时，不管你去什么地方，在随行人不多的情况下，最好选择乘坐出租车前往。

💬 旅游资讯

地址：French Quarter .New Orleans

交通：乘坐CANAL有轨电车在Canal and Baronne (In)下车

加利耶屋

　　加利耶屋（Gallier House Museum）是法国区最古老的建筑之一，也是新奥尔良一座最具特色的建筑。建筑原是加利耶的私人住宅，为19世纪中叶的建筑风格。来到这里，你不仅能看到加利耶当时的生活场景，还能从中了解到很多历史典故。

💬 旅游资讯

地址：1132 Royal St

交通：乘坐57、88、91路公交车在N. Rampart at St Ann下车

电话：504-5255661

门票：10美元

网址：www.hgghh.org

📍杰克逊广场

　　杰克逊广场（Jackson Square）是新奥尔良人为了纪念1856年牺牲的战斗英雄安德鲁·杰克逊而修建的大型广场。广场很大，中央竖有安德鲁·杰克逊的大型雕塑。公园内每年还会有街头演奏会举行。

💬 旅游资讯

地址：700 Decatur St
交通：乘坐5、55路公交车在 Decatur at St Peter下车
电话：504-6583200
开放时间：8:00～18:00
网址：www.jackson-square.com

📍原美国造币厂

　　原美国造币厂（Old U.S. Mint）是新奥尔良最不可错过的景点之一。原美国造币厂原是美国19世纪时造硬币的场所，后被改为拘留所、海上保安部，现为路易斯安那州州立博物馆的一部分，主要展示一些关于爵士乐的物品。

💬 旅游资讯

地址：400 Esplanade Ave
交通：乘坐canal有轨电车在Canal and Baronne (In)下车
电话：504-5686993
门票：6美元
开放时间：10:00～16:30(周一闭馆)
网址：www.crt.state.la.us

📍圣路易斯天主大教堂

　　圣路易斯天主大教堂（Cathedral Basilica of St.Louis）是世界上最有名的教堂之一，也是新奥尔良的标志性建筑。大教堂融合了罗马式及拜占庭式的建筑风格，其内部用4000万块马赛克镶嵌画装饰而成，极其美观，同时又庄严神圣。

💬 旅游资讯

地址：615 Pere Antoine Alley
交通：乘坐5、55路公交车在Decatur at St Peter下车
电话：504-5259585
门票：免费
开放时间：10:00～16:00
网址：www.stlouiscathedral.org

圣路易斯天主大教堂

美国奥杜邦水族馆

美国奥杜邦水族馆（Audubon Aquarium of the Americas）是新奥尔良非常有名的水族馆。水族馆内以南北美洲大陆为主题设计，共有两层展示厅，生活有530多种，1万余只海洋生物，并分多个展览区进行展览，其中以加利佛海海底展览区最受欢迎。

旅游资讯

地址： 1 Canal St, New Orleans
交通： 乘坐canal有轨电车在Canal Street Station下车
电话： 504-581-4629
门票： 19美元
网址： www.auduboninstitute.org

旅游达人游玩攻略

在美国奥杜邦水族馆（Audubon Aquarium of the Americas）参观时，你可以在咨询台向工作人员询问水族馆内的具体情形，并向其索要水族馆的游览地图。

波旁街

波旁街（Bourbon Street）是新奥尔良最著名的街道，也是人气最旺盛的街道之一。街道上有众多现场音乐厅、新奥尔良菜馆、酒吧、爵士乐表演场等娱乐、餐饮场所，是人们享受夜生活的好去处。

波旁街

旅游资讯

地址： New Orleans
交通： 乘坐57、88、91路公交车在N. Rampart at St Ann下车

奥杜邦野生动物园

奥杜邦野生动物园（Audubon zoo）是奥杜邦公园内一座大型的动物园。动物园占地面积广阔，设有路易斯安那沼泽特区、热带鸟区等区域，其中以拥有全身雪白的鳄鱼、西班牙青苔的路易斯安那沼泽特区最为有名。

旅游资讯

地址： 6500 Magazine St
交通： 乘坐10路公交车在Audubon Park下车
电话： 504-5814629
门票： 13.5美元
开放时间： 10:00～16:00，周一闭馆
网址： auduboninstitute.org

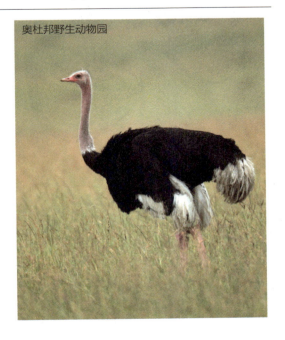
奥杜邦野生动物园

新奥尔良美食

新奥尔良是一个聚集了世界各地风味美食的城市。美食中最受欢迎的是海鲜，其中产自三四月份的路易斯安那州小龙虾是最受食客喜爱的海鲜。此外，混合了法国、西班牙、加勒比和非洲风味的红豆米饭也是非常值得一尝的美食。

美国本土风味

· Raiph & Kacoo's

Raiph & Kacoo's曾是"全美前100名餐馆"之一。餐厅内以提供海鲜为主，口味独特，菜量也很充足，十分受食客欢迎。来到这里，随便找一个靠窗的位置坐下，你就可以一边品尝美食一边观看街景。

地址：519 Toulouse St
交通：乘坐5、55路公交车在Decatur at St Peter下车
电话：504-5225226

· Mother's Restaurant

Mother's Restaurant是一家典型的新奥尔良家庭料理餐厅。餐厅内以供应拥有60多年历史的传统自制火腿三明治和干波为主，以提供新奥尔良特色风味菜为辅，菜量和味道都能令食客们满意而归。

地址：4215 Duval St
交通：乘坐7路公交车在Duval/43RD下车
电话：512-451-3994
网址：www.motherscafeaustin.com

· NOLA Restaurant

　　NOLA Restaurant是美国最有名气的餐馆之一，每样菜都是精心筛选出来的，不仅有着美国菜肴的传统风味，还融入了一定的外国风味，味道十分可口，价格比较昂贵。不过，服务员的服务十分周到。

地址：1603 S Congress Ave
交通：乘坐1L路公交车在1522
　　　Congress/Monroe下车
电话：512-4069237

·Antone's

　　Antone's是新奥尔良一家有着悠久历史的餐厅。餐厅内装饰时尚，就餐环境舒适，以提供带有浓重法国色彩的克里奥尔料理为主，味道十分鲜美，只是价格比较昂贵，但绝对能让你吃得开心。

地址：2015 E Riverside Dr
交通：乘坐7、20、100路公交车
　　　在Riverside/Burton下车
电话：512-800-4628
网址：antonesnightclub.com

其他美国本土风味餐厅推荐			
名称	地址	电话	网址
Coop's Place	1109 Decatur St	504-5259053	www.coopsplace.net
Mother's	401 Poydras St	504-5239656	www.mothersrestaurant.net
Dante's Kitchen	736 Dante St	504-8613121	www.danteskitchen.com
Brigtsen's	723 Dante St	504-8617610	www.brigtsens.com
Johnny's Po-Boys	511 St Louis St	504-5248129	www.johnnyspoboy.com
Galatoire's	209 Bourbon St	504-5252021	www.galatoires.com
Ralph's On The Park	900 City Park Ave	504-4881000	www.ralphsonthepark.com

🍴 世界美食

· Samurai Sushi

　　Samurai Sushi是一家位于新奥尔良法国居民区内的日本料理店。餐厅内拥有一个非常舒适、干净的就餐环境，服务员的服务也十分周到，其主打菜肴是西班牙软贝类寿司、小龙虾卷寿司，味道十分鲜美，且价格实惠。

地址：239 Decatur St
电话：504-5259595
网址：www.sekisuiusa.com

· Felix's Restaurant & Oyster Bar

　　Felix's Restaurant & Oyster Bar是新奥尔良一家非常有名的海鲜餐厅。餐厅内装饰风格非常独特，环境干净整洁，给人一种舒适的感受。餐厅内以提供美洲风味的海鲜为主，其中以牡蛎最受食客欢迎。

地址：739 Iberville St
交通：乘坐100路公交车在Canal at Carondelet下车
电话：504-5224440
网址：www.felixs.com

· La Thai Uptown

　　La Thai Uptown是新奥尔良一家非常有名的泰国餐厅。餐厅从装饰到就餐环境，处处洋溢着浓郁的泰国气息，让人有种来到泰国的错觉。这里以泰国风味的咖喱、炭烧蟹、炭烧虾为主打菜肴，菜量很大。

地址：4938 Prytania St
交通：乘坐有轨电车在St Charles at Robert下车
电话：504-8998886
网址：www.lathaiuptown.com

· Magasin Vietnamese Cafe

　　Magasin Vietnamese Cafe是新奥尔良一家非常受食客欢迎的越南风味餐厅。餐厅内的主打菜肴是生牛肉河粉、越式春卷、鸭仔蛋，口味是极其地道的越南风味，菜肴量很大，不过价格比较昂贵。

地址：4201 Magazine St
交通：乘坐有轨电车在St Charles at Milan下车
电话：504-8967611
网址：www.magasincafe.com

其他世界美味餐厅推荐			
名称	地址	电话	网址
Singleton's Mini Mart	7446 Garfield St	504-8664741	www.singletonspoboys.com
Thanh Thanh	131 Huey P Long Ave	504-3688678	www.t2restaurant.com
Nine Roses	1100 Stephens St	504-3667665	www.ninerosesrestaurant.com
Mikimoto Japanese Restaurant	3301 S Carrollton Ave	504-4881881	www.mikimotosushi.com
Ninja Restaurant and Sushi Bar	8433 Oak St	504-8661119	www.ninjasushineworleans.com
Wasabi Sushi & Bar.	900 Frenchmen St	504-9439433	www.wasabinola.com
Sekisui	239 Decatur St	504-5259595	www.sekisuiusa.com

新奥尔良购物

　　新奥尔良是一处独具特色的购物胜地，日常用品、奢侈品、工艺品等应有尽有。新奥尔良的购物点主要分布在密西西比河沿岸和市中心内，店铺老板十分热情好客。

人气旺盛的购物大街

·法国市场

　　法国市场（French Market）是一座有着数百年历史的蔬菜水果市场。市场内有很多蔬菜、水果的店铺，价格都十分便宜。此外，市场内还有许多礼品店、咖啡馆等店铺。

地址： 1008 N Peters St #3
交通： 乘坐canal有轨电车在Canal Street Station下车
电话： 504-5222621
网址： www.frenchmarket.org

·皇家街

　　皇家街（Royal Street）是新奥尔良离密西西比河最近的一条街道。街道上散布着众多古董店、画廊、礼品店等店铺，商品种类十分丰富，但价格十分昂贵，喜爱购买古董、画和小商品的游客可以前去逛逛。

地址： New Orleans
交通： 乘坐5路公交车在Royal at St Ferdinand下车

名牌集中的大本营

·Riverwalk Marketplace

　　Riverwalk Marketplace是一家位于密西西比河沿岸的大型购物商场。商场内有众多品牌专卖店，你所能想到的品牌商品几乎都能在这里买到。此外，这里还有许多高级餐厅、酒吧、特色小商品店。

地址： 500 Port of New Orleans Pl #101
交通： 乘坐有轨电车在Julia Station下车
电话： 504-5221555
网址： www.riverwalkmarketplace.com

· The Shop at Canal Place

The Shop at Canal Place是新奥尔良一处非常有名的购物中心，有着众多高档品牌专卖店，商品种类繁多，是购买奢侈品牌的最佳地点。此外，逛完街后，购物中心附近还有着充满小资情调的餐厅、咖啡厅可供你休息。

地址： 333 Canal St
交通： 乘坐5、55路公交车在 Canal at N. Peters下车
电话： 504-5229200
网址： www.theshopsatcanalplace.com

物美价廉的淘宝地

· French Market

French Market位于密西西比河沿岸，是新奥尔良市非常有名的跳蚤市场。这里有百余家小店铺，商品种类繁多，且比较新颖，价格也十分便宜。在细心挑选之下，你必定可以找到令你心满意足的商品。

地址： 1100 N Peters St
交通： 乘坐有轨电车在Ursulines Station下车
网址： www.frenchmarketproduce.com

新奥尔良娱乐

提起新奥尔良的娱乐，很多人头脑中第一个想到的就是爵士乐了。走在新奥尔良的街道上，你时不时会听到悠扬的音乐声从屋内传出来，特别是在21:00之后，那优雅的音乐声更能吸引众很多游客驻足聆听。

俱乐部

· 保存音乐厅

保存音乐厅（preservation hall）是新奥尔良最著名的爵士乐俱乐部，有着舒适、典雅的装饰风格，处处流露着一种古老的气息。音乐厅内以演奏新奥尔良爵士乐为主，深受爵士乐迷喜爱。

地址： 726 St Peter St
交通： 乘坐5、55路公交车在 Decatur at St Peter下车
电话： 504-5222841
门票： 10美元
网址： www.preservationhall.com

· Maison Bourbon

　　Maison Bourbon是位于波旁街上的一家大型爵士乐俱乐部。这家俱乐部深受游客喜爱，几乎每一个前来新奥尔良游玩的人都会来这里欣赏一场爵士乐演奏。俱乐部内的爵士乐有着很强的吸引力，很多路人在行走时都会因为被美妙的声音吸引而驻足聆听。

地址：　641 Bourbon St
交通：　乘坐57、88、91路公交车在N. Rampart at Toulouse下车
电话：　504-5228818
网址：　www.maisonbourbon.com

· Sung Harbor Jazz Bistro

　　Sung Harbor Jazz Bistro是新奥尔良一家非常有名的音乐俱乐部。俱乐部内装饰风格时尚，以演奏爵士乐为主，同时还有布鲁斯音乐演奏。每到演出开始时，这里的气氛就会变得十分火爆。

地址：　626 Frenchmen St
交通：　乘电车在Poydras Street Station (N)下车
电话：　504-9490696
网址：　www.snugjazz.com

其他娱乐场所推荐				
名称	地址	电话	网址	类别
Domenica	123 Baronne St	504-6486020	www.domenicarestaurant.com	酒吧
New Orleans Bar Association	1505, 650 Poydras St	504-5618828	www.neworleansbar.org	酒吧
Lafitte's Blacksmith Shop	941 Bourbon St	504-5939761	www.lafittesblacksmithshop.com	酒吧
Napoleon House	500 Chartres St	504-5224152	www.napoleonhouse.com	酒吧
Pat O'Brien's	718 St Peter St	504-5254823	www.patobriens.com	酒吧
Cafe Du Monde	800 Decatur St	504-5254544	www.cafedumonde.com	咖啡馆
Cafe Beignet	334 Royal St	504-5245530	www.cafebeignet.com	咖啡馆
CC's Community Coffee House	941 Royal St	504-5816996	www.communitycoffee.com	咖啡馆
Cafe Adelaide	300 Poydras St	504-5953305	www.cafeadelaide.com	咖啡馆
Southern Theaters Corporation Office	305 Baronne St	504-2971133	www.thegrandtheatre.com	电影院
Prytania Theatre	5339 Prytania St	504-8912787	www.theprytania.com	电影院
The Joy Theater	1200 Canal St	504-5289569	www.thejoytheater.com	电影院
Canal Place Theatre	333 Canal St	504-5812540	www.thetheatres.com	电影院

新奥尔良住宿

  新奥尔良住宿点的分布极其广泛，主要包括酒店、旅馆、青年旅舍等类型。新奥尔良的住宿点在"忏悔星期二"、"爵士音乐节"期间，价格将会有很大幅度上涨；而在炎热的夏季时，价格则相对比较便宜。前往新奥尔良旅游前，你可以先打电话询问住宿点价格，然后直接预订。

经济型酒店			
名称	地址	电话	网址
Courtyard New Orleans Downtown Near the French Quarter	124 St Charles Ave	504–5819005	www.marrictt.com
Omni Royal Orleans	621 St Louis St	504–5295333	www.omnihotels.com
Homewood Suites by Hilton New Orleans	901 Poydras St	504–5815599	www.homewoodsuites3.hilton.com
The Pelham Hotel	444 Common St	504–5224444	www.thepelhamhotel.com
Hilton Garden Inn New Orleans French Quarter	821 Gravier St	504–3246000	www.hiltongardeninn.hilton.com

中档酒店			
名称	地址	电话	网址
W New Orleans – French Quarter	316 Chartres St	504–5811200	www.wfrenchquarter.com
Hotel Monteleone	214 Royal St	504–5233341	www.hotelmonteleone.com
Wyndham New Orleans French Quarter	124 Royal St	504–5297211	www.wyndhamfrenchquarter.com
A stor Crowne Plaza New Orleans	739 Canal S t	504–9620500	www.ihg.com
JW Marriott New Orleans	614 Canal St	504–5256500	www.marriott.com

高档酒店			
名称	地址	电话	网址
Royal Sonesta Hotel	300 Bourbon St	504–5860300	www.sonesta.com
Embassy Suites Hotel New Orleans Convention Center	315 Julia St	504–5251993	www.embassysuites3.hilton.com
Sheraton New Orleans Hotel	500 Canal St	504–5252500	www.sheratonneworleans.com
Windsor Court Hotel – New Orleans	300 Gravier St	504–5236000	www.windsorcourthotel.com
Chateau Bourbon a Wyndham Historic Hotel	800 Iberville St	504–5860800	www.chateaubourbcnneworleans.com

3 新奥尔良→休斯敦

Xin'ao'erliang→Xiusidun

休斯敦交通

从新奥尔良前往休斯敦

·飞机

　　乘飞机从新奥尔良前往休斯敦时，飞机从新奥尔良刘易斯·阿姆斯特朗国际机场出发，降落在休斯敦乔治·布什国际机场（George bush International Airport），飞行时间约为6小时，费用约为800美元。

乔治·布什国际机场信息			
名称	地址	电话	网址
乔治·布什国际机场	2800 N Terminal Rd	281-2303000	www.fly2houston.com

从乔治·布什国际机场进入休斯敦市区

从乔治·布什国际机场进入休斯敦市区的交通工具主要有机场巴士、专线巴士、出租车三种。

名称	运行时间	票价／电话	交通概况
机场巴士	随航班抵达时间而定	约25美元/800-583826	从机场航站楼A～D号出口处的机场巴士售票处购买车票，约45分钟可到达市内
专线巴士	6:10～20:40	约15美元/713-6354000	从机场C航站楼1楼的METRO巴士售票处买票，约30分钟可到达市内
出租车	24小时	约50美元	从航站楼外的出租车乘车处乘车，约30分钟可到达市内

🚌 乘轻轨玩休斯敦

轻轨是休斯敦市民和游客使用比较多的一种交通工具。休斯敦轻轨只有一条南北运行的线路，主要从fannin south开往uh-downtown，全程运行约30分钟，运行间隔为6分钟，票价为1.25美元，主要停靠点为赫曼公园、医疗中心、reliant体育馆。乘坐轻轨时，你可以用现金购票，也可以在轻轨站内购买Q卡。

🚌 乘公交车游休斯敦

休斯敦的公交车运行线路非常多，可谓是四通八达。休斯敦公交车约有80条运行线路，其发车时间间隔为7～20分钟，比较常用的线路是经过rice village和galleria的73路、中国城的2路、beechnut的4路、hobby机场的88路。休斯敦公交车票价一般为1.25～4.5美元，具体运行路线和价格可在官网（www.ridemetro.org）查询。

🚌 自驾车玩转休斯敦

休斯敦的道路交通非常发达，其中高速公路系统总长960余千米，几乎遍布了整个休斯敦地区。因此，自驾车游玩休斯敦也变得十分方便。休斯敦的租车公司非常多，游客想租车时，只需要拿驾照、护照前往租车公司办理手续即可，租车费用按不同的车型和租车公司来定，具体价格可在租车时询问。

休斯敦租车公司信息			
名称	地址	电话	网址
Budget	899 North Loop W	713-8695171	www.budget.com
Budget Truck Rental	9330 Westheimer Rd	713-7820332	www.budgettruck.com
	4733 Richmond Ave	713-8408326	www.budgettruck.com
	1010 Webster St	713-6592513	www.budgettruck.com
W Exotic Car Rentals Houston	2500 W Loop S Fwy #120	713-6234444	www.wexoticcars.com

休斯敦景点

休斯敦太空中心

休斯敦太空中心（Space Center Houston）是休斯敦地区最吸引人的旅游景点，内部主要展示与航空有关的物品，其中以美国登月后带回来的物品为主。来到这里，你可以观看很多登月球的相关介绍，可以用手触摸从月球上采集回来的岩石，还可以观看星际旅行的电影。

旅游资讯

地址： 1601 NASA Pkwy
交通： 乘坐246、249路公交车在Saturn Ln @ Second St下车
电话： 281-2442100
门票： 19.95美元
开放时间： 10:00～17:00
网址： www.spacecenter.org

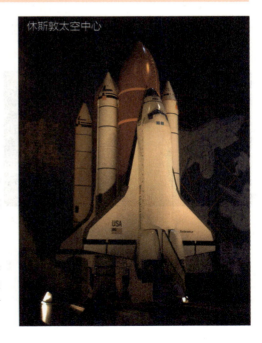

休斯敦太空中心

旅游达人游玩攻略

1. 休斯敦太空中心可以观看的景致非常多，一路玩下来最少要6个多小时，因此前来这里游玩时一定预算好时间。

2. 休斯敦太空中心有小火车载游客进入宇航中心游玩，每20分钟一趟。不过，等待小火车的人比较多，如果你想坐的话建议早点去。另外，需要注意的是，太空中心里面有一个专门给游客拍照的地方，那里的照片需要收费，不想要照片的游客尽量别去拍照。

休斯敦动物园

休斯敦动物园（Houston Zoo）位于休斯敦赫尔曼公园内，是一处面积不太大的公园。公园内饲养了900余种、4500余只动物，其中最出名的是有着"世界三大珍奇动物之一"称号的霍加皮（非洲鹿）。

旅游资讯

地址：6200 Hermann Park Dr

交通：乘坐700路轻轨车在Hermann Park/Rice U Stn SB下车

电话：713-5336500

门票：10美元

开放时间：9:00～19:00（3月8日至10月31日），
　　　　　9:00～18:00（11月1日至3月7日）

网址：www.houstonzoo.org

赫曼公园

赫曼公园(Hermann Park Conservancy)位于休斯敦市中心西南部，是一处非常有名的大型公园。公园环境清幽，门口矗立着得克萨斯州的先驱者、萨姆·休斯敦公园捐助者赫曼的雕像，园内古树众多，还设有湖泊、喷泉、广场等设施。

赫曼公园

旅游资讯

地址：6201 Hermann Park Dr

交通：乘坐700路轻轨车在Museum District Stn NB下车

电话：713-5245876

网址：www.hermannpark.org

休斯敦美术馆

休斯敦美术馆（The Museum of Fine Arts, Houston）是美国一座非常有名的大型美术馆。美术馆由主馆和副馆组成，收藏有6万多件美术作品，其中以文艺复兴时期的绘画和雕像，以及20世纪后期的印象派绘画最值得观看。

旅游资讯

地址：5601 Main St

交通：乘坐700路轻轨车在Museum District Stn SB下车

电话：713-6397550

门票：7美元

开放时间：7:00～19:00

网址：www.mfah.org

旅游达人游玩攻略

在休斯敦美术馆（The Museum of Fine Arts, Houston）参观时，如果遇到对藏品来源不熟悉或有别的问题，你都可以得到馆内志愿者的详细解说，且不需要支付费用。

休斯敦自然科学博物馆

　　休斯敦自然科学博物馆（Houston Museum of Natural Science）位于赫曼公园内，是休斯敦最大的博物馆。馆内有固定展区、特别展区、星际馆、IMAX电影院、蝴蝶馆，展品数量众多，其中蝴蝶馆是最受孩子们喜爱的展览馆。

💬 旅游资讯

地址： 5555 Hermann Park Dr
交通： 乘坐700路轻轨车在Museum District Stn NB下车
电话： 713-6394629
门票： 8美元
网址： www.hmns.org

最容易让人忽略的景点

🔶 圣吉辛托古战场

　　圣吉辛托古战场（San Jacinto Battleground State Historic Site）位于休斯敦港航道的入口处，是一座古老的历史公园。这里曾是一处战役的发生地，现在依然完好地保留下了当年战役后所留下的遗迹。此外，战场旁边还有一艘参加过第一次和第二次世界大战的得克萨斯号军舰。

💬 旅游资讯

地址： 3523 Independence Pkwy
门票： 免费（登得州号军舰需交10美元）
开放时间： 10:00～17:00
电话： 281-4792431
网址： tpwd.state.tx.us

圣吉辛托古战场

🔶 中国城

　　休斯敦有两座中国城，一座在市中心附近，一座在正西方向百利大道与8号公路的交界处（新的）。如今，新中国城已经迅速发展起来，街道上银行众多，还有为数不少的酒店、餐馆、酒吧等娱乐、餐饮场所，是值得一游的好地方。

💬 旅游资讯

地址： Bellaire Blvd

休斯敦美食

休斯敦最有吸引力的美食是墨西哥风味的饮食及得州牛排。在墨西哥风味饮食中，墨西哥鸡肉卷是最受欢迎的菜肴，得州牛排则是精选大块的牛排肉，精心烹饪而成，色香味俱全，具有很强的吸引力。

美国本土风味

· Taste of Texas

Taste of Texas是一家口味极其地道的得州牛排餐厅。餐厅环境舒适雅致，主要的美食是得州牛排，还有美味红酒可供品尝。来到这里，你可以享受到最高水平的服务，和一流的就餐环境。

地址：10505 Katy Fwy
交通：乘坐131路公交车在Katy Fwy @ Town and Country Way下车
电话：713-9326901
网址：www.tasteoftexas.com

· Brennan's

Brennan's是休斯敦一家就餐环境十分别致的餐厅，有一条有落地玻璃窗的长长走廊，一旁还有许多镂空小圆洞。来到这里，点一份特色美食，再找一个靠窗的位子坐下来，你就可以一边欣赏街景一边品尝美食了。

地址：3300 Smith St
交通：乘坐53、163路公交车在Smith St @ Holman St下车
电话：713-5229711
网址：brennanshouston.com

·Goode Co. Texas Bar-b-q

Goode Co. Texas Bar-b-q是休斯敦一家很有名气的餐厅，主要以经营得克萨斯烤肉为主，厨师会将烤好的肉放在面包中，然后由服务员递给顾客食用。餐厅内就餐环境舒适，菜量非常大，价格也十分便宜。

地址： 5109 Kirby Dr
交通： 乘坐18路公交车在Kirby Dr @ South Blvd下车
电话： 713-5222530
网址： goodecompany.com

其他美国本土风味餐厅推荐			
名称	地址	电话	网址
Ouisie's Table	3939 San Felipe St	713-5282264	www.ouisiestable.com
BB's Cafe	2710 Montrose Blvd	713-5244499	www.bbscafe.com
Abe's Cajun Market	1080 Clear Lake City Blvd	281-4802237	www.abescajunmarket.com
Boudreaux's Cajun Kitchen	17595 Tomball Pkwy	281-4698500	www.boudreauxs.net
McCormick and Schmicks	791 Town and Country Blvd	713-4653685	www.mccormickandschmicks.com
Morton's The Steakhouse	5000 Westheimer Rd #190	713-6291946	www.mortons.com
Cafe Adobe	2111 Westheimer Rd	713-5281468	www.cafeadobe.com

🍴 中国风味

·China Garden Restaurant

China Garden Restaurant是休斯敦最有名气的中餐厅之一，其装饰风格时尚，环境干净、舒适，菜肴主要以中国传统风味美食为主，口味极其正宗，主打菜肴有鲜虾仁杂碎、叉烧芙蓉蛋等。

地址： 1602 Leeland St
交通： 乘坐36、40、80路公交车在Leeland St @ Crawford St下车
电话： 713-6520745
网址： www.chinagardenhouston.com

·Yao Restaurant & Bar

Yao Restaurant & Bar是休斯敦一家非常有名的餐厅。这家餐厅由中国人姚明所开，其最大的特色是"姚明、篮球和美式中餐"。来到这里，你既可以观看篮球比赛，还可以见到许多NBA篮球明星。

地址： 9755 Westheimer Rd
交通： 乘坐82路公交车在Westheimer Rd @ Rivercrest Dr下车
电话： 832-2512588
网址： yaorestaurant.com

· 清泉居

　　清泉居（Hua's Village Cafe）是休斯敦一家非常受中国游客喜爱的中餐厅，主要以提供北方菜为主，以提供上海菜为辅，其主打菜肴有小炒花菜、油淋包菜等，口味十分独特，价格也比较实惠。

地址： 9889 Bellaire Blvd # 308

交通： 乘坐2路公交车在Bellaire Blvd @ Corporate Dr下车

电话： 713-7718880

其他中国风味餐厅推荐			
名称	地址	电话	网址
Mandarin Hunan Chinese Restaurant	777 Walker St L160	713-2241212	www.mandarinhunan.com
Kim Son	2001 Jefferson St	713-2222461	www.kimson.com
Magic Wok	2513 Bagby St	713-5217722	www.houstonmagicwok.com
P. F. Chang's China Bistro	4094 Westheimer Rd	713-6277220	www.pfchangs.com
Fung's Kitchen	7320 Southwest Fwy #115	713-7792288	www.eatatfungs.com
Kam's Fine Chinese Restaurant	4500 Montrose Blvd	713-5295057	www.kamscuisine.com

🍴 世界美食

· Michelangelo's Restaurant

　　Michelangelo's Restaurant是一家深受休斯敦市民喜爱的意大利餐厅。餐厅内装饰风格时尚，每一道菜都经过厨师的精心烹饪，每位来到这里的顾客都能得到满足。餐厅内的服务十分周到，消费也不是很高。

地址： 307 Westheimer Rd

交通： 乘坐42、81、82路公交车在Westheimer Rd @ Mason St下车

电话： 713-5247836

网址： www.michelangelosrestaurant.com

📷 **旅游达人游玩攻略**

前往Michelangelo's Restaurant餐厅就餐时，一定要记得穿戴整齐一些，建议不要穿短裤、拖鞋入内，不然很可能会让服务员和其他食客对你产生厌恶感。

· Katsuya Houston

Katsuya Houston是位于休斯敦市区的一家日本料理餐厅。餐厅内装饰极其奢华，走入其中，你几乎无可挑剔，仿佛有一种走进五星级酒店的错觉。餐厅内以提供特色日本料理为主，菜肴价格比较昂贵。

地址： 2800 Kirby Dr B100
交通： 乘坐18路公交车在Kirby Dr @ Kipling St下车
电话： 713-5902800
网址： www.sbe.com

· Lupe Tortilla

Lupe Tortilla是休斯敦一家最受欢迎的墨西哥料理餐厅，其环境干净、整洁，主要以提供墨西哥特色料理与得克萨斯料理相融合的特色菜肴为主，口味独特，菜量也很大。

地址： 318 Stafford St
电话： 218-496758
交通： 乘坐75、131路公交车在Grisby Rd @Addicks Howell Rd站下车

其他世界美味餐厅推荐			
名称	地址	电话	网址
Uptown Sushi	1131 Uptown Park Blvd #14	713-8711200	www.uptown-sushi.com
Rattan Asain Bistro	1396 Eldridge Pkwy	281-5569888	www.rattanbistro.com
Uchi	904 Westheimer Rd	713-5224808	www.uchirestaurants.com
Kubo's Sushi Bar & Grill	2414 University Blvd	713-5287878	www.kubos-sushi.net
Thai Sticks	431 9 Montrose Blvd	713-5294500	www.thaistickshouston.com
Thai Cottage	3995 Richmond Ave	713-6230707	www.thai-cottage.com
Anothai Cuisine	11049 Fm 1960 Rd W	281-8904455	www.anothaicuisine.com

休斯敦购物

　　休斯敦虽然没有特别有名的大型购物街区，但相对于美国其他城市来说，休斯敦也是个不折不扣的购物者天堂。休斯敦的购物场所的规模普遍都很大，商品种类也非常齐全。

人气旺盛的购物点

·风雨商业街廊

　　风雨商业街廊（Houston Galleria）是休斯敦规模最大、人气最旺盛的大型购物商场。商场内有370多家商店，主要以经营知名品牌商品为主，其中包括奥特莱斯、LV等品牌商店。此外，这里还有室内滑冰场，可以滑冰。

地址：5085 Westheimer Rd,
交通：乘坐53、73路公交车在Hidalgo St @ MC Cue Rd下车
电话：731-6220663
网址：www.galleriahouston.com

📷 旅游达人游玩攻略

风雨商业街廊（Houston Galleria）内有一家名为Texas And The Territories的店铺，这是一家销售得克萨斯州特色纪念品的商店，想要购买纪念品的游客，一定不要错过这里。

·Rice Village

　　Rice Village是休斯敦市区历史极为悠久的大型购物区之一，也是休斯敦当地市民非常喜爱逛的地方。购物区内有很多商店，商品种类繁多，质量也非常好。最重要的是，这里的商品大多数比较实惠。

地址：休斯敦莱斯大学附近
交通：乘坐73路公交车在University Blvd @ Morningside Dr下车

·The Galleria Mall

　　The Galleria Mall是休斯敦一处非常有名的购物中心。这里的商品档次非常高，主要以经营知名品牌商品有LV、Gucci、Armani、Tiffany、Versace、Coach、Apple等众多知名品牌商品。

地址：5085 Westheimer Rd
交通：乘坐73、81、82路公交车在Westheimer Rd @ MC Cue Rd下车
电话：713-9663500
网址：www.simon.com

· Katy Mills Outlet Mall

Katy Mills Outlet Mall位于休斯敦市中心西部，是一家占地面积很大的购物市场，以经营独特和廉价的商品为主，还有主题餐厅、电影院等餐饮、娱乐场所，是你在休斯敦购物不可错过的地方。

地址：5000 Katy Mills Cir
电话：281-6445000
网址：katymills.com

其他购物场所推荐			
名称	地址	电话	网址
Houston Center	1200 McKinney St	713–7591442	www.houstoncenter.com
The Galleria	5085 Westheimer Rd	713–9663500	www.simon.com
PlazAmericas Shopping Centre	7500 Bellaire Blvd	713–7771111	www.plazamericas.com
River Oaks Shopping Center	1964 W Gray St	713–8666982	www.riveroaksshoppingcenter.com
Almeda Mall	12200 Gulf Fwy	713–9441010	www.almedamall.com
Northline Commons	4400 A North Fwy #900	713–6926131	www.northlinecommons.com

休斯敦娱乐

休斯敦的娱乐场所非常多，主要遍布于休斯敦市中心区域，有酒吧、球场、咖啡馆、电影院等，其中最不可错过的是有着浓厚的中国情结的火箭队篮球比赛。

球队

·休斯敦火箭队

休斯敦火箭队（Houston Rockets）是美国国家篮球协会（NBA）一支十分著名的篮球队，主场是丰田中心球馆。火箭队是一支队史战绩非常辉煌的球队，也是姚明征战NBA的母队，曾令无数中国球迷为之疯狂。自从姚明离开后，火箭队曾淡出人们视野，但随着林书豪、哈登、霍华德的到来，这支球队又变得疯狂起来。

地址：1510 Polk St
交通：乘坐85、131路公交车在La Branch St @ Clay
　　　St下车
电话：713-6273865
网址：www.nba.com

旅游达人游玩攻略

1.前往休斯敦火箭队（Houston Rockets）主场观看比赛前，你一定要先在网站上仔细查看火箭队的主场比赛时间，避免在火箭队征战客场时前去。

2.休斯敦火箭队（Houston Rockets）近年来人员变动非常大，很多以前跟姚明打过球的球星都已离开，因此前往观看比赛前，建议你先在网站上熟悉一下火箭队员的球衣号码和样貌，这样才能更好地观看比赛。

·休斯敦得克萨斯人队

休斯敦得克萨斯人队（Houston Texans）是AFC南区的一家非常有名的美式足球队，主场是Reliant Stadium球馆。这是一支新成立不久的球队，战绩也一直处于中游水平，因此球场气氛并非十分火爆，不过也看点十足。

地址：2 Reliant Pkwy
交通：乘坐14路公交车在Kirby Dr @ Westridge St
　　　下车
电话：832-6672000
网址：www.houstontexans.com

·休斯敦航天员

休斯敦航天员（Houston Astros）是美国棒球联盟中部赛区的一支棒球队，其主场是美汁源公园球馆。航天员队近年来战绩都不错，球员风格也十分火爆，因而每比赛之时，球场内总会挤满了球迷。

地址：501 Crawford St #400
交通：乘坐37、48路公交车在Crawford St @ Preston
　　　St下车
电话：713-2598000
网址：www.astros.com

酒吧

·Lucky's Pub

　　Lucky's Pub位于休斯敦市中心区域，是一家以运动风格打造的主题酒吧。酒吧内装饰风格独特，主要以鸡尾酒和红酒为主，价格较高，但服务员的服务态度非常好，给人一种舒适的感觉。

地址：801 St Emanuel St
电话：713-5222010
网址：www.luckyspub.com

·State Bar & Lounge

　　State Bar & Lounge以提供特色美酒为主，价格较实惠，是一家很受欢迎的酒吧。酒吧内装饰风格时尚，来到这里，在热闹的气氛中，你旅途中的所有疲劳感便会在一瞬间烟消云散。

地址：909 Texas St
交通：乘坐44、79、108路公交车在Travis St @ Prairie St 下车
电话：713-2298888
网址：www.thestatebar.com

·Front Porch Pub

　　Front Porch Pub是休斯敦一家非常有名的酒吧。酒吧内装饰奢华，环境雅致，给人一种温馨的感受。酒吧内拥有各式各样的美酒，是喜爱喝酒的游客在休斯敦游玩时不可错过的地方。

地址：217 Gray St
交通：乘坐3路公交车在Gray St @ Helena St下车
电话：713-5719571
网址：www.frontporchpub.com

·Flying Saucer

　　Flying Saucer是休斯敦一家历史悠久的酒吧。酒吧内装饰风格古朴，墙上挂有小型自行车，并放置着木制吧台、木桌椅，给人一种古色古香的感觉。酒吧内有专业调酒师调制美酒，价格也比较实惠。

地址：705 Main St
交通：乘坐53、81路公交车在Walker St @ Main St下车
电话：713-2289472
网址：www.beerknurd.com

其他娱乐场所推荐				
名称	地址	电话	网址	类别
Anvil Bar & Refuge	1424 Westheimer Rd	713–5231622	www.anvilhouston.com	酒吧
Pete's Dueling Piano Bar	1201 Fannin St #301	713–3377383	www.petesduelingpianobar.com	酒吧
Shot Bar	2315 Bagby St	713–5263000	www.shotbarhouston.com	酒吧
Pub Fiction	2303 Smith St #100	713–4008400	www.pubfiction.ccm	酒吧
Cafe Express	650 Main St	713–2379222	www.cafe–express.com	咖啡馆
Rainforest Cafe	5015 Westheimer Rd #1170	713–8401088	www.rainforestcafe.com	咖啡馆
Hard Rock Cafe	502 Texas Ave	713–2271392	www.hardrock.com	咖啡馆
AMC Studio 30	2949 Dunvale Rd	713–9774431	www.amctheatres.com	电影院
River Oaks Theatre	2009 W Gray St	713–5242175	www.tickets.landmarktheatres.com	电影院
Miller Outdoor Theatre	6000 Hermann Park Dr	832–4877102	www.milleroutdoortheatre.com	电影院

休斯敦住宿

　　休斯敦是美国著名的"航天城"，市内住宿点分布得相对比较广泛，且价格相对比美国其他城市便宜一些。休斯敦大部分住宿点通常在周末会打折，其中以连锁汽车旅馆打折幅度最大。

经济型酒店			
名称	地址	电话	网址
Magnolia Hotel Houston	1100 Texas Ave	713–2210011	www.magnoliahotels.com
Hyatt Regency Houston	1200 Louisiana St	713–6541234	www.houstonregency.hyatt.com
Hilton Americas– Houston	1600 Lamar St	713–7398000	www.hilton.com
DoubleTree by Hilton Hotel Houston Downtown	400 Dallas St	713–7590202	www.doubletree1.hilton.com
Crowne Plaza Houston Downtown	1700 Smith St	713–7398800	www.ihg.com

中档酒店			
名称	地址	电话	网址
Hotel ICON	220 Main St	713–2244266	www.hotelicon.com
Four Seasons Hotel Houston	1300 Lamar St	713–6501300	www.fourseasons.com
Omni Houston Hotel	4 Riverway	713–8718181	www.omnihotels.com
The Lancaster Hotel	701 Texas St	713–2289500	www.thelancaster.com
Hotel Derek	2525 W Loop S Fwy	713–9613000	www.hotelderek.com

高档酒店			
名称	地址	电话	网址
Hotel Zaza Houston	5701 Main St	713–5261991	www.hotelzaza.com
Embassy Suites Houston– Downtown	1515 Dallas St	713–7399100	www.embassysuites1.hilton.com
Courtyard Houston Downtown	916 Dallas St	832–3661600	www.marriott.com
Best Western Plus Downtown Inn & Suites	915 W Dallas St	713–5717733	www.book.bestwestern.com
Hotel Granduca	1080 Uptown Park Blvd	713–4181000	www.granducahouston.com

长滩

PART **5**

洛杉矶→旧金山→
西雅图

1 洛杉矶
Luoshanji

洛杉矶交通

从机场前往市区

·洛杉矶国际机场

　　洛杉矶国际机场（Los Angeles International Airport）是世界上最繁忙的机场之一，机场内以停靠国际航班为主。机场内主要的航空公司是联合航空，其次为美国航空、西南航空。机场内设有9个航厦，成马蹄形排列，每座航厦1楼都是入境大厅，2楼都是出境大厅，航厦内都有接驳公车接送往来旅客。

　　中国飞往洛杉矶国际机场的航班来自北京、上海、广州、香港等城市及特别行政区，主要停靠在第二航厦、第七航厦和汤姆·布兰得利国际航厦。

洛杉矶国际机场信息			
名称	地址	电话	网址
洛杉矶国际机场	洛杉矶市中心西南方约24千米处	310-6465252	www.lawa.org

从洛杉矶国际机场进入洛杉矶市区

　　从洛杉矶国际机场进入洛杉矶市内的主要交通工具有机场巴士、专线巴士、地铁、出租车四种。

名称	运行时间	票价/电话	交通概况
机场巴士	5:00至次日1:00	约7美元	在Flyaway buses and long dis-tance vans标志处乘车，约45分钟可到达市内
专线巴士	4:00~24:00	1.25美元/800-2666883	在有LAX shuttle airlines connec-tion标志的下面乘坐lax shuttle c车，在Lax city bus center下车，换乘439路进入市内，全程用时约1小时30分
地铁	4:00~24:00	1.25美元/800-2666883	在有LAX shuttle airlines connec-tion标志的下面乘坐LAX Shutlec g车前往 Aviation 站，下车后，换乘绿线地铁
出租车	24小时	30~40美元/800-5218294	在机场各航厦楼外标有"taxi"标志的地方乘车，约25分钟可到达市内

🚌 乘**地铁玩**洛杉矶

洛杉矶的地铁有蓝线、红线、绿线、金线、橙线、博览线六条线路，主要在洛杉矶市内的唐人街、好莱坞、小东京等重要观光景点运行，所有线路的票价均为1.25美元。

名称	运行站点	运行时间	站点
蓝线	7Th St.-anaheim st	约1小时	22个
红线	north hollywood-Mid-Wilshire	30~40分钟	14个
绿线	redondo beach-norwalk	约30分钟	10个
金线	sierra madre villa-atlantic	约1小时	21个
橙线	chatsworth-north hollywood	约1小时	21个
博览线	culver city-7Th St	约30分钟	12个

🚌 乘**巴士游**洛杉矶

·MTA巴士

MTA巴士是一种游玩十分方便，价格也非常实惠的巴士。MTA巴士运行线路非常广泛，票价一般在5:00~21:00是1.35美元，21:00至次日凌晨5:00是0.75美元。此外，乘坐MTA巴士转车时，车票为0.25美元。

名称	交通概况
100~199路	东西走向，不经过市区的普通线路
200~299路	南北走向，不经市区的普通线路
300~399路	只在主要的站点停靠，是1~99线路的快车
400~499路	走高速的线路，以市区为起点
500~599路	只走高速的线路，不经市区
600~699路	在有集会或者有活动时开通的线路

·市中心循环巴士

市中心循环巴士是一种只在市区运行的小巴士。市中心循环巴士的运行线路有A、B、C、D、E、F等，基本上市内的大多数重要景点都能到达，票价为0.25美元起价，按路程远近收费。市中心循环巴士中的A、B、C、D线只在周一至周五运行，E、F线则每天运行。

乘出租车游洛杉矶

洛杉矶市内的面积很大，因此出租车收费也比较贵。在洛杉矶打出租车时，必须在旅馆或餐厅用电话叫车，或在巴士站附近的出租车停靠区(Taxi Zone)等候出租车。洛杉矶出租车的起步价为2.65美元，之后每英里（约1.6千米）加收2.45美元。不过，除了要付出租车车费外，还需再加上15%的小费。

洛杉矶租车公司信息	
名称	电话
United Checker Cab	310-8515005
United independent Taxi	800-8228294
City yellow Cab Co	800-7118294

自驾车玩转洛杉矶

洛杉矶市内的租车公司非常多，几乎在每条街道你都能轻易找到。游客在租车时，只要带上护照、国内驾照及翻译件即可，租车费用一般为25~30美元每天。不过，需要注意的是，租车时，如果车中的油是满的，还车的时候要记得把油加满。另外，最好能在规定时间内按时还车，不然，超过1小时，就会按1天的租金计算。

洛杉矶租车公司信息			
名称	地址	电话	网址
Independent Cab Co	700 N Virgil Ave	310-6598294	www.taxi4u.com
United Independent Taxi	East La	800-8228294	www.unitedtaxi.com
Beverly Hills Cab Co	6102 Venice Blvd	310-2050252	www.beverlyhillscabco.com
Toyota of Hollywood	6000 Hollywood Blvd	323-9849022	www.hollywoodtoyota.com
Crown Limousine	12300 W Washington Blvd	800-9335466	www.crownlimola.com

洛杉矶市区景点

好莱坞环球影城

好莱坞环球影城

好莱坞环球影城是世界著名的影城，也是游客到洛杉矶的必游之地。走进环球影城，你可以参观电影的制作过程，回顾经典影片片断。环球影城内有电影车之旅、影城中心与娱乐中心三个游览区。在影城中心，你可以亲身体验电影的拍摄过程。此外，环球影城旁还有一个购物区——宇宙城。

旅游资讯

地址： 100 Universal City Plaza
交通： 乘坐155、224路公交车在Lankershim下车
电话： 800-8648377
门票： 69美元
网址： www.universalstudioshollywood.com

旅游达人游玩攻略

1. 游玩好莱坞环球影城中的电影车之旅游览区时，你可以在专门的讲解员的陪同下，享受长达40分钟的电影之旅。

2. 好莱坞环球影城北段的好莱坞野外剧场，在每年7月初至9月初会举办野外音乐会，在此期间的每周五、周六，你都可以在这里尽情欣赏电影音乐、流行音乐以及爵士音乐等多种音乐的演出。

格莱美博物馆

格莱美博物馆（The Grammy Museum）的修建源于音乐节的最高荣誉格莱美奖创立50周年。博物馆馆内共有三层展厅，一层主要是关于作曲和录制音乐的资料，二楼主要摆放的是特色展品，三楼主要通过互动地图向人们展示美国不同城市的音乐传奇。这里最吸引人的是，你可以亲眼看到迈克尔·杰克逊、列侬等人的演出服、乐器等。

旅游资讯

地址： 800 W Olympic Blvd A245

交通： 乘坐81、442、460路公交车在Figueroa St. & 11th St.下车

电话： 213-7656800

门票： 12.95美元

开放时间： 11:30～19:30（周一至周五、周日），
10:00～19:30（周日）

网址： www.grammymuseum.org

旅游达人游玩攻略

在格莱美博物馆游玩时，想要提前购票的人，除了可以在官网上购买外，还可以在票务大师网站（www.ticketmaster.com）上购买。购买好票后，直接将其打印出来即可。此外，博物馆内有些展品是不能拍照的，记得注意查看展品旁边的拍照标识。

格莱美博物馆

洛杉矶现代美术馆

洛杉矶现代美术馆（Museum of Contemporary Art）是玻璃建成的金字塔形建筑，因可采集自然光线，所以室内极为明亮。馆内收藏了众多著名画家的美术作品，同时每年还举办多场包括油画、雕塑、素描、影视、音乐、舞蹈等在内的展览活动。

旅游资讯

地址： 250 S Grand Ave

交通： 乘坐70、71、76路公交车在Grand下车

电话： 213-6266222

门票： 10美元

开放时间： 11:00～17:00（周一至周五），11:00～18:00（周六、周日）

网址： www.moca.org

📍 六旗魔术山

　　六旗魔术山（Six Flags Magic Mountain）是一处玩云霄飞车的胜地，这里共有十余个主题乐园，包括六先生的舞蹈过山车、飞龙、尖叫、轨道飞车、巨物等，其中最著名的是世界上最大的木结构滑车"巨物"。在炎热的夏天，你还能体验雷霆飞船中模拟科罗拉多河急湍冲流而下所带来的快感。

💬 旅游资讯

地址： 26101 Magic Mountain Pkwy

门票： 64.99美元

电话： 661-2554103

网址： www.sixflags.com

六旗魔术山

📷 旅游达人游玩攻略

1. 前往六旗魔术山游玩时，你可以提前在网上预订门票，价格为39.99美元。

2. 夏天，六旗魔术山游客非常多，很多游玩项目都要排队等候长时间，如过山车、尖叫、巨人等，你可以先在网上查看乐园内的具体游玩项目，然后根据自己的情况制定相应的游玩计划。另外，你也可以乘坐乐园内的一种方便游客优先入场游玩收费节目的Flash Bus，价格为普通车41美元、金牌车69美元。

📍 洛杉矶县立艺术博物馆

　　洛杉矶县立艺术博物馆（Los Angeles County Museum of Art）由W·佩雷拉设计，是密西西比河以西最大的美术馆。博物馆由阿曼森艺术馆、弗朗西斯大楼、阿曼德哈默大楼、利奥 S.宾中心、户外雕塑公园等部分组成，收藏了印度、中国、尼泊尔及欧洲多个国家的珍贵艺术品。

💬 旅游资讯

地址： 5905 Wilshire Blvd

交通： 乘坐20路公交车在Wilshire Blvd. & Ogden Ave.下车

电话： 323-8576000

门票： 12美元

开放时间： 12:00～20:00（周一至周二、周四），12:00～21:00（周五），11:00～20:00（周六、周日）

网址： www.lacma.org

📷 旅游达人游玩攻略

洛杉矶县立艺术博物馆在每天17：00以后，免费对外开放，这时入内参观可以不用购买门票。

唐人街

唐人街（Chinatown）位于日落大道北部，是欧美国家资格最老的唐人街之一，也是洛杉矶华人的文化生活中心之一。街道入口处古色古香的中国城牌楼是其招牌，街道内分布有众多中国餐馆、商店和银行等。来到这里，你可以进一步了解华人在洛杉矶的发展史，还可以品尝到地道的中国美食。

旅游资讯

地址：洛杉矶唐人街
交通：乘坐45、83、84路公交车在Broadway下车

洛杉矶现代艺术博物馆

洛杉矶现代艺术博物馆是洛杉矶唯一一家专门收藏、展示现代艺术品的博物馆。博物馆内有五千多幅油画、摄像、雕刻和新媒体作品，这些作品共分为MOCA大道、Geffen现代馆、MOCA太平洋设计中心三个区域进行展览。这里的展品大多数出自备受尊崇的艺术家之手，如Andy Warhol、Jeff Koons、Roy Lichtenstein等。

旅游资讯

地址：250 S Grand Ave
交通：乘小公共B线可到达
电话：213-6211710
门票：8美元
开放时间：11:00～17:00（周一至周三、周五），11:00～20:00（周四），11:00～18:00（周六、周日）
网址：www.moca.org

洛杉矶现代艺术博物馆

迪斯尼乐园

迪斯尼乐园（Disneyland Resort）是一座主题游乐公园，也是世界上开设最早的迪斯尼乐园之一。乐园内主要有主街、冒险乐园、新奥尔良广场、动物王国、拓荒者之地、米奇卡通城、梦幻乐园、未来王国这8个主题公园，米老鼠、唐老鸭、白雪公主、七个小矮人等这些童话故事中的梦幻人物你都能在这里找到。

旅游资讯

地址： 1313 Disneyland Dr, Anaheim

交通： 乘坐MTA460路公交车可到

电话： 714-7814565

门票： 56美元

开放时间： 8:00～24:00（6～8月），9:00～18:00（9月至次年5月）

网址： www.disneyland.disney.go.com

旅游达人游玩攻略

1.迪斯尼乐园内游客非常多，娱乐设施也多，建议你早点进入乐园内，花一天的时间游玩。

2.迪斯尼乐园内有一座绕行乐园一周的专列，想乘坐专列的人，可以在门口处的游客咨询处具体询问。

格蒂中心

格蒂中心（The Getty Center）由世界一流建筑师理查德·迈耶设计，是洛杉矶一个十分重要的标志性人文景点。格蒂中心由一群奇特的白色建筑组成，主要景致有美术博物馆、艺术研究中心、花园等，其中美术博物馆内收藏了包括凡·高的名画《鸢尾花》在内的众多珍品，花园内则种植有数百种非常有名的植物，如洛杉矶市花——鹤望兰。此外，站在格蒂中心，你还可以鸟瞰洛杉矶全景。

旅游资讯

地址： 1200 Getty Center Dr

交通： 乘2路专线巴士在Hileard或Weatholme下车，换乘761路可到

电话： 310-4407300

开放时间： 10:00～17:30（周二至周日），周一闭馆

网址： www.getty.edu

旅游达人游玩攻略

格蒂中心网站上涵盖了音乐、摄影等艺术方面的知识，有孩子的游客可以打开好好阅读一下，然后讲给孩子，这可以丰富孩子的知识，并在网站上查看一下格蒂中心内的景致照片及相关介绍，这样可以在游玩时给你带来一些帮助。

📍 长滩

长滩（Long Beach）是一个港口城市，长滩港是世界上第三繁忙的港口。来到长滩，最不能错过的景点是南加州规模最大的长滩水族馆（Long Beach Aquarium of the Pacific）、豪华客轮Green Merry号。长滩水族馆有热带太平洋区域、南加利福尼亚和下加利福尼亚区以及北太平洋区域（Northern Pacific）这三个区域，每一个区域内都有丰富的自然环境和种类繁多的海洋生物。

💬 旅游资讯

地址：Long Beach
交通：乘坐地铁蓝线在Long Beach Transit Mall下车

 洛杉矶周边景点

📍 海港村

海港村（Seaport Village）是深受游客喜爱的购物区，也是情侣约会的好地方。村内许多风景宜人的餐厅和各具特色的购物商店，还有旋转木马、涂鸦画廊等娱乐区域，是你游玩圣地亚哥的必到之处。

💬 旅游资讯

地址：849 W Harbor Dr, San Diego
电话：619-2354014
交通：乘坐Green line路有轨电车在Seaport Village Station下车
门票：免费
开放时间：10:00～21:00
网址：www.seaportvillage.com

海港村

⚲ "中途岛"号航空母舰博物馆

　　"中途岛"号航空母舰博物馆（USS Midway Museum）是一座以"中途岛"号航空母舰为载体建立的大型博物馆。"中途岛"号航空母舰曾是美国海军的标志性舰艇，也是美国海军中途岛级航空母舰的第一艘战舰。如今，博物馆内主要通过复原当时出海作战时战舰上的飞机、战略指挥中心、机房、官兵宿舍等设施，来展示"中途岛"号航空母舰的风姿。

💬 旅游资讯

地址：910 N Harbor Dr, San Diego

交通：乘坐992路公交车在Broadway & N Harbor Dr下车

电话：619-544-9600

门票：17美元

开放时间：10:00～17:00

网址：www.midway.org

📷 旅游达人游玩攻略

1. "中途岛"号航空母舰博物馆是既可以观看，又可以亲身体验的博物馆，所以一路游玩下来需要花费很多时间，建议花一天的时间前来这里游玩。

2. "中途岛"号航空母舰博物馆内设有个人语音系统的导览机，分别有英语、汉语等解说语种，想要租用的游客，可以在博物馆内的咨询台申请。

3. "中途岛"号航空母舰博物馆内设有3台模拟飞行器，分别为马赫战斗机模拟器、攻击模拟器、航空模拟器。其中，马赫战斗机模拟器适合单人操控模拟攻击，攻击模拟器适合双人操纵进行空战，航空模拟器游客虽不能亲自操控，但可以同时让12个人感受到沙漠风暴时期的作战。

📍 圣地亚哥动物园

圣地亚哥动物园（San Diego Zoo）位于巴尔波公园内，是世界上规模最大的动物园之一。动物园占地面积庞大，有数千只动物，其中包括珍稀动物大熊猫、黑长尾猴、云雀、侏儒河马等。园内除了熊猫区外，猿猴森林大道也是格外受游客欢迎的风景线。

💬 旅游资讯

地址：2920 Zoo Dr, San Diego
交通：乘坐7路公交车在Park Bl & Zoo Pl下车
电话：619-2311515
网址：www.sandiegozoo.org

圣地亚哥动物园

📍 海洋世界

海洋世界（SeaWorld Adventure Park）是世界上最大的海洋主题公园，主要有企鹅邂逅馆、鲨鱼遭遇馆、拯救海牛馆、潮汐池、禁忌礁堡等展馆。来到这里，你可以欣赏到体重超过两吨的虎鲸、海豚、企鹅、海狮等动物的表演，其中虎鲸的表演最受欢迎。

💬 旅游资讯

地址：500 Sea World Dr, San Diego
交通：乘坐无轨电车在Old Town下车，再换乘8路公交车可到
电话：619-2263901
门票：69美元
开放时间：9:00～23:00
网址：www.seaworldparks.com

📷 旅游达人游玩攻略

在海洋世界（SeaWorld Adventure Park）观看表演时，尽量带一身换洗的衣服。因为在虎鲸表演时，会有水花从表演池内溅出来，坐在前面的游客很容易被打湿衣服，所以在看完表演后换件衣服是很有必要的。

📍 圣地亚哥野生动物园

圣地亚哥野生动物园（San Diego Zoo Safari Park）占地2100英亩，动物在其中自由漫步。园内有来自世界各地的野生动物，主要有长颈鹿、大象、犀牛、非洲大猩猩、秃鹰等，是一个能给你带来无限欢乐的地方。

💬 旅游资讯

地址：15500 San Pasqual Valley Rd , Escondido
交通：乘坐371路公交车在Hwy 78 & Safari Park Outside Gate下车
电话：760-7478702
门票：37美元
开放时间：9:00～20:00
网址：www.sdzsafaripark.org

乐高积木公园

　　乐高积木公园（Legoland California）是全球最知名的积木乐园之一。园内提供趣味十足的玩具，设有数十种娱乐项目和表演，还有大型水上游乐园，是一个家长和孩子都适合游玩的乐园。

旅游资讯

地址：1 Legoland Dr, Carlsbad
交通：乘坐444路公交车在Palomar Airport Rd & Armada Dr下车
电话：760-9185346
门票：67美元
开放时间：10:00～17:00
网址：www.california.legoland.com

最容易让人忽略的景点

格里菲斯公园

　　格里菲斯公园是北美最大的都市公园，是与家人、朋友共度周末的首选地。公园内环境优美，有许多橡树和野生鼠尾草，主要观光景点有动物园、高尔夫球场、博物馆、天文台等。天文台位于公园的山顶上，是欣赏好莱坞那块经典大招牌的最佳地点，也是欣赏洛杉矶夜景的好地方。在天文台中的科学展示厅内，有许多介绍天文物理知识的资料及图片。

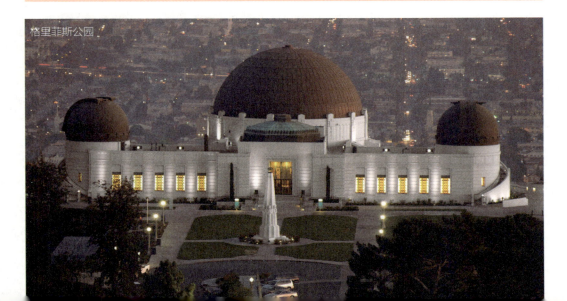

格里菲斯公园

旅游资讯

地址： 4730 Crystal Springs Dr

交通： 乘坐96路公交车在 Griffith Park下车

电话： 323-9134688

门票： 免费

网址： www.laparks.org

格里菲斯公园

旅游达人游玩攻略

1.格里菲斯公园内的天文台可以免费参观，不过想要观看天象仪就必须买一张门票，价格为7美元。天文台开放时间为12:00～22:00（周二至周五），10:00～22:00（周六、周日），周一闭馆。

2.格里菲斯公园最好的观赏时间在日落时分，此时你将可以看到美丽的夕阳和晚霞，也可以在最柔和的光线下与好莱坞大招牌合影。

3.每周四傍晚6:00～21:00，格里菲斯公园附近的格里菲斯集贸市场会举办夜市活动，这时你可以在里面买到新鲜的水果和当地特色小吃。

展览会公园

展览会公园（Exhibitions Park）是一座以纪念圆形剧场为中心，集体育设施、文化设施、科技设施于一体的大型公园。公园内的主要景点有加利福尼亚科学中心、自然历史博物馆等，其中最有吸引力的是加利福尼亚科学中心内的巨幕剧院。

旅游资讯

地址： 700 Exposition Park Dr

交通： 乘81、381路公交车可到

电话： 323-7243623

门票： 免费，加利福尼亚科学中心5美元、自然历史博物馆9美元

网址： www.californiasciencecenter.org

旅游达人游玩攻略

前往加利福尼亚科学中心内的巨幕剧院内观看电影时，你除了需缴纳5美元的门票外，还应另外购买电影票。想要知道电影放映的具体时间和内容，可以打电话213-7447400进行咨询。

洛杉矶风光

洛杉矶美食

洛杉矶是一座不会让任何"吃货"失望的美食城，它有上千万种美味佳肴可供你品尝。洛杉矶不但有以分量足著称的美式快餐店和口味地道的墨西哥餐厅，还有许多味道纯正、价格适中的中餐馆以及世界各地的餐馆，足以让任何来到这里的人都能吃饱喝足。

🍴 美国本土风味

· Pig's Whistle

Pig's Whistle位于好莱坞中心地带，是一家充满了旧好莱坞时代气息的餐厅。餐厅内以提供正宗的美国食物为主，设有酒吧区、餐饮区和好莱坞区。来到这里，你可以一边品尝美食、美酒，一边观看好莱坞电影。

地址： 6714 Hollywood Blvd

交通： 乘坐地铁红线在Hollywood下车，向前步行可到

电话： 323-4630000

网址： www.pignwhistlehollywood.com

· Mel's Drive-In

Mel's Drive-In位于洛杉矶市中心的繁华街道上，是洛杉矶最好的餐厅之一。餐厅内的环境极为舒适、整洁，服务人员的服务也极为周到，主打菜肴有半炸春鸡、香脆鸡锅饼、鱼和薯条等。

地址： 1660 S Highland Ave

交通： 乘坐地铁红线在Hollywood下车，向南步行可到；乘坐156、212路公交车在Highland Ave. & Hollywood Blvd.下车，向南步行可到

电话： 323-4652111

网址： www.melsdrive-in.com

· Lupe's Lunch Room

Lupe's Lunch Room是一家非常受欢迎的美式西餐厅，以提供特色午餐为主，其中的辣酱玉米馅饼是主打菜肴。餐厅内的服务十分周到，上菜速度很快，同时菜肴价格也比较实惠。

地址： 1198 Mirasol St
交通： 乘坐66路公交车在8th下车
电话： 323-2678623

· Roscoe's House Of Chicken & Waffles

Roscoe's House Of Chicken & Waffles以提供肉嫩汁多、外皮香脆的烤鸡为主食，是一家深受美国知名演员喜爱的餐厅。餐厅内环境舒适、整洁，菜肴价格比较贵，不过你可以在这里一边品尝美食一边看电影。

地址： 1514 N Gower St
电话： 323-4667453
网址： www.roscoeschickenandwaffles.com

其他美国本土风味餐厅推荐			
名称	地址	电话	网址
Los Angeles Central Library	630 W 5th St	213-2287000	www.lapl.org
Gumbo Pot	6333 W 3rd St #312	323-9330358	www.thegumbopotla.com
Harold & Belle's	2920 W Jefferson Blvd	323-7359023	www.haroldandbellesrestaurant.com
The Original Pantry Cafe	877 S Figueroa St	213-9729279	www.pantrycafe.com
Drago Centro	525 S Flower St	213-228-8998	www.dragocentro.com
Cafe Pinot	700 W 5th St	213-239-6500	www.patinagroup.com

🍴 中国风味

· Shanghai Grill

Shanghai Grill是一家位于贝弗利山附近的中餐厅。餐厅周围环境优美，内部摆设简洁、舒适，给前来就餐的人营造出了一种温馨的就餐氛围。餐厅内采用新鲜的食材和地道的烹饪方法制作中国菜肴，口感十分好，价格也较为实惠。

地址： 9383 Wilshire Blvd
交通： 乘坐14、20路公交车在Wilshire下车
电话： 310-2754845
网址： www.shanghai90210.com

· The Palace

The Palace是洛杉矶的一家非常受欢迎的中餐馆。餐馆内装饰风格时尚，用餐空间宽敞，菜肴分量十足，服务人员的服务态度也非常好，不过菜肴价格比较高。餐厅内的主打菜肴有海鲜喜悦、铁板海鲜、铁板牛肉。

地址：2112 Hillhurst Ave

电话：323-6671595

网址：www.thepalacela.com

📷 旅游达人游玩攻略

如果你没有时间前往The Palace餐厅就餐的话，可以在网上预订菜肴，然后写好地址，餐厅内的服务员就会在短时间内送到你指定的送餐地点去。不过，你所指定的送餐地点离餐厅的距离不能超过3千米。

· Cheng Du Restaurant

Cheng Du Restaurant是一家以新式川菜为特色的中餐厅，菜肴味道醇正，主要以低脂和健康为烹饪理念，制作出的菜肴色香味俱全，深受洛杉矶当地人和来洛杉矶旅游的游客的喜爱。

地址：11538 W Pico Blvd

交通：乘坐7路公交车在Pico Wb & Federal Ns下车

电话：310-4774917

网址：www.chengduwestla.com

· 正点

正点（The Square Dot）是洛杉矶一家以广东菜为主打菜肴的中餐厅。餐厅为一间小石屋，门脸很小，但里面的装饰风格却极其时尚特别。餐厅内的主打菜肴是牛柳粒红饭、鲔鱼海鲜炒饭、越式扣肉香饭、鼓椒牛肉炒河粉等，价格较实惠。

地址：1124 W Valley Blvd

交通：乘坐76路公交车在Valley / Atlantic下车

电话：626-4571888

网址：www.squaredotalhambra.com

· 北京缘

北京缘（Beijing Tasty House）是一家以经营北京菜为主的中餐厅。餐厅内不仅有传统风味的北京菜，还有很多北京时下流行的菜肴，主打菜肴有巫山烤鱼、香辣蟹火锅、北京懒龙、扁豆焖面、羊肉氽面、羊蝎子火锅等。

地址：8118 Garvey Ave

电话：626-5733062

交通：乘坐70、770路公交车在Garrey/San Gabriel站下车

网址：www.facebook.com

其他中国风味餐厅推荐			
名称	地址	电话	网址
Wokcano	800 W 7th St	213-6232288	www.wokcanorestaurant.com
China Best Express	750 W 7th St	213-8919299	www.grubhub.com
Panda Express	630 5th St	213-6888783	www.pandaexpress.com
Rice Garden	505 S Flower St	213-6223566	www.thericegarden.com
Yang Chow Restaurant	819 N Broadway	213-6250811	www.yangchow.com
New Moon Restaurant	102 W 9th St	213-6240186	www.newmoonrestaurants.com
Taipan Restaurant	330 S Hope St #19	213-6266688	www.taipanla.com
Uncle John's Cafe	834 S Grand Ave	213-6233555	www.ujcafe.com

世界美味

· Mikawaya

　　Mikawaya是一家位于小东京内的日式餐厅，非常受食客喜爱。餐厅内装饰时尚，环境温馨，提供花样百出的麻薯冰淇淋，同时还提供众多口味各异的甜品，价格也较实惠。

地址：118 Japanese Village Plaza Mall
电话：213-6241681
网址：www.mikawayausa.com

旅游达人游玩攻略

前往Mikawaya品尝麻薯冰淇淋和甜品前，可以先通过上网的方式，查看里面的样品，然后直接前来品尝。

· La Golondrain Mexican Cafe

　　La Golondrain Mexican Cafe是洛杉矶最早经营墨西哥风味菜肴的名店，分为餐饮区和咖啡馆两部分，现在依然保持着原有的墨西哥风格。来到这里，你可以品尝到各种美味的墨西哥风味菜肴和香浓的咖啡，周五的晚上还可以欣赏到业余乐队的精彩演出。

地址：17 Olvera St
交通：乘坐84、68路公交车在Main下车
电话：213-6284349

· The Stinking Rose

The Stinking Rose是一家别具浪漫气息的餐厅，有温和的灯光照耀其中，尤其适合情人来此就餐。餐厅内以提供意大利风格的菜肴为主，口味地道，价格也比较实惠。此外，餐厅内还有可供儿童使用的儿童系列餐点。

地址： 55 N La Cienega Blvd
交通： 乘坐105路公交车在La Cienega下车
电话： 310-6527673
网址： www.thestinkingrose.com

· 曼谷餐厅

曼谷餐厅（The Bangkok Restaurant）是洛杉矶的一家非常受欢迎的泰式餐厅。餐厅内有个巨大的玻璃窗，因而视野广阔，并且给人一种温馨舒适的感觉。餐厅内以提供泰式传统风味菜肴为主，其中以蔬菜卷、泰式虾尤其受食客喜爱。

地址： 1435 N Highland Ave
交通： 乘坐2、156路公交车在Highland下车
电话： 323-4679868
网址： www.thebangkokrestaurant.com

· Pho Vietnam Kitchen

Pho Vietnam Kitchen是洛杉矶一家比较实惠的越南风味餐厅，位于繁华的街道旁边，室内装饰流露着浓郁的越南风格。餐厅内以提供越南风味菜肴为主，主打菜肴有越南春卷、越南柚子沙拉。

地址： 2351 S Azusa Ave
交通： 乘坐280路公交车在Azusa and Amar N下车
电话： 626-9653339
开放时间： 10:30～9:00

其他世界美味餐厅推荐			
名称	地址	电话	网址
Old Fashion Flavor BBQ	10510 S Western Ave	323-4180950	www.oldfashionflavorrestaurant.com
Gram and Papas	227 E 9th St	213-6247272	www.gramandpapas.com
Katsuya Hollywood	6300 Hollywood Blvd	323-8718777	www.sbe.com
Katsuya Brentwood	11777 San Vicente Blvd	310-2078744	www.facebook.com
Thai Taste Restaurant	2328 Fletcher Dr	323-6662464	www.thaitastela.com
Good Girl Dinette	110 N Avenue 56	323-2578980	www.goodgirlfoods.com
Red Medicine	8400 Wilshire Blvd	323-6515500	www.redmedicinela.com

洛杉矶购物

来洛杉矶不去购物将是一大遗憾。在洛杉矶，日落大道、罗迪欧街、帕萨迪纳老城购物区、比华利中心等名牌商品集中地非常有吸引力；同时玫瑰碗、长滩户外市场这些商品种类繁多的跳蚤市场也是你不可错过的地方。

人气旺盛的购物大街

·日落大道

日落大道（Sunset Blvd）是很有名的购物街区，几乎到过洛杉矶的人都知道这条街道。这里有着许多高档商品店铺，商品种类齐全，深受游客喜爱。据说，还常常会有明星来此购物。

地址：Los Angeles

交通：乘坐2路公交车在Sunset下车

·帕萨迪纳老城购物区

帕萨迪纳老城购物区由数条街道组成，是洛杉矶人气极为旺盛的购物区。这里聚集了众多名牌专卖店，如The Gap、Banana Republic、J. Crew等；还有价格比较优惠的Calvin Clein、DKNY、Polo Ralph Rauren等品牌的服装商品。无论如何，这里都是你在洛杉矶购物不可错过的好地方。

地址：1 W Colorado Blvd

交通：乘坐20、40、51路公交车在Raymond Ave & Union St下车

电话：626-3569725

网址：www.oldpasadena.org

·罗迪欧街

罗迪欧街（Rodeo Drive）是洛杉矶一大高级购物街区，也是世界知名的时尚大道。这里包括Chanel、LV、Cartier、Tiffiny、Bally、Gucci、Fendi、Giorgio Armani等在内的众多世界各大知名品牌商店。此外，还有专门出售年轻人休闲用品的Brighton Way、Beverly Dr等高级商店。

地址：Los Angeles RodeoDrive

交通：乘坐MTA汽车在Wilshire站下车

🎁 名牌集中的大本营

・比华利中心

比华利中心是洛杉矶人气非常旺盛的购物地点，这里有Blooming-dales、macys两家大型百货商场，商场内有着百余家名品专卖店。从衣服、鞋、帽到化妆品、包等品牌商品，你都能在这里找到。

地址：8500 Beverly Blvd
交通：乘坐14、37、220路公交车在San Vicente下车
电话：310-8540070
网址：www.beverlycenter.com

・美利坚品牌

美利坚品牌（The Americana at Brand）是一家集购物、餐饮于一体的大型商场。商场内品牌专卖店非常多，包括有Kitson、Martin&Osa、Madewell等，商品种类也极其丰富。此外，这里还有一家非常出名的餐馆Cheesecake Factory。

地址：889 Americana Way
交通：乘坐180路公交车在Central下车
电话：818-6378982
网址：www.americanaatbrand.com

・普拉萨南海岸店

普拉萨南海岸店（South Coast Plaza Shopping Center）是想购买高级品牌的人不可错过的地方。这里有8家大型百货商场，商场内有数百家名品专卖店，商品种类繁多，品质非常好，价位也相对比较高。

地址：3333 Bristol St
交通：乘坐173路公交车在Interior-Bear下车
电话：714-4352000
网址：www.southcoastplaza.com

🎁 物美价廉的淘宝地

・玫瑰碗

玫瑰碗（Rosebowl Swapmeet）是利用玫瑰碗体育场做市集地点的玫瑰碗跳蚤市场，在洛杉矶有着响当当的名声。每到周末，玫瑰碗中便挤满了小贩和顾客，商品更是琳琅满目，从小礼物、珍奇古玩到大号冲浪板你都能从这里找到，且价格也比较实惠。

地址：1001 Rose Bowl Dr

交通：乘坐51、52路公交车在Seco St & Rosemont Ave下车

电话：626-5773100

网址：www.rosebowlstadium.com

📷 旅游达人游玩攻略

1.玫瑰碗营业时间比较早，门票价格为5美元，不过，如果你想要提早进去，则需要支付10～15美元。

2.玫瑰碗内有数千名商贩，都明确地按物品类别划分了区域，所以你可以很容易地找到想要的商品。在古玩和收藏品区域，你会发现很多在商店里买不到的旧式珍稀物品，如午餐盒、电影海报等。

·长滩户外市场

长滩户外市场是洛杉矶最大的跳蚤市场之一。在每个月第三个周日的6:30～15:00，这里便会有数百名商户前来摆摊，日用品、古董、工艺品、书籍等商品应有尽有，你能很轻松地挑选到自己喜欢的商品。

地址：长滩

交通：乘坐地铁蓝线在Long Beach Transit Mall下车

网址：www.longbeachantiquemarket. com

洛杉矶娱乐

洛杉矶既是购物的天堂，也是娱乐的天堂。不管你什么时候来到这里，都会发现众多吸引力十足的娱乐项目。激情四射的比赛、气氛浓烈的酒吧、优雅的音乐厅、温馨的咖啡馆，都能让你感到快乐，运气好的话，你还能遇到好莱坞巨星呢。

酒吧

·The Bar

The Bar位于繁华的日落大道上，是一家非常受欢迎的酒吧。酒吧内部装潢奢华大气，气氛相当火热，还有专门的调酒师为客人调酒。不管你什么时候前来，这里总是十分热闹，并能时不时看到一些好莱坞巨星光顾这里。

地址：5851 W Sunset Blvd

交通：乘坐2路公交车在Sunset Blvd. & Bronson Ave下车

电话：323-4689154

网址：www.thebarhollywood.com

·Blu Monkey Bar & Lounge

Blu Monkey Bar & Lounge是一家能让每个来到这里的客人感到开心、快乐的酒吧。酒吧内不仅有各式各样的美酒，还有各种精彩的免费演出，能让你尽情地享受一个美好的夜晚。

地址：5521 Hollywood Blvd
交通：乘坐207路公交车在Hollywood下车
电话：323-9579000
网址：www.theblumonkey.com

📷 旅游达人游玩攻略

Blu Monkey Bar & Lounge中几乎每月都有不同类型的演出，想要观看演出的人，可以提前在网上了解演出的具体内容和时间。然后，可以在网上直接预订门票，并将预订好门票之后显示的信息打印出来，这样就可以在演出时直接拿着前往观看了。

·洛杉矶CITA酒吧

洛杉矶CITA酒吧（La Cita Bar）是一家生意非常火爆的大型酒吧。酒吧内装饰风格极其大气，落地玻璃窗、特色酒杯、长条形吧台、妖娆灯光等都能让你深深爱上这个地方。酒吧内以提供鸡尾酒为主，还有劲爆的DJ轮流播放音乐，总之，前来的人都可以得到最大的快乐。

地址：336 S Hill St
交通：乘坐2、4、10路公交车在Hill下车
电话：213-6877111
网址：www.lacitabar.com

洛杉矶CITA酒吧

·巴西风情餐馆酒吧

巴西风情餐馆酒吧（Boteco Bar & Grill）是一家由巴西人经营的风格独特的餐馆酒吧。酒吧外观十分漂亮，内部装饰流露着浓郁的巴西热带风情。酒吧内有各种巴西风情的美酒、美食可以品尝，晚上还有热情奔放的DJ、现场音乐表演，气氛相当火爆。

地址：28 W Main St
交通：乘坐258路公交车在Garfield下车
电话：626-2811777
网址：www.theboteco.com

📷 旅游达人游玩攻略

巴西风情餐馆酒吧中的DJ、现场音乐表演一般从刚刚入夜开始，一直持续到深夜。在前往酒吧游玩时，如果跟服务员说是在www.chineseinla.com看到的信息，还能得到一份免费的巴西奶酪蛋糕。

· 洛杉矶空中酒吧

　　洛杉矶空中酒吧位于西好莱坞的蒙德里安酒店内，是全球最著名的空中酒吧之一。酒吧内以能观赏太平洋的日落美景而闻名于世，众多好莱坞明星会时常光顾这里。酒吧内几乎能找到任何你想要的美酒，价格自然也比较昂贵。

地址： 8440 Sunset Blvd
交通： 乘坐2路公交车在Sunset下车

洛杉矶其他酒吧推荐			
名称	地址	电话	网址
The Edison	108 W 2nd St #101	213-6130000	www.edisondowntown.com
Seven Grand	515 W 7th St #2	213-6140737	www.sevengrand.la
Eagle Rock Brewery	3056 Roswell St	323-2577866	www.eaglerockbrewery.com
Redwood Bar & Grill	316 W 2nd St	213-6802600	www.theredwoodbar.com
Broadway Bar	830 Broadway	213-6149909	www.broadwaybar.la

🎳 球队

· 洛杉矶湖人队

　　洛杉矶湖人队（Los Angeles Lakers）以斯台普斯球馆为主球场。谈到湖人队，很多人都知道，因为它是美国国家篮球协会（NBA）最有名气的球队之一，其当家球星科比也是人气超高的球星。来到洛杉矶，对于喜欢篮球的人来说，去斯台普斯球馆看自己喜爱的明星打一场比赛是一件多么美好的事。

地址： 1111 S Figueroa St
交通： 乘坐81路公交车在Figueroa下车
电话： 213-7427326
网址： www.nba.com

· 洛杉矶快船队

　　洛杉矶快船队（Los Angeles Clippers）的主球场也是斯台普斯球馆。快船队有着"空接之城"的称号，很多篮球迷在看比赛时，都会被快船队格里芬、小乔丹这两位超级"扣将"的精彩表演所吸引。

地址： 1111 S Figueroa St
交通： 乘坐81路公交车在Figueroa下车
电话： 213-7427326
网址： www.nba.com

📷 **旅游达人游玩攻略**

斯台普斯球馆是洛杉矶湖人队和洛杉矶快船队共享的球馆，想看比赛的球迷一定要记得事先在网站上查看两队比赛的赛程，以确定好在比赛时是哪支球队在此比赛，免得弄混。不过，有时候这里也会是洛杉矶湖人队和洛杉矶快船队这两只球队之间的比赛。

·洛杉矶国王队

洛杉矶国王队（Los Angeles Kings）是洛杉矶一支非常有名的冰球队，其主场是斯台普斯球馆。国王队曾有着辉煌的战绩，但近年来战绩有所下滑，因而票价也变得比较便宜。

地址：1111 S Figueroa St
交通：乘坐81路公交车在Figueroa下车
电话：213-7427100
网址：www.kings.nhl.com

·洛杉矶道奇队

洛杉矶道奇队（Los Angeles Dodgers）是洛杉矶一家知名度非常高的棒球队，主场是道奇露天体育场。道奇队看台上还有"花生人"、"道奇狗"等吉祥物表演节目。

地址：1000 Elysian Park Ave
交通：乘坐45、83路公交车在Broadway下车
电话：323-2241507
网址：www.dodgers.com

🎳 演出地

·洛杉矶音乐中心

洛杉矶音乐中心（Music Center）是洛杉矶一处非常著名的大型音乐中心，由多罗西·钱德勒大厅、马克·塔佩广场、阿曼森剧院、沃尔特·迪斯尼音乐厅四部分组成，是你在洛杉矶欣赏音乐的好去处。

地址：135 N Grand Ave
交通：乘坐10路公交车在Hope St. & Temple St.下车
电话：213-9727211
网址：www.musiccenter.org

📷 **旅游达人游玩攻略**

洛杉矶音乐中心内的沃尔特·迪斯尼音乐厅公演是非常受人们欢迎的音乐节目，想要观看的话，你可以通过打电话的方式提前预订门票，然后将预订信息下载到手机上或打印出来，直接拿着前往音乐中心内观看演出即可。

·中国剧院

　　中国剧院（Grauman's Chinese Theatre）位于好莱坞大道上，是好莱坞影城中最著名的景点之一。曾有很多好莱坞巨片在这里举行首映式，奥斯卡金像奖颁奖仪式也多次在此举行。此外，这里还留下了包括西尔威斯特·史泰龙、玛丽莲·梦露等影视巨星的手印和脚印。来到洛杉矶游玩，怎能不去中国剧院看一场精彩的演出呢。

地址：6925 Hollywood Blvd
交通：乘坐217、222路公交车在Hollywood下车
电话：323-4613331

📷 旅游达人游玩攻略
中国剧院内提供VIP游览服务，游客可在导游的带领下参观剧院，了解剧院的历史，观看演出。需要该服务的人，可以打电话确定活动开始的时间、票价，并提前预订。

海滩

·威尼斯海滩

　　威尼斯海滩（Venice）是洛杉矶最出名的海滩之一，也是一处有着多元化色彩和现代风貌的海滩胜地。海滩上除了木板路以外，还有溜冰鞋舞场、儿童游乐区、篮球场、艺术画墙等娱乐设施。每到夏季，观光客、艺人、诗人都蜂拥而至，这里也随之变得格外热闹。

地址：Venice
交通：乘1路大蓝巴士，33、333路专线巴士可到

咖啡馆

·Newsroom Cafe

　　Newsroom Cafe曾多次出现在好莱坞电影中，是当地一家非常有名的咖啡馆。咖啡馆内不仅有着香浓的咖啡，还有十分可口的菜肴，服务态度很好，价格也相对较高。每当夕阳西下后，这里便坐满了来喝咖啡的人，不过整个咖啡馆内都特别安静。

地址：120 N Robertson Blvd
交通：乘坐14路公交车在Robertson下车
电话：310-6524444
网址：www.newsroomthecafe.com

·洛杉矶人咖啡馆

　　光听名字就知道这里有多受洛杉矶人喜爱了，来到这家咖啡馆，你立马就会被它淡红色的外表所吸引，内部布置相当温馨，更有优雅的音乐让人为之心动。随意找一个靠窗的位子坐下，你便能很快消磨完一下午的时光。

地址： 8735 W 3rd St

交通： 乘坐16路公交车在3rd下车

电话： 310-2461177

网址： www.cafeangelino.com

洛杉矶其他酒吧推荐			
名称	地址	电话	网址
Intelligentsia Coffee	3922 W Sunset Blvd	323-6636173	www.intelligentsiacoffee.com
Alcove Cafe & Bakery	1929 Hillhurst Ave	323-6440100	www.alcovecafe.com
Cafe Gratitude	639 N Larchmont Blvd	323-5806383	www.cafegratitudela.com
The Hotel Cafe	1623 N Cahuenga Blvd	323-4612040	www.hotelcafe.com
M Cafe De Chaya	7119 Melrose Ave	323-5250588	www.mcafedechaya.com

洛杉矶住宿

　　洛杉矶有着"观光胜地"的美名，住宿点自然也非常多。洛杉矶的住宿点主要以酒店居多，也有青年旅舍和汽车旅馆，你可以根据自己的需要来选择。洛杉矶市中心和好莱坞附近的住宿点普遍都比较贵，不过市中心也有便宜的住宿点。西部地区的住宿点则较为干净、安全。

　　需要注意的是，洛杉矶的住宿费用在原有房价的基础上，还会另收25%的税。

市中心区

名称	地址	电话	网址
洛杉矶市中心标准酒店	550 S Flower St	213-8928080	www.standardhotels.com
洛杉矶市中心汽车旅馆	1135 W 7th St	213-6272581	www.citycenterhotellosangeles.com
川田酒店	200 S Hill St	213-6214455	www.kawadahotel.com
Luxe City Center Hotel	1020 S Figueroa St	213-7481291	www.luxecitycenter.com
Millennium Biltmore Hotel Los Angeles	506 S Grand Ave	213-6241011	www.millenniumhotels.com
Hollywood Hotel	1160 N Vermont Ave	323-3151800	www.hollywoodhotel.net
Sheraton Los Angeles Downtown Hotel	711 S Hope St	213-4883500	www.sheratonlosangelesdowntown.com
Milner Hotel	813 S Flower St	213-6276981	www.milner-hotels.com

好莱坞区

名称	地址	电话	网址
W Hollywood	6250 Hollywood Blvd	323−7981300	www.whollywoodhotel.com
Hollywood Roosevelt Hotel	7000 Hollywood Blvd	323−4667000	www.thompsonhotels.com
Saharan Motor Hotel	7212 W Sunset Blvd	323−8746700	www.saharanhotel.com
Chateau Marmont	8221 Sunset Blvd	323−6561010	www.chateaumarmont.com
The Redbury @ Hollywood and Vine	1717 Vine St	323−9621717	www.theredbury.com
Hollywood Celebrity Hotel	1775 Orchid Ave	323−8506464	www.hotelcelebrity.com
The Hotel Hollywood	6364 Yucca St	323−4660524	www.thehotelhollywood.com
Motel 6 Los Angeles Hollywood	1738 Whitley Ave	323−4646006	www.motel6hollywood.com

迪斯尼乐园区

名称	地址	电话	网址
La Quinta Inn and Suites	1752 S.Clementine St.	714−6355000	www.lq.com
Dianey's Grand Californian Hotel	1600 S.Disneyland Dr.	714−6352300	www.disneyland.disney.go.com
Disneyland Hotel	1150 Magic Way	714−7786600	www.disneyland.disney.go.com
Jolly Roger Inn	640 W.Katella Ave.	714−7827500	www.jollyrogerhotel.com
Disney's Paradise Pier Hotel	1717 S.Disneyland Dr.	714−9990990	www.disneyland.disney.go.com

迪斯尼音乐厅

2 洛杉矶→旧金山

Luoshanji→Jiujinshan

旧金山交通

从洛杉矶前往旧金山

·飞机

　　从洛杉矶前往旧金山，乘飞机无疑是最快捷的交通方式。洛杉矶飞往旧金山的飞机从洛杉矶国际机场起飞，降落在旧金山国际机场（San Francisco International Airport），飞行时间为1小时20分钟左右，票价为250美元左右。

旧金山国际机场信息			
名称	地址	电话	网址
旧金山国际机场	US hwy 101	650-8218211	www.flysfo.com

从旧金山国际机场前往旧金山市区

从旧金山国际机场前往旧金山市区的交通工具主要有机场巴士、公交车、出租车三种。

名称	运行时间	票价/电话	交通概况
机场巴士（机场小巴）	24小时	约17美元/415-5588500	从国内航线入港层门外的空地乘车，经过30～50分钟可到达市内
公交车（KX路、292路）	KX路6:10～22:37（周一至周五），7:24～21:33（周六），7:29～21:33（周日及法定节假日）；292路5:26至次日1:16（周一至周五），5:31至次日1:15（周六、周日及法定节假日）	KX路约5美元、292路约2美元	从航站楼1楼的巴士乘车处乘车
出租车	24小时	约37美元	从航站楼1楼外的出租车乘车处乘车，经过20～40分钟后便可到达市内

·灰狗巴士

从洛杉矶前往旧金山，乘灰狗巴士是最实惠的交通方式。搭乘灰狗巴士从洛杉矶前往旧金山大约需要7小时，具体发车时间及费用可以在网上（www.greyhound.com）查询，查询后可以直接预订车票。洛杉矶灰狗巴士总站地址为1716 E，电话为213-6298401；旧金山灰狗巴士总站地址为425 Mission and Fremont sts，电话为415-4941569。

乘轨道交通玩旧金山

·地铁

乘地铁是游玩旧金山市中心和米申区最迅速、最便捷的交通方式。旧金山的地铁运行线路有F、J、K、L、M、N、T，其中观光最方便的是J橘线。旧金山的地铁票价为3美元，乘坐地铁时直接在地铁站售票处购票即可。此外，乘坐地铁时你还可以在地铁站购买muni passport通票。

名称	颜色	运行站点（首末站）
F	浅绿色	pittlsburg-colma
J	橘色	fremont-richmond
K	灰色	millbrae-s.san francisco
L	紫色	west portal-embcadero
M	绿色	fremont-daly city
N	蓝色	dubin-west oakland
T	红色	richmond-colma

·有轨缆车

有轨缆车是游客游览观景时不可错过的交通工具。有轨缆车的站牌通常设在公交站牌附近，搭乘时犹如坐云霄飞车一般，单程票价为3美元，运营时间为10:00～18:00（4月至9月）、10:00～17:00（10月至次年3月）。

·电车

电车是纽约市内最受游客欢迎的交通工具。旧金山市内的电车主要有F线、E线两条线路，其中F线在渔人码头和Castro区之间行驶，E线在渔人码头与Caltrain Depot之间行驶，票价均为1～2美元。

🚌 乘公交车游旧金山

旧金山的公交车线路非常多，共有16条电动巴士线路、55条其他巴士线路。旧金山的公交车有只运行到凌晨和24小时运行两种，票价为2美元。在旧金山乘坐公交车时，要多留意路边的站牌以防坐过站，想下车时，拉一下车边的绳子示意司机停车即可下车。

📷 旅游达人游玩攻略

1.在旧金山乘公交车，买好票后在90分钟内可以任意换乘任何的公交车。不过，需要注意的是，买票后不管你是否需要再次使用车票，都要将车票拿好，不然在换乘时被乘务员查到你手中没有车票，就会被罚款。

2.在旧金山乘坐公交车时，如果不清楚运行路线，可以在旧金山游客信息中心免费领取《旧金山旅游地图》和《旧金山旅游手册》，然后参照上面的信息确认自己想要到达的目的地的巴士线路号和站点。

🚌 乘出租车逛旧金山

旧金山的出租车非常多，但价格十分昂贵。旧金山出租车的起步价为1.7美元，每增加1英里（约1.6千米）加收.8美元。另外，乘车时还需给司机10%的小费。在旧金山打出租车时，如果遇到麻烦可以打电话（415-5531447）求助。

🚌 乘湾区捷运玩转旧金山

湾区捷运是旧金山国际机场到旧金山市内或海湾地区的首选交通工具，游客在市内游玩也偶尔会乘坐。湾区捷运的票价最低是1.4美元，在自动售票机上买票即可，运行时间一般为周一至周五4:00～24:00、周六6:00～24:00、周日8:00～24:00。

金门大桥

旧金山市区景点

📍 金门大桥

　　金门大桥是一座横跨海湾之上的橘红色巨型吊桥，也是旧金山的标志性建筑。大桥外观为独特的单孔长跨造型，主要有Fort Point、Vista Point、瞭望台三处观景点，是人们拍照的好去处。每当夜幕降临，灯光下的金门大桥犹如巨龙凌空，景色格外美丽。

💬 **旅游资讯**

地址： 750 Lindaro St # 200

交通： 乘坐2、4、8路公交车在Golden Gate Bridge Toll Plaza Southbound下车

电话： 415-9215858

网址： www.goldengatebridge.org

金门大桥

前往金门大桥游玩时，如果你乘车只能南行；而徒步或骑自行车的话，则只能从东边的步行道上通过。不过，需要注意的是，金门大桥东边的步行道只在规定的时间内允许通行，夏季通行时间为5:00~21:00，冬季（11月至次年3月）通行时间为5:00~18:00。

📍 旧金山亚洲艺术博物馆

　　旧金山亚洲艺术博物馆是一座以收藏亚洲文物为主，尤其是以收藏中国文物为主的博物馆。博物馆内收藏有来自中国、日本、朝鲜、印度尼西亚等亚洲国家和地区的上万件艺术珍品，其中包括玉器、铜器、陶瓷、书画、织绣、金银器、牙雕等，可谓在美国看亚洲艺术藏品最好的地方。

💬 **旅游资讯**

地址： 200 Larkin St

交通： 乘坐5、19路公交车在Mcallister St & Hyde St下车

电话： 415-5813500

门票： 12美元

开放时间： 10:00~17:00（周二至周日），周一闭馆

网址： www.asianart.org

📷 **旅游达人游玩攻略**

1. 旧金山亚洲艺术博物馆内有极少的展品不允许拍照，这些展品都标有特殊标记，拍照时一定要留意一下；没有标特殊标记的展品，则全都允许拍照。

2. 旧金山亚洲艺术博物馆在每个月第一个星期日，免费对外开放，想免门票的话建议早点去。

旧金山现代艺术博物馆

旧金山现代艺术博物馆（San Francisco Museum of Modern Art）是美国第二大现代艺术博物馆，也是美国西岸第一座专门收藏现代艺术的博物馆。博物馆外部建筑由红褐色调的面砖装饰，顶部的圆塔有个巨大的天窗，彰显着一种沉稳的基调。博物馆内部收藏有西方著名艺术家的作品，如马蒂斯、安迪·沃荷弗莉妲·卡荷洛等人的作品。

旅游资讯

地址：151 3rd St
交通：乘坐30、45、91路公交车在3rd St & Howard St下车
电话：415-3574000
开放时间：11:00～21:00（周四），11:00～18:00（周一至周三、周五至周日）
网址：www.sfmoma.org

旧金山现代美术馆

旧金山现代美术馆（San Francisco Museum of Modern Art）由贝聿铭设计而成，外部建筑为浓厚的阿拉伯建筑风格。博物馆内收藏了万余件作品，其中一楼艺廊展览的是美术馆的馆藏，二楼展示摄影作品和绘画等平面艺术，三楼和四楼艺廊则展览巡回性艺术品。此外，馆内还设有剧场、书店、咖啡厅等设施。

旅游资讯

地址：151 3rd St
交通：乘坐30、45、91路公交车在3rd St & Howard St下车
电话：415-3574000
开放时间：11:00～17:45（周四延长至20:45），周三闭馆
网址：www.sfmoma.org

市政厅

市政厅修建的历史悠久，以华盛顿的国会大厦为模式建造。市政厅使用了来自多个国家的材料建造而成，其圆形大厅是一个极为壮观的空间。二楼陈设有乔治·莫斯科尼和黛安娜·范斯坦的青铜半身像。整座建筑都显得极其威严、肃穆。

旅游资讯

电话：1 Dr Carlton B Goodlett Pl
交通：乘坐5路公交车在Mcallister St & Polk St下车
电话：415-7012311
开放时间：8:00～17:00（周一至周五）
网址：www.sfgsa.org

市政厅

📍 金门公园

　　金门公园是世界上最大的人工公园，有着旧金山"绿色的肺"的美誉。公园内环境优雅，有众多著名的景致，包括迪扬纪念博物馆、旧金山亚洲艺术博物馆、M.H.德扬纪念馆、加利福尼亚科学院、日本庭园、水牛牧场、玉金香花园等，其中深受游客喜爱的是旧金山亚洲艺术博物馆、M.H.德扬纪念馆、加利福尼亚科学院。

💬 旅游资讯

地址： 501 Stanyan St
交通： 乘坐N路轻轨车在Carl St & Stanyan St下车
电话： 415-8312700
网址： www.sfrecpark.org

金门公园

📷 旅游达人游玩攻略

1. 参观金门公园无需门票，但里面的有些博物馆、艺术馆则需要收门票，如迪扬纪念博物馆的门票为10美元，加利福尼亚科学院门票为24.95美元。

2. 金门公园在周六、周日、节假日的9:00～18:00都会有游览车运行。如果你想要乘坐游览车游公园，可以花2美元购买车票乘坐。

📍 荣誉军团宫

　　荣誉军团宫（Beach Motel）是为鼓励法国艺术在美国的发展而修建的，也是美国境内展示欧洲艺术的殿堂。这里的藏品众多，包括绘画作品、书籍、印刷制品、铜像等，深受年轻人喜爱。每年6月，这里都会有很多穿着婚礼礼服的新人前来游玩。

💬 旅游资讯

地址： 4211 Judah St
交通： 乘坐N路轻轨车在Judah下车
电话： 415-6816618
网址： www.beachmotelsf.com

📍 华特迪斯尼家族博物馆

　　华特迪斯尼家族博物馆（The Walt Disney Family Museum）是迪斯尼粉丝购买商品的绝佳之地。博物馆周围风景秀丽，内部共有3层展厅，主要陈列华特所得到的各种奖杯、珍贵的早期作品线稿、original Disneyland迪斯尼乐园的巨大模型以及大量丰富而精美的迪斯尼商品。

💬 旅游资讯

地址： 104 Montgomery St
电话： 415-3456800
网址： www.waltdisney.org

北滩

北滩

北滩的名字听起来好像是一处海滩，其实这里是意大利移民的聚集地，内部洋溢着旧金山式的意大利风情。这里有圣彼得和圣保罗大教堂白色尖塔、科伊特塔这两处极其重要的观景点。来到这里，白天你可以喝咖啡、品尝意大利面，晚上可以去酒吧或夜总会感受北滩那充满激情的意大利风情。

旅游资讯

地址：旧金山北滩

交通：乘坐15、30、39、45路公交车在Stockton St & Lombard St站下车

旅游达人游玩攻略

在北滩游玩时，喜欢品尝意大利美食的人可以去Rose Pistolat餐馆。在餐馆内，你不仅能品尝炭烤比萨、巧克力、布丁蛋糕等美食，还能观看大厨为你做美食时的场景。不过，需要注意的是，餐馆内的美食价格都比较高。

诺布山

诺布山是旧金山市中心最高的山，也是游客最喜欢游玩的地方之一。山上以亨廷顿公园为中心，分布有众多的咖啡店、旅店、酒吧、餐馆和艺术画廊，油画、雕塑、古玩、美酒、美食等你都能在这里找到。

旅游资讯

地址：旧金山诺布山

交通：乘坐1、12、30、45路公交车在Clay St & Leavenworth St站下车

旧金山周边景点

📍 阿尔卡特拉斯岛

阿尔卡特拉斯岛（The Rock）又称恶魔岛，四面环水，岛屿四周地势险要，只有船只连通陆地。岛上原建有恶魔岛联邦监狱，后来被废除。现在，恶魔岛已经成了旧金山湾的著名观光景点。

💬 旅游资讯

地址： 加州旧金山湾
交通： 从33号码头乘坐轮渡可到
电话： 415-9817625
门票： 26美元
网址： www.nps.gor

📷 旅游达人游玩攻略

前往阿尔卡特拉斯岛游玩时，游客需要提前上网或打电话预约轮渡票。预约成功后，可以在33号码头的售票窗口凭护照领取轮渡票，之后会有工作人员指引你前往轮渡乘坐点。

📍 索萨利托

索萨利托（sausalito）是一个迷人的小镇，也是旧金山湾区最古老的社区之一，堪称一处历史遗迹。小镇上有着十分美丽的水上住宅、步行街道、水畔船坞和多元化的艺术社区，众多旅游纪念品店、商店、画廊以及高端餐厅。来到这里，你可以享受温和的气候、迷人的风景，还能感受小镇内独特的风情。

索萨利托

💬 旅游资讯

地址： 索萨利托
交通： 乘坐2、4、10路公交车在Bridgeway & Pine St站下车

📷 旅游达人游玩攻略

如果你准备骑自行车前往索萨利托，可以在渔人码头附近的店铺中租自行车，租车处会为你提供地图。不过，租车时需要出示护照，租车价格约32美元一天。此外，自行车租车处还可以为游客提供导游服务，需要该服务的游客可以跟老板直接申请。推荐游客在1325 Columbus Ave自行车租车处租车，联系电话415-3462453，服务时间8:00～19:00。

最容易让人忽略的景点

纳帕谷

纳帕谷（Napa Valley）是美国著名的葡萄酒王国，以生产特色葡萄酒而闻名于世。纳帕谷的气候条件非常适宜葡萄生长，因而这里分布着数百家大大小小的酿酒厂，其中以"作品一号"最为著名。

旅游资讯

地址： 旧金山纳帕

交通： 乘坐Gray line观光巴士可到

电话： 707-9449442（作品一号）

开放时间： 10:00～16:00（"作品一号"试饮）

网址： www.opusonewinery.com（作品一号）

旅游达人游玩攻略

1. 前往纳帕谷参观前，你可以先上网查找一部名为《酒质受损》（英文名：*Bottle Shock*）的电影。这是根据真实事件改编而成的，重点介绍了纳帕谷葡萄酒如何被世界认知，并一跃成为顶级葡萄酒的过程。

2. 在纳帕谷的酿酒厂参观时，试饮美酒是必须交钱的，如在"作品一号"试饮美酒必须交纳30美元的费用。

3. 纳帕谷中的纳帕谷葡萄酒列车是可以眺望葡萄田，并能在车内品尝加利福尼亚特色饭菜的列车。不过，这种列车必须提前打电话（707-2532111）或上网（www.winetrain.com）预约，列车的车票为49.5美元左右。

纳帕谷

📍 大苏尔

　　大苏尔是世界上陆地和海连接最美丽的地方，也是美国最美丽的自然风景区之一。这里有着一种从未被践踏过的原始的自然美感，加州松树、怪石、海豹、海浪、野花等组成了独特的美景。来到这里，你可以感受徐徐海风迎面吹拂的舒适，还能进行徒步、垂钓、冲浪、骑车、野营等户外活动。

💬 **旅游资讯**

地址：加利福尼亚州1号公路附近
交通：从蒙特雷-萨利拉斯运输处乘车可到
电话：831-6672100

大苏尔

📍 赫斯特城堡

　　赫斯特城堡是美国为数不多的一座私人豪华城堡，深受众多好莱坞明星和政客的喜爱。这座城堡修建在山顶上，外部建筑非常壮美，其湛蓝透明的室内外游泳池是最受欢迎的设施。此外，城堡内部的家具、挂毯、绘画、雕塑、壁炉、天花板、楼梯都是非常珍贵的艺术品，绝对值得一看。

赫斯特城堡

💬 **旅游资讯**

地址： 750 Hearst Castle Rd
开放时间： 8:00～16:00
电话： 800-4444445
网址： www.hearstcastle.org

📷 **旅游达人游玩攻略**

1. 赫斯特城堡位置比较偏远，建议你前去游玩时，最好租车或者自驾车前往。

2. 游览赫斯特城堡时，室内只允许在专供参观者行走的狭窄地毯上行走，不能在地毯外踩踏，否则会被视为不礼貌。另外，在赫斯特城堡室内拍照时，尽量不要开启闪光灯。

旧金山美食

　　旧金山是一座有着众多海外移民的城市，不同国籍的人们带来了各国不同风格的菜肴，使这里成为了美食汇集地。旧金山的美食地主要集中在渔人码头、北滩、唐人街这三个区域，其中海鲜、意大利餐点、加州菜、中国菜在这里格外受欢迎。

🍴 美国本土风味

·波士特里欧餐厅

　　波士特里欧餐厅（Postrio Restaurant）是一家以融合了世界各地口味的加州菜为主打的美国餐厅。餐厅内的主打菜肴有湾虾天妇罗、大蒜炒绵羊肉，所使用的食材和调料融合了日本、中国、越南的风格，但同时又有着自己的特色，味道十分鲜美。

地址：545 Post St
交通：乘坐2、3路公交车在Post St & Taylor St下车
电话：415-7767825
网址：www.postrio.com

📷 旅游达人游玩攻略

前往波士特里欧餐厅（Postrio Restaurant）就餐，你必须提前一周上网或拨打电话预订餐位，预订好之后，在前去就餐时，应打电话再次确认一下。另外，需要退订餐位时，必须提前3～5天打电话退订。

·福布斯岛餐厅

　　福布斯岛餐厅（Forbes Island）是一家位于海滨的餐馆，风景十分优美。餐厅内装饰风格时尚，环境舒适，菜肴以海鲜和烤肉为主，其中烤肉是最受人们欢迎的美食。来到这里，你可以一边品尝美食，一边观赏海景。

地址： H, Piers 39 & 41
交通： 从39号码头坐船可到
电话： 415-9514900
网址： www.forbesisland.com

·拳击室

　　拳击室（Boxing Room）是一家以提供海鲜为主的美式餐厅。餐厅的名字比较怪异，其内部装饰也极为独特。餐厅内的海鲜主要有龙虾、牡蛎、鲑鱼、生蚝等，其中牡蛎是最受食客们欢迎的海鲜。

地址： 399 Grove St
交通： 乘坐21路公交车在Grove St & Gough St下车
电话： 415-4306590
网址： www.boxingroom.com

· Boulevard

　　Boulevard是旧金山一家知名度非常高，但价格十分昂贵的餐厅。餐厅内部由设计师Kuleto设计，风格时尚，深受食客喜爱。餐厅内以提供正宗美国菜肴为主，主打菜肴有嫩蘑菇煎牛杂牛肉卷、酥皮烤鸭、鲳鱼薄片和虾肉馅洋姜等。

地址： 1 Mission St
交通： 乘坐F路电车在Don Chee Way/Steuart St下车
电话： 415-5436084
网址： www.boulevardrestaurant.com

· Delfina Restaurant

　　Delfina Restaurant是一家深受食客追捧的餐厅。餐厅内的环境非常舒适，处处彰显着一种轻松、友好的氛围。餐厅内的菜单几乎每天都会更新，不过有些招牌菜始终不会改变，如Mantecato加烤饼、白豆沙拉烤鱿鱼、兔肉馅汤团、鸡油菌烤鸡。

地址： 3621 18th St
交通： 乘坐33路公交车在18th St & Guerrero St下车
电话： 415-5524055
网址： www.delfinasf.com

📷 旅游达人游玩攻略

Delfina Restaurant的生意十分火爆，前来就餐时，你一定要记得提前打电话或上网预订餐位，不然将很难找到一个座位。另外，在天气较为暖和时，食客可以坐在Delfina Restaurant的露天餐桌上用餐，一边品尝美食一边欣赏夜景是件美好的事。

其他美国本土风味餐厅推荐			
名称	地址	电话	网址
Green Chile Kitchen	1801 McAllister St	415-4409412	www.greenchilekitchen.com
Brenda's French Soul Food	652 Polk St	415-3458100	www.frenchsoulfood.com
Ghirardelli Square	900 North Point St	415-7755500	www.ghirardellisq.com
Kate's Kitchen	471 Haight St	415-6263984	www.kates-kitchensf.com
Hard Knox Cafe	2448 Clement St	415-752-3770	www.hardknoxcafe.com
Cajun Pacific	4542 Irving St	415-5046652	www.cajunpacific.com
Thirsty Bear Brewery	661 Howard St	415-9740905	www.thirstybear.com

中国风味

·岭南小馆

　　岭南小馆（R & G Lounge）是旧金山最著名的中餐馆之一。餐馆内生意非常火爆，在晚饭时段经常要排上半小时以上的队才能找到餐位。餐馆内的主打菜肴是珍宝蟹、潮式卤水豆腐、玫瑰露豉油鸡，其中珍宝蟹是最受食客喜爱的菜肴。

地址：631 Kearny St
交通：乘坐1路公交车在Clay St
　　　& Kearny St下车
电话：415-9827877
网址：www.rnglounge.com

🟥 旅游达人游玩攻略

1.旧金山在每年11月中旬至次年6月底为捕蟹期，这段时间到岭南小馆就餐，你可以品尝到最新鲜的蟹，同时价格也最低。

2.岭南小馆内的菜肴价格都比较贵，菜量也不大，建议主要品尝蟹类菜品，少品尝性价比一般的其他海鲜，如龙虾等。

·棠记茶餐厅

　　棠记茶餐厅（Tong Kee Restaurant）是一家非常受欢迎的中式餐馆。餐馆外部环境清幽，内部装饰风格时尚，给人一种温馨的感觉。餐馆内以面食为主打，味道可口，价格也比较便宜，一般花费10美元你就能填饱肚子。

地址：2055 Gellert Blvd
电话：650-8789811
开放时间：10:00至次日3:00
网址：www.tongkeerestaurant.com

·鲤鱼门

鲤鱼门（Koi Palace）是一家非常受欢迎的粤菜餐厅。光顾这里的人大部分都是华人或中国游客，其服务员大多只会说中文。餐厅内以提供经典粤菜为主，其中叉烧酥、虾子菠菜饺、韭菜粿、脆皮乳猪、鲍鱼龙虾、鱼翅都是深受食客喜爱的菜肴。

地址：365 Gellert Blvd
交通：乘坐112、121路公交车在Gellert Blvd & Hickey Blvd下车
电话：650-992-9000
网址：www.koipalace.com

·客家人

客家人（Hakkasan）是洛杉矶一家非常受欢迎的中餐厅。餐厅内装饰风格独特，菜肴都十分精致、美观，味道也是正宗的中国风味，主打菜肴是琵琶鸭。此外，餐厅内还有跳跳糖、饮料可供品尝。

地址：1 Kearny St
交通：乘坐F路轻轨车在Market St & Kearny St下车
电话：415-8298148
网址：www.hakkasan.com

· Empress Of China

Empress Of China位于旧金山唐人街附近，是一家装潢奢华的中餐厅。餐厅内既有荤菜也有素菜，所有菜肴都是地道的中国风味，价格比较贵。此外，餐厅内还可以品尝到非常美味的鸡尾酒。

地址：838 Grant Ave
交通：乘坐1路公交车在Clay St & Grant Ave下车
电话：415-4341345
网址：www.empressofchinasf.com

其他中国风味餐厅推荐			
名称	地址	电话	网址
Ken's Kitchen	700 Polk St	415-3512188	www.kenskitchen.net
Shanghai China Restaurant	1559 Mission St	415-6218188	www.shanghaichinarestaurant.com
Heaven's Dog	1148 Mission St	415-8636008	www.heavensdog.com
Family Garden Restaurant	167 11th St	415-6211628	www.familygarden-sf.com
Fang	660 Howard St	415-7778568	www.fangrestaurant.com
Hunan Home's Restaurant	622 Jackson St	415-9822844	www.hunanhome.ypguides.net
House of Nanking	919 Kearny St	415-4211429	www.houseofnanking.net

世界美食

· Ideale Restaurant

Ideale Restaurant是一家非常受北滩当地的意大利人喜爱的意大利风味餐厅。餐厅内外部装饰风格为典型的意大利风格，其意大利调味饭是特别受食客喜爱的菜肴，味道十分可口，价格也比较实惠。

地址： 1315 Grant Ave

交通： 乘坐30、41、45路公交车在Columbus Ave & Green St下车

电话： 415-3914129

网址： www.idealerestaurant.com

· Sotto Mare

Sotto Mare位于北滩地区，其中有手风琴演奏家演奏经典的意大利名曲，就餐氛围非常好。餐厅内以海鲜为主打菜肴，海鲜种类非常多，其中海鲜烩饭最受人们喜爱。餐厅内的服务员非常友善，很多人都乐意来这里就餐。

地址： 552 Green St

交通： 乘坐30、41、45路公交车在Columbus Ave & Green St下车

电话： 415-3983181

网址： www.sottomaresf.com

· 大相扑

大相扑（Ozumo）是一家现代日本料理餐厅。餐厅周围有迷人的海湾美景，门面为正宗的日本现代设计风格，内部有开放式厨房和清酒柜。餐厅内的主打菜肴是黑鳕鱼、天妇罗、油金鱼，价格均比较昂贵。

地址： 161 Steuart St

交通： 乘坐6、14路公交车在Steuart St & Mission St下车

电话： 415-8821333

网址： www.ozumo.com

· Crustacean

Crustacean位于旧金山繁华的街道上，是一家以越南菜为主的餐厅。餐厅内部为小酒馆的风格，给人一种轻松舒适的感觉。餐厅内的主打菜肴有春卷、烤鸡等，味道十分鲜美，价格也比较实惠。

地址： 1475 Polk St

交通： 乘坐CALIFORNIA缆车在California St & Polk St下车，或乘坐19路公交车在California St & Polk St下车

电话： 415-7762722

网址： www.anfamily.com

其他世界美味餐厅推荐			
名称	地址	电话	网址
Tin Vietnamese Cuisine	937 Howard St	415-8827188	www.tinvietnamese.com
Unicorn Pan Asian Cuisine	191 Pine St	415-9829828	www.unicorndining.com
Perilla	510 Mission St	415-7771893	www.perillasf.com
Le Colonial	20 Cosmo Pl	415-9313600	www.lecolonialsf.com
Sushirrito	59 New Montgomery St	415-495-7655	www.sushirrito.com
Chaya	132 Embarcadero Dr	415-777-8688	www.thechaya.com
Delica	1 Sausalito - San Francisco Ferry Bldg #45	415-834-0344	www.delicasf.com

旧金山购物

对于喜欢购物的人来说，旧金山这座城市是万万不可错过的"购物天堂"。旧金山的购物点主要集中在渔人码头、联合广场及联合广场周围的街区，其中联合广场最受购物者喜爱。

人气旺盛的购物区

·联合广场

联合广场（Union Square）是旧金山一处非常繁华的商业区，主要有邮政街、史塔克顿街、基立街、鲍尔街这四条主要街道。街道上大型商场、名牌商店非常多，还有许多高级美术馆和露天咖啡厅，是人们购物和观赏画作的理想之地。

地址：Union Square,Geary St
交通：乘坐powell-hyde缆车在powell St & Post St下车；或乘坐38路公交车在Geary Blvd & Stockton St下车

旅游达人游玩攻略

联合广场经常会举行画展、跳蚤市场等活动，在此期间你可以买到许多精美画作和廉价小商品。

· 金融区

金融区（Financial District）有着"西海岸的华尔街"之称。这里除了有众多金融机构外，还有包括轮渡大厦商场、农夫市场在内的众多购物地，非常热闹。特别是在农夫市场中，你能买到各种各样的商品，包括水果、工艺品、美食等。

地址： 联合广场东部
交通： 乘坐1、2、4路公交车在Sacramento St & Battery St下车

· 旧金山唐人街

旧金山唐人街（Chinatown）是美国西部最大的可与纽约唐人街相媲美的地方，整条街道都被多姿多彩的中国文化渲染着。唐人街上有众多礼品店、古董店、中药店、参茸店、土特产店等以销售中国商品为主的店铺，是购买中国传统商品的好去处。

地址： 旧金山唐人街
交通： 乘坐1路公交车在Clay St & Stockton St下车

· 渔人码头

渔人码头是旧金山一处非常热闹的大型海鲜购物区。这里有着众多贩卖螃蟹、虾、鲍鱼、枪乌贼、海胆、鲑鱼、鲭鱼和鳕鱼等海产品的摊位，你可以现场品尝美味海鲜。此外，这里还有书廊、古董店、纪念品店等店铺，是你购买纪念品和古董的好去处。

地址： 海岸线和Beach街之间
交通： 乘坐9、15、25、30、32、39、42、45路公交可到，也可以乘坐鲍威尔-梅森线、鲍威尔-海德线缆车到达

名牌集中的大本营

· 旧金山购物中心

旧金山购物中心（San Francisco Shopping Centre）是一座大型购物中心，这里有数百家名牌商店和时髦精品店，商品种类众多，包括服饰、鞋、化妆品、包、珠宝、玩具等商品，是人们购买名牌商品的好去处。

地址： 865 Market St
交通： 乘坐J、K路轻轨车在Metro Powell Station下车
电话： 415-4955656
网址： www.westfield.com

·妮梦玛珂丝百货公司

妮梦玛珂丝百货公司 (Neiman Marcus) 位于联合广场附近，外部建筑华美，内部装饰极其奢华。商场内主要以销售香奈尔时装、貂皮大衣、皮包等商品为主，价位相当高昂。此外，商场内还有一个"美食广场"，购物完后你可以在里面尽情地享用美食。

地址：150 Stockton St
交通：乘坐38路公交车在Geary Blvd & Stockton St 下车
电话：415-3623900
网址：www.neimanmarcus.com

· Embarcadero Center

Embarcadero Center是旧金山一处聚集有众多名牌商品店铺的大型购物中心，通常被人们当作是在旧金山购物的首选之地。在这里，你几乎可以找到任何你能想到的名牌商品，商品种类多得让你不知道该如何选择。不过，这里的商品价格都比较昂贵。

地址：3 Embarcadero Center
交通：乘坐1、41路公交车在Sacramento St & Davis St下车
电话：415-7720700
网址：www.embarcaderocenter.com

物美价廉的淘宝地

· 冒充者

冒充者（Impostor）是旧金山一处以仿制名人所佩戴或名设计家设计的珠宝为主的商店。商店内有包括第凡内、卡蒂尔、宝嘉莉等名牌仿制品，做工精致，几乎看不出和真品有何差别。不过，这里的仿制品非常便宜，让你有想把商品全买回家的冲动。

地址：295 Geary Street（San Francisco Shopping Center）
交通：乘坐powell-hyde缆车在powell St & Post St下车，或乘坐38路公交车在Geary Blvd & Stockton St下车

· Far East Flea Market

Far East Flea Market位于繁华的唐人街上，是旧金山一处非常热闹的跳蚤市场。这里是众多华人经常光顾的地方，主要商品有旧家具、老唱片、二手电器、旧书信字画等，种类非常齐全，价格也比较实惠。

地址：729 Grant Ave
交通：乘坐1路公交车在Clay St & Stockton St下车
电话：415-9898588

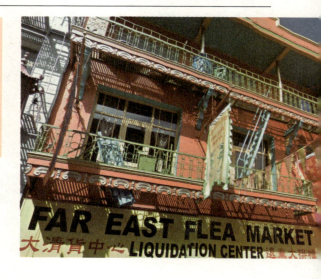

旧金山娱乐

在旧金山这座大都市里，有众多娱乐看点，你能玩得十分尽兴，酒吧、球场、歌剧院、电影院等，不管哪种娱乐方式，你都能轻易在这里找到。

酒吧

·屈服酒吧

屈服酒吧（Yield Wine Bar）是一家可以自己酿造美酒的酒吧。酒吧内环境极为舒适，木制架子上摆满了各式美酒，就连喝酒用的玻璃杯造型也十分独特。酒吧内最受顾客喜爱的美酒是葡萄酒，味道十分正宗。

地址：2490 3rd St
交通：乘坐F、KT路轻轨车在3rd St & 20th St下车
电话：415-4018984
网址：www.yieldsf.com

·Ruby Skye

Ruby Skye位于热闹非凡的联合广场附近，人气旺盛。酒吧外部招牌十分显眼，给人一种时尚的感受。推开木制大门，里面巧妙的布置、华丽的灯光以及香醇诱人的美酒，能让你瞬间喜欢上这里。

地址：420 Mason St
交通：乘坐30、45、91路公交车在Mason St & Geary Blvd下车
电话：415-6930777
网址：www.rubyskye.com

·爵士乐之夜

爵士乐之夜（Biscuit & Blues）是旧金山一家非常有名的酒吧。酒吧内每张桌子上都装饰有蜡烛，营造出了一种典雅温馨的气氛。酒吧内提供各式美酒，还有十分可口的美国南部料理。

地址：401 Mason St
交通：乘坐30、45、91路公交车在Mason St & Geary Blvd下车
电话：415-2922583
网址：www.biscuitsandblues.com

·Cafe Du Nord

Cafe Du Nord是旧金山最有名的爵士音乐酒吧之一。酒吧内不仅提供各式美酒，还有地道的爵士音乐以及各种秀和表演，是追求时尚的年轻人在旧金山游玩时不可错过的地方之一。

地址：2170 Market St
交通：乘坐F路轻轨车在Market St & Sanchez St下车
电话：415-861-5016
网址：www.cafedunord.com

旧金山其他酒吧推荐			
名称	地址	电话	网址
Ruby Skye	420 Mason St	415-6930777	www.rubyskye.com
Absinthe	398 Hayes St	415-5511590	www.absinthe.com
QBar	456 Castro St	415-8642877	www.qbarsf.com
Smuggler's Cove	650 Gough St	415-8691900	www.smugglerscovesf.com
The Tempest	431 Natoma St	415-4951863	www.facebook.com

球队

· 旧金山49人队

旧金山49人队（San Francisco 49ers）的队名不是指49个人，而是指1849年涌入北加州的淘金者的统称。49人队是一支非常有名的美式足球队，曾获得过5次超级碗冠军。不过，近年来战绩有下滑趋势，因此门票也比较容易买到。

地址：602 jometown ave
交通：乘坐29路公交车在格里菲思圣街站下车
电话：408-7349377

·旧金山巨人队

旧金山巨人队（San Francisco Giants）是美国国家联盟西部赛区的一支棒球队。巨人队对棒球的发展起到了极其重要的推动作用，现如今棒球队的各种战术暗号都是由巨人队的手语演化而来的。来到这里，你不仅能看到精彩的棒球赛，还能品尝到味道非常好的炸蒜。

地址： 24 Willie mays plaza

交通： 乘坐F路公交车在King St & 2nd St站下车

电话： 415-9721800

🎳 歌剧院

·圣弗朗西斯科歌剧院

圣弗朗西斯科歌剧院（San Francisco Opera）创立于1923年，是美国的三大歌剧院之一。歌剧院内装潢华丽，拥有一流的音响设备，来这里演出的大部分是超一流艺术家，是喜爱音乐的人值得一去的地方。

地址： 301 Van Ness Ave

交通： 乘坐47、49、90路公交车在Van Ness Ave & Grove St下车

电话： 415-8614008

网址： www.sfopera.com

📷 **旅游达人游玩攻略**

圣弗朗西斯科歌剧院（San Francisco Opera）的门票非常难买，建议提前上网预订，或者从倒票人员手中购买。

🎳 电影院

· Century San Francisco Centre 9 and XD

Century San Francisco Centre 9 and XD是旧金山市区的一座大型电影院。电影院外部建筑十分华美，让人在第一眼望过去的时候就能喜欢上这里。电影院内以放映动作片、战争片、爱情片为主，深受年轻人喜爱。

地址： 845 Market St #500

交通： 乘坐地铁蓝、绿、黄、红线在Powell St.下车，或乘坐5、71路公交车在Market St & 4th St下车

电话： 415-5388422

网址： www.cinemark.com

旧金山其他电影院推荐			
名称	地址	电话	网址
Sundance Kabuki Cinemas	1881 Post St	415-3463243	www.sundancecinemas.com
Century San Francisco Centre 9 and XD	845 Market St #500	415-5388422	www.cinemark.com
Roxie Theater	3117 16th St	415-8631087	www.roxie.com
AMC Van Ness 14	1000 Van Ness	415-6744630	www.amctheatres.com
Vogue Theatre	3290 Sacramento St	415-3462288	www.voguesf.com

旧金山住宿

　　旧金山的住宿点非常多，青年旅舍、酒店、旅馆你都能轻松地找到。旧金山的酒店设施非常完备，不过，价格也比较贵，一般都在150美元以上；青年旅社和旅馆的设施较为完善，价格比较便宜，一般在100美元以下。不过，在旧金山选择住宿点时，你一定要提前预订，不然很难找到自己喜爱的住宿地。

经济型酒店			
名称	地址	电话	网址
San Francisco Downtown Hostel	312 Mason St	415-7885604	www.sfhostels.com
San Francisco Fisherman's Wharf Hostel	240 Fort Mason	415-7717277	www.sfhostels.com
Adelaide Hostel	5 Isadora Duncan Ln	415-3591915	www.adelaidehostel.com
USA Hostels	711 Post St	415-4405600	www.usahostels.com
Hostelling International USA	425 Divisadero St #307	415-8631444	www.norcalhostels.org
Pigeon Point Lighthouse	210 Pigeon Point Rd	650-8790633	www.pigeonpointhostel.org
Hostelling International USA	210 Pigeon Point Rd	650-8790633	www.hiusa.org

中档酒店			
名称	地址	电话	网址
Parc 55 Wyndham San Francisco – Union Square	55 Cyril Magnin St	415–3928000	www.parc55hotel.com
Hotel Nikko San Francisco	222 Mason St	415–3941111	www.hotelnikkosf.com
Hotel Carlton	1075 Sutter St	415–6730242	www.jdvhotels.com
Hotel Tomo	1800 Sutter St	415–9214000	www.hoteltomo.com
The Powell Hotel	28 Cyril Magnin St	415–3983200	www.thepowellhotel.com
Hotel Whitcomb	1231 Market St	415–6268000	www.hotelwhitcomb.com
Hotel Union Square	114 Powell St	415–3973000	www.hotelunionsquare.com

高档酒店			
名称	地址	电话	网址
The Fairmont San Francisco	950 Mason St	415–7725000	www.fairmont.com
San Francisco Marriott Marquis	780 Mission St	415–8961600	www.marriott.com
Palace Hotel	2 New Montgomery St	415–5121111	www.sfpalace.com
Argonaut A Kimpton Hotel San Francisco	495 Jefferson St	415–5630800	www.argonauthotel.com
Sir Francis Drake, a Kimpton Hotel	450 Powell St	415–3927755	www.sirfrancisdrake.com
The Hotel California	580 Geary St	415–4412700	www.hotelca.com
USA Hostels	711 Post St	415–4405600	www.usahostels.com
Courtyard by Marriott San Francisco Downtown	299 2nd St	415–9470700	www.marriott.com
InterContinental San Francisco	888 Howard St	415–6166500	www.intercontinentalsanfrancisco.com

3 旧金山 → 西雅图

Jiujinshan → Xiyatu

西雅图交通

从旧金山前往西雅图

· 飞机

　　从西雅图乘飞机前往旧金山是最快捷、最方便的交通方式。飞机一般从旧金山国际机场起飞，在西雅图塔科马国际机场(Seattle–Tacoma International Airport)降落，飞行时间约2小时10分钟，票价为420美元左右。

西雅图塔科马国际机场信息			
名称	地址	电话	网址
西雅图塔科马国际机场	17801 International Blvd	206-7875388	www.portseattle.org

从西雅图塔科马国际机场进入西雅图市内

从西雅图塔科马国际机场进入西雅图市内的交通工具主要有机场巴士、豪华快车、专线巴士、出租车四种。

名称	运行时间	费用	交通概况
机场巴士	5:30～22:30	约11美元	从机场行李预存处南侧乘车，可到达市中心及周边区域
豪华快车	24小时	约32美元	从航站楼出口处的信息中心打电话预约即可
专线巴士	5:00至次日1:00	约2美元	从机场航站楼右侧的巴士站处乘坐174、194路专线巴士，可到达市内
出租车	24小时	约40美元	从机场航站楼三层标有Grand Transportation Plaza标志处乘车

·火车

从西雅图前往旧金山，乘火车可以欣赏沿途的风景。西雅图开往旧金山的火车是从Seattle King Street Station开往San Jose站，运行时间为23小时30分至24小时，价格为129美元。

🚌 乘单轨电车玩西雅图

单轨电车是连接西雅图市中心的西湖中心和西雅图中心的一种交通工具，全程运行时间只有10分钟左右，且中间没有停靠站点，票价为2美元，运营时间为11:00～19:00。

🚌 乘巴士游西雅图

·公交车

西雅图的公交车运行线路十分广泛，你几乎可以乘公交车到达西雅图市内的每一个角落及周边地区。西雅图的专线巴士在市中心免费运行，免费范围有北边的Battery St.、南边的Jackson St.、东边的6th Ave.及西边的海岸线。超过此区域的公交线路分为单区段和双区段，其中单区段的高峰期价格为1.25美元，非高峰期为1美元；双区段高峰期的价格为1.75美元，非高峰期为1.25美

元。高峰期时段为周一至周五6:00～9:00、15:00～18:00。

· **轨道巴士**

轨道巴士主要在西雅图的地下区域运行，线路是从西雅图会议中心的巴士总站经过第三街到达国际区，主要有5个车站。

🚌 乘出租车玩转西雅图

西雅图市内的出租车非常多，你只要在路口等候便能打到车。西雅图出租车的起步价格为1.8美元/1.6千米，超过1.6千米以后每分钟加收0.5美元。

西雅图市区景点

📍 宇宙针眺望塔

宇宙针眺望塔（Space Needle）在华盛顿州西雅图市的市中心区内，是美国西北太平洋地区的地标性建筑。眺望塔是为了迎接西雅图举行的世界博览会而修建的，塔内设有瞭望台和旋转餐厅，在眺望台可以360°观赏西雅图美景，雷尼尔山、奥林匹克国家公园、普吉湾等景致都能看到。

📋 旅游资讯

地址： 400 broad st

交通： 乘坐3、4、82路公交车在 5th Ave N & Broad St下车

门票： 17美元

电话： 206-9052100

网址： www.spaceneedle.com

宇宙针眺望塔

西雅图华盛顿大学

西雅图摇滚音乐博物馆

西雅图摇滚音乐博物馆（Experience Music Project）由建筑师盖瑞（Frank O. Gehry）设计，是一座主题明确的博物馆。博物馆外形设计颇为前卫，内部通过最先进的计算机科技互动的3D影像，来表现各种不同主题的音乐，参观者可以根据自己的兴趣选择想要欣赏的音乐。

旅游资讯

地址：325 5th Ave N

交通：乘坐3、4、16路公交车在5th Ave N & Broad St下车

电话：206-7702700

开放时间：10:00～17:00，感恩节、圣诞节闭馆

网址：www.empmuseum.org

旅游达人游玩攻略

如果你想参观西雅图摇滚音乐馆和科幻小说博物馆，可以在购票处购买参观两个博物馆的套票，票价为15美元。

西雅图艺术博物馆

西雅图艺术博物馆（Seattle Art Museum Downtown）占地面积很大，是西雅图非常受欢迎的艺术博物馆。博物馆内收藏有亚洲美术作品、美国艺术和美国原住民艺术品、大洋洲原住民艺术品等数万件藏品，是值得一看的好地方。

旅游资讯

地址：1300 1st Ave

交通：乘坐10、47、99路公交车在1st Ave & Union St下车

电话：206-6543100

门票：15美元

开放时间：10:00～17:00，周一、周二、法定节假日闭馆

网址：www.seattleartmuseum.org

科幻博物馆

科幻博物馆（Science Fiction Museum）是世界首家科幻博物馆。博物馆内设有科幻家园、科幻旅程、美妙新世界、明日之城这四个陈列馆，馆内主要以交互的形式向参观者展示神秘离奇的故事情节以及引人入胜的电影道具。

旅游资讯

地址：325 5th Ave N, Seattle

交通：乘坐3、4、16路公交车在5th Ave N & Broad St下车

电话：877-3677361

开放时间：10:00～17:00，感恩节、圣诞节闭馆

网址：www.empmuseum.org

科幻博物馆

📍 拓荒者广场

拓荒者广场位于西雅图市中心的西南角的著名广场。广场内的建筑多为理查德森罗曼式，广场上有印第安酋长西雅图的半身塑像、雕刻木柱、史密斯塔等景观，其中史密斯塔是西雅图的第一座摩天楼。此外，广场下面还有一个展示西雅图早期建筑的地下城。

💬 旅游资讯

地址：100 Yesler Way

交通：乘坐16、66路公交车在Yesler Way & 1st Ave S下车

电话：206-6844075

门票：15美元

网址：www.undergroundtour.com

📷 旅游达人游玩攻略

拓荒者广场内的地下城会随着月份的不同而调整开放时间，建议你前往地下城游玩时，提前在网上确认其开放时间，再前往参观。

📍 华盛顿大学

华盛顿大学创建历史悠久，是西雅图一所世界顶尖的著名大学。校园内的环境十分优美，山、湖、树林点缀其中，博物馆和画廊也位于其内。此外，华盛顿大学西侧有众多餐馆、书店、电影院的学生街，都是值得一玩的地方。

💬 旅游资讯

地址：185 NE Stevens Way

交通：乘坐67、205路公交车在Stevens Way & Memorial Way下车

电话：206-5431695

开放时间：8:30～17:00（周一至周五）

网址：www.washington.edu

📷 旅游达人游玩攻略

游览华盛顿大学时，你可以前往来访者中心领取一份校园地图，然后参照地图进行游览参观。另外，华盛顿大学内的图书馆也是对外开放的，游客可以凭护照到图书馆看书，不过，不能在里面借书。

📍 西雅图中央图书馆

西雅图中央图书馆（Seattle Public Library–Central Library）是美国一座大型图书馆，也是西雅图公共图书馆系统的旗舰馆。图书馆位于一幢由玻璃和钢铁组成的建筑内，有着独特和突出的外观，仿佛一个巨大的"蜘蛛网"；内部有着百余万册书籍，并有数百台电脑向公众开放。

💬 旅游资讯

地址：1000 4th Ave, Seattle

交通：乘坐7、41、71路公交车在4th Ave & Madison St下车

电话：206-3864636

网址：www.spl.org

西雅图中央图书馆

西雅图水族馆

　　西雅图水族馆（Seattle Aquarium）是西雅图海滨一处十分受欢迎的景点。水族馆面积虽然不大，但里面饲养着众多海洋动物。水族馆中还有一个巨大的球形透明玻璃视窗，人们抬头便能看到里面的海洋生物。水族馆内很受欢迎的有河水獭和海水獭，以及夏天时会上岸产卵的鲑鱼。

旅游资讯

地址：1483 Alaskan Way
交通：乘坐99路公交车在Alaskan Way & Pike St下车
电话：206-3864300
门票：17美元
开放时间：9:30～17:00
网址：www.seattleaquarium.org

西雅图周边景点

航空博物馆

　　航空博物馆（Museum of Flight）位于波音公司的发源地埃尔奥特湾沿岸，是一家以展示航空飞机为主题的博物馆。博物馆入口处摆放着一架巨大的波音787客机，内部摆放有各种各样的真实飞机，其中最为著名的是美国总统的专机和法国的谐和机。此外，博物馆大厅里还有一个4D飞行器，游客可以在里面亲身体验驾驶飞机飞行的感觉。

旅游资讯

地址：9404 East Marginal Way S
交通：乘坐124路公交车在East Marginal Way S & S 94th Pl下车
电话：206-7645720
门票：15meiyuan
开放时间：10:00～17:00
网址：www.museumofflight.org

旅游达人游玩攻略

航空博物馆的入口处有很多不同种类的飞机模型，可以购买，不过价格都比较贵，喜欢的游客可以挑选一些；此外，你也可以在航空博物馆附近的小商店中购买飞机模型，价格都比较便宜。

航空博物馆

📍 波音飞机制造公司

　　波音飞机制造公司（The Boeing Company）是西雅图最著名的观光项目之一。波音公司专门开设有一个名为"Future and Flight"的体验馆，参观者可在波音飞机制造公司的剧场里面观看关于波音飞机组装工程的电影，并可进入世界上最大的波音飞机制造厂房进行参观。

💬 旅游资讯

地址：8415 Paine Field Blvd

门票：15.5美元

电话：425-4388100

开放时间：8:30～17:30，感恩节、圣诞节、元旦节闭馆

网址：www.futureofflight.org

📷 旅游达人游玩攻略

1.参观波音飞机制造公司前，你可以在网上购票，也可以在入口处购买当日票。如果是预约参观，需多交2.5美元的手续费。另外，如果你只参观画廊的话，只需买10美元的门票。

2.参观波音飞机制造公司时，你需要记住整个组装厂内不可以拍照，也不可以携带电子设备进入里面。

📍 瑞尼尔山国家公园

　　瑞尼尔山国家公园位于美国第五大高山瑞尼尔山中，在西雅图塔科马国际机场向普吉特湾方向远望便能看到它。瑞尼尔山有着漂亮的山景、潺潺的流水、清丽的瀑布和湖泊，风景十分美丽。每年七、八月间，瑞尼尔山冰雪融化，漫山鲜花争先开放，这里便成了一片美丽的花海。

💬 旅游资讯

地址：55210 238th Aue E.Ashford

交通：从西雅图出发往5号高速公路南下，再接706号公路东行，大约2小时车程可到

电话：360-5692177

开放时间：10:00～17:00（5～10月中旬），10:00～16:45（10月下旬至次年4月，周六、周日及节假日）

📷 旅游达人游玩攻略

瑞尼尔山国家公园内最高的景点——日出，是观赏风景的最佳地点。来到这里，你可以欣赏到冰河的壮丽奇景，还可以眺望公园内另一座秀丽的贝克山和太平洋的景象。

瑞尼尔山国家公园

📍 北喀斯喀特国家公园

北喀斯喀特国家公园（North Cascades National Park）是北喀斯喀特山脉中最为著名的旅游胜地之一，也是背包客露营的首选之地。公园分为北部荒原区、南部荒原区、其兰湖和罗斯湖国家修养区四个部分，有壮丽的冰川，巍峨的高山，也有碧波荡漾的湖水。此外，园内还生活着熊、美洲豹、麋鹿等众多野生动物。

💬 旅游资讯

地址： State Route 20

交通： 沿着20号州级公路行走可到

电话： 360-8547200

网址： www.nps.gov

📷 旅游达人游玩攻略

1. 北喀斯喀特国家公园非常大，前往游玩时，建议穿一双轻便、舒适的旅游鞋，并带充足的水和食物。

2. 北喀斯喀特国家公园内的萝丝湖景色非常美，是拍照的好地方。沿着萝丝湖的道路行走，可以观赏北喀斯喀特山和南喀斯喀特山的风景。

3. 在北喀斯喀特国家公园的露营地有殖民溪露营地(Colonial Creek Campground)和古德尔溪露营地(Goodell Creek Campground)、北喀斯喀特斯德赫钦客栈等，其中只有北喀斯喀特斯德赫钦客栈是全年开放，其他露营地则只在旅游季节开放。此外，斯德赫钦山谷(Stehekin Valley)有往返公交车运载游客到露营地，背包客可以乘车直接前往。

北喀斯喀特国家公园

西雅图美食

西雅图因有着优越的地理位置，又因智利、日本等渔货常在此装卸，所以形成了以海鲜为主的美食特色。其海鲜包括蚝、螃蟹、鲑鱼、鳟鱼、鳕鱼和贝类等。此外，在西雅图国际区还有中国、日本、韩国、越南等多个国家的美食餐厅，可满足任何前来就餐的食客。

🍴 美国本土风味

· The Crab Pot Restaurant & Bar

The Crab Pot Restaurant & Bar是一家以供应美味海鲜为主的美式餐厅。餐厅内有着一流的服务，炸鱼薯条、蛤蜊浓汤比较受欢迎。此外，餐厅内还有优质的葡萄酒可供品尝。

地址： 1301 Alaskan Way
交通： 乘坐99路公交车在Alaskan Way & University St下车
电话： 206-6241890
网址： www.thecrabpotseattle.com

· Emmett Watson's Oyster Bar

Emmett Watson's Oyster Bar开设年代较早，是西雅图一家很有名气的餐馆。餐馆以经营海鲜为主，同时还有各色美酒供人们品尝，价格比较实惠，深受人们喜爱。如果你不知道怎么前往这家餐馆的话，随便找一个当地人，便可得知如何到达。

地址： 1916 Pike Pl
交通： 乘坐99、113、121路公交车在1st Ave & Pine St下车
电话： 206-4487721
网址： www.emmettwatsonsoysterbar.com

· Six Seven

Six Seven的地理位置非常优越，餐厅对面便是大海。这里的环境极其休闲、优雅，菜肴十分精致、可口，其中比较受欢迎的有鸡肉沙拉金枪鱼、鸡肉面条汤、布里厚片香脆培根等。来到这里，你可以选择一个靠窗的位子坐下，一边品尝美食一边欣赏美丽的海景。

地址：2411 Alaskan Way
交通：乘坐99路公交车在Alaskan Way & Wall St下车
电话：206-7287000
网址：www.edgewaterhotel.com

📷 旅游达人游玩攻略

前往Six Seven就餐前，你可以先上网查看餐厅内的餐单，选出自己喜爱的食物，然后再打电话预订好餐位。

· Beecher's

Beecher's是帕克农贸市场中的一家手工奶酪作坊。店内装饰风格极为简单，环境舒适，白色的架子上放置着众多制作奶酪的材料，玻璃柜中则摆放着品种多样的奶酪。来到这里，你不仅可以品尝到美味的奶酪，还能喝到许多新鲜榨取的果汁。

地址：21600 Pike Pl
交通：乘坐99、113、121路公交车在1st Ave & Pine St下车
电话：206-9561964
网址：www.beechershandmadecheese.com

其他美国本土风味餐厅推荐			
名称	地址	电话	网址
Steelhead Diner	95 Pine St	206-6250129	www.steelheaddiner.com
Sky City At the Needle	400 Broad St	206-9052100	www.spaceneedle.com
Marcela's Cookery	106 James St	206-2230042	www.marcelascreolecookery.com
Canlis Restaurant	2576 Aurora Ave N	206-2833313	www.canlis.com

🍴 中国风味

·东来食府

东来食府（Facing East Restaurant）是一家装饰华美的中餐厅，其巨大的落地玻璃窗、墙壁上挂着的精美的画卷、淡黄色的木制地板，均营造出一种温馨的氛围。餐厅内的主打菜肴有酸菜蒸扣肉、孜然牛肉等，菜肴价格较高，不过味道很好。

地址： 1075 Bellevue Way NE B2
交通： 乘坐243、249路公交车在Bellevue Way NE & NE 10th St下车
电话： 425-6882986

·文华酒家

文华酒家（Tea Garden Restaurant）是一家非常受欢迎的中餐厅。餐厅外部建筑的吸引力十足，红色的外墙和绿色的招牌，给人一种温馨的感觉。餐厅中的菜肴色香味俱全，味道十分鲜美，主打菜肴有烤鸭、清蒸鲫鱼等。

地址： 708 Rainier Ave S
交通： 乘坐7、9路公交车在Rainier Ave S & S Dearborn St下车
电话： 206-7099038
网址： www.seattleteagarden.com

·七星椒

七星椒是一家融合了现代时尚风格与古代古朴风格的中餐厅。餐厅内部环境舒适、雅致，有彩釉花瓶、绿色植被、木制餐台点缀其中，给人一种温馨的感觉。餐厅以川菜为主打菜肴，菜单十分独特，菜肴的口感非常好。

地址： 1207 S Jackson St
交通： 乘坐7、9、14路公交车在 S Jackson St & 12th Ave S 下车
电话： 206-5686446
网址： www.sevenstarspepper.com

📷 旅游达人游玩攻略

前往七星椒餐厅吃饭时，如果你不喜欢吃辣，可以跟服务员提出菜肴中少放辣椒。

其他中国风味餐厅推荐			
名称	地址	电话	网址
Wild Ginger	1401 3rd Ave	206-6234450	www.wildginger.net
Sichuanese Cuisine Restaurant	1048 S Jackson St	206-7201690	www.sichuaneserestaurant.com
Bamboo Garden Vegetarian Cuisine	364 Roy St	206-2826616	www. bamboogarden.net
House of Hong Restaurant	409 8th Ave S	206-6227997	www.houseofhong.com
China Harbor Restaurant	2040 Westlake Ave N	206-2861688	www.seattlechinaharbor.com

🍴 世界美食

·Thanh Vi

Thanh Vi是一家以越南菜为主打的餐厅。餐厅内装饰风格时尚、大气，环境清新、舒适，使得来这里就餐的人身心完全放松下来。餐馆内的菜肴十分可口，价格也比较实惠。

地址：1046 S Jackson St
交通：乘坐9、60路公交车在12th Ave S & S Jackson St下车
电话：206-3290208

·Shiro's Sushi Restaurant

Shiro's Sushi Restaurant是西雅图一家非常有名的日式寿司餐厅。餐厅内的寿司以新鲜海鱼制作而成，主打寿司有金枪鱼、鲱鱼、加州卷寿司等，味道十分可口，价格也比较高。此外，餐馆内还有清酒、日式伏特加等美酒可以品尝。

地址：2401 2nd Ave
交通：乘坐123路公交车在2nd Ave & Wall St下车
电话：206-4439844
网址：www.shiros.com

📷 旅游达人游玩攻略

前往Shiro's Sushi Restaurant餐厅就餐前，你可以提前打电话，预订好餐位。同时，你还可以在网上查看各种菜肴的价位。

·Bahn Thai Restaurant

Bahn Thai Restaurant是一家泰国风味餐厅。餐厅内环境极为舒适，菜肴种类非常多，包括咖喱、海鲜、汤类、面条等类型，价格也比较优惠，是值得一尝的餐厅。

地址：409 Roy St
交通：乘坐3、4路公交车在5th Ave N & Valley St下车
电话：206-2830444
网址：www.bahnthaimenu.com

📷 旅游达人游玩攻略

Bahn Thai Restaurant官网上提供有中餐、晚餐以及酒类的菜单，如果你想前往吃饭的话，可以先在网上选择好，再直接前往餐厅内就餐。

其他世界美味餐厅推荐			
名称	地址	电话	网址
Kushibar	2319 2nd Ave	206-4482488	www.kushibar.com
'Ohana	2207 1st Ave	206-9569329	www.ohanabelltown.com
Boom Noodle	1121 E Pike St	206-7019130	www.boomnoodle.com
Momiji	1522 12th Ave	206-4574068	www.momijiseattle.com
Jhanjay Vegetarian Thai	5313 Ballard Ave NW	206-5881469	www.jhanjay.com

西雅图购物

西雅图是游客心仪的购物城市，逛街购物也是西雅图的另一大旅游主题。西雅图购物场所非常多，像到Premium Outlet这样的地方购买名牌商品，就如同去菜市场买菜一样方便，还有日本2元超市也是深受购物者喜爱的购物场所。

人气旺盛的购物点

· 西湖中心

西湖中心（Westlake Center）位于一个都市街廓内，是一块三面临大型百货公司的大型购物街。购物街内商品种类众多，是喜好逛独门精品店的潮人们的首选之地。此外，街道内还有一条美食街，购物者购物完后，可以在街上享受美食。

地址：400 Pine St
交通：乘坐LINK路轻轨车在Westlake Station站下车，或乘坐41、71、72路公交车在Westlake Station站下车
电话：206-4671600
开放时间：10:00～20:00（周一至周六），11:00～16:00（周日）
网址：www.westlakecenter.com

Uwajimayav

· Uwajimaya

Uwajimaya是西雅图人气极为旺盛的购物街所在地，同时也是充满异国情调的亚洲商品街。街道上主要以经营各种餐具、炊具、精美礼品为主，商品种类齐全，做工也十分精致，不过价格都比较高。

地址：600 5th Ave S #100
交通：乘坐255路公交车在Int'l District下车
电话：206-6246248
网址：www.uwajimaya.com

名牌集中的购物点

· Premium Outlet

    Premium Outlet是西雅图的一个大型品牌商品集中地。这里有100多家的品牌直销店，商品种类众多，包括服饰、鞋、帽、化妆品等。来到这里，你可以以比较低的价格买到许多品牌商品。

地址：10600 Quil Ceda Blvd Tulalip
电话：206-6543000

· Nordstrom Rack Downtown Seattle

    Nordstrom Rack Downtown Seattle是西雅图西北部的一座大型购物场所，也是西雅图最大规模的品牌折扣商场之一。商场内有着众多名牌折扣店，商品种类非常多，包括服饰、鞋、帽子等商品，价格也比市场价格要低很多。

地址：600 5th Ave S #100
交通：乘坐255路公交车在Int'l District下车
电话：206-6246248
网址：www.uwajimaya.com

商品众多的购物点

· 帕克市场

    帕克市场（Public Market）位于帕克街和弗吉尼亚街上的第一大道和西大道之间，其前身是农村集贸市场，现在是西雅图市的一个著名人文旅游景点。漫步市场内，随处可见整桶的鲜花、新鲜糕点和果蔬、手工干酪、当地蜂蜜、葡萄酒进口商品、古董等商品，还能时常见到精彩的飞鱼表演，并能品尝到众多的美食，是你在西雅图购物不可错过的地方。

地址：Pike St.&1st Ave.
交通：乘坐LINK路轻轨车在Westlake Station下车
开放时间：10:00～18:00（1楼），11:00～17:00（地下室），
            10:00～17:00（咨询处），感恩节、圣诞节、元旦节
            关闭
电话：206-6827453

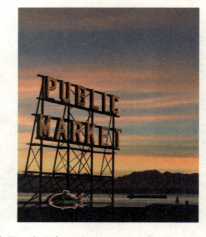

📷 旅游达人游玩攻略

1.在参加"帕克广场的食品、红酒之旅"时，你需要提前打电话206-7254483或上网www.seattlefoodtours.com预约，票价为39美元，开始时间为每天12:00，时长约为2小时30分钟，主要活动是品尝用当地食材加工而成的美味菜肴和红酒。

2.帕克市场内的商品非常多，价格也不尽相同，建议你去的时候多带一点现金。

· 日本2元超市

　　日本2元超市位于西湖购物中心内，是一家主要出售日本产品的购物超市。超市内商品种类非常多，价格低廉，但做工十分精致，都带有浓厚的日本风情特色，是绝对物有所值的购物点。

地址： 400 Pine St
交通： 乘坐LINK路轻轨车在Westlake Station站下车，或乘坐41、71、72路公交车在Westlake Station站下车

西雅图娱乐

　　西雅图是一个娱乐行业非常发达的城市，在这里你几乎可以找到所有你喜欢的娱乐点，如酒吧、剧院、电影院、球场、音乐厅等。西雅图娱乐点内的环境都非常舒适，是个能让你尽情玩乐的地方。

酒吧

· Sun Liquor

　　Sun Liquor是一家非常有名的酒吧，装饰风格极其华美。酒吧内以提供最优秀的手工制作的鸡尾酒为主，其中血色夫人、皮姆杯肯塔基红衣主教是比较受欢迎的酒类。此外，这里还有许多特色美食，如蓝纹奶酪、培根汉堡等。

地址： 607 Summit Ave E
交通： 乘坐47路公交车在Summit Ave E & E Mercer St下车
电话： 206-8601130
营业时间： 17:00至次日2:00
网址： www.sunliquor.com

· Joe Bar

　　Joe Bar位于西雅图市中心繁华的街道上，是一家人气十分旺盛的酒吧。酒吧内装饰风格极为时尚，内部有炫目的灯光和木制的桌椅，吧台后摆满了各式各样的美酒。来到这里，你可以请调酒师专门为你调一杯美酒，然后在音乐声中慢慢品尝。

地址： 810 E Roy St
交通： 乘坐9、49路公交车在E Roy St & Broadway E下车
电话： 206-3240407
网址： www.joebarcafe.com

其他酒吧推荐			
名称	地址	电话	网址
Bathtub Gin & Co	2205 2nd Ave	206-7286069	www.bathtubginseattle.com
Owl N' Thistle	808 Post Ave	206-6217777	www.owlnthistle.com
The Pike Pub and Brewery	1415 1st Ave	206-6226044	www.pikebrewing.com
Bookstore Bar	1007 1st Ave	206-3821506	www.alexishotel.com
Zig Zag Cafe	1501 Western Ave #202	206-6251146	www.zigzagseattle.com

球队

·西雅图水手队

　　西雅图慈夫科球场是西雅图水手队（Seattle Mariners Baseball Club）的主场所在地。水手队是西雅图一支非常有名的棒球队，属于美国联盟西部赛区。水手队主场的面积非常大，可以容纳数万名观众，其天穹顶部为开放式，场内铺有天然草坪。从西雅图水手队主场走出的巨星有铃木一郎、肯·小葛瑞菲等人。

地址：1250 1st Ave S
交通：乘坐21、41、84路公交车在4th Ave S & S
　　　Royal Brougham Way下车
电话：206-6224487
网址：www.seattle.mariners.mlb.com

旅游达人游玩攻略

1.西雅图水手队球主场开始比赛时，球场内气温会急速下降，前去球场看球时，你一定要做好防寒准备。

2.想要购买西雅图水手队门票的话，你可以在球场右侧或者在西雅图市区店、贝尔维尤广场店、南中心店购买。

·西雅图海鹰队主场

　　Centurylink球场是西雅图海鹰队（Seattle Seahawks）的主场所在地。海鹰队是西雅图的一支美式足球队，属于国家联合会西部分区。海鹰队主场可容纳6万余名观众，来西雅图游玩时，来此看一场精彩的球赛是个不错的选择。

地址：800 Occidental Ave. S.
交通：乘坐Amtrak火车在Seattle
　　　King Street Station站下车
电话：206-6822900
网址：www.seahawks.com

🎳 村落

·莱利卡姆村

　　莱利卡姆村（Tillicum Village）位于布莱克岛州立公园内，为普及和再现西雅图原住民的传统文化而修建。来到这里，你会看到穿着长袍的舞女前来迎接，并会奉上蛤蜊汤。进入原住民的传统建筑长屋后，你可以一边吃着传统的鲑鱼餐，一边欣赏舞台上表演的传承剧《风的舞蹈》。

地址： 1101 Alaskan Way
交通： 从55号码头出发，乘坐海港之旅的船在布莱克岛州立公园下可到
电话： 206-6228687
门票： 79.95美元
开放时间： 11:30～16:30，11月至次年2月关闭
网址： www.tillicumvillage.com

📷 旅游达人游玩攻略

莱利卡姆村内娱乐项目非常多，走在村内的街道上，你都能看到免费的舞蹈表演。同时，你还可以在自由活动时间在米杉生长茂密的小路闲逛。

🎳 剧院

·Benaroya Hall

　　Benaroya Hall是西雅图主要的地区性合唱团Seattle Symphony乐团的演出地。Benaroya Hall内部装饰极为奢华，环境优雅、舒适，内部拥有完整的多媒体音乐舞台，能让观众在轻松自如的环境中享受音乐所带来的乐趣。

地址： 200 University St
交通： 乘坐1、2、3路公交车在3rd Ave & Union St下车
电话： 206-2154800
网址： www.benaroyahall.org

📷 旅游达人游玩攻略

前往Benaroya Hall观看表演时，你可以先在网上查询演出的具体内容和时间，并提前预订好门票。

🎳 电影院

·Egyptian

　　Egyptian位于西雅图市中心的国会山附近，是西雅图最好的艺术电影院之一。电影院内设施非常完备，音效很好，主要放映独立电影、外语电影、纪录片、恢复经典等影片，深受人们喜爱。

地址： 805 E Pine St
交通： 乘坐10、11、49路公交车在E Pine St & Broadway下车
电话： 206-7204560
网址： www.landmarktheatres.com

📷 旅游达人游玩攻略

前往Egyptian内观看电影前，你可以先登录官网，进入订票场次内选择你所要看的电影名称，然后根据名称来购买电影票。

· Landmark Harvard Exit

Landmark Harvard Exit位于百老汇街的北端，原为世纪俱乐部会所，后改为电影院。电影院内配有DLP数字投影和声音，为观众提供了最好的观看独立电影、外语电影的温馨氛围。每年这里还会举办国际电影节等活动。

地址：807 E Roy St
交通：乘坐9、49路公交车在E Roy St & Broadway E下车
电话：206-3230587
网址：www.landmarktheatres.com

其他电影院推荐			
名称	地址	电话	网址
SIFF Cinema Uptown	511 Queen Anne Ave N	206-4645830	www.siff.net
Regal Meridian	1501 7th Ave	206-2239600	www.regmovies.com
Cinerama	2100 4th Ave	206-4486680	www.cinerama.com
Central Cinema	1411 21st Ave	206-3283230	www.central-cinema.com
Pacific Science Center	200 2nd Ave N	206-4432001	www.pacificsciencecenter.org

西雅图住宿

西雅图的住宿点主要分布在中央商业区和塔科马国际机场两个区域。西雅图既有经济型旅馆，也有五星级酒店，你可以根据自己的需要选择入住点。在夏季旅游旺季入住西雅图时，最好提前打电话或上网预订房间。此外，夏季旅游旺季时，房间价格也会相应地往上涨。

中央商业区

经济型酒店			
名称	地址	电话	网址
Moore Hotel	1926 2nd Ave	206-4484851	www.moorehotel.com
Hostelling International at the American Hotel	520 S King St, Seattle	206-6225443	www.hiusa.org
Ace Hotel	2423 1st Ave	206-4484721	www.acehotel.com
Green Tortoise Hostel	105 Pike St	206-3401222	www.greentortoise.net
Hotel Max	620 Stewart St	206-7286299	www.hotelmaxseattle.com

中档酒店

名称	地址	电话	网址
Executive Hotel Pacific	400 Spring St	206-6233900	www.executivehotelpacific.com
W Seattle hotel	1112 Fourth Ave	206-2646000	www.wseattle.com
The Roosevelt Hotel	1531 7th Ave	206-6211200	www.roosevelthotel.com
Crowne Plaza Hotel Seattle	1113 6th Ave	206-4641980	www.crowneplaza.com

高档酒店

名称	地址	电话	网址
Sheraton Seattle Hotel	1400 6th Ave	206-6219000	www.sheratonseattle.com
Mayflower Park Hotel Seattle	405 Olive Way	206-6238700	www.mayflowerpark.com
The Fairmont Olympic Hotel	411 University St	206-6211700	www.fairmont.com
Hilton Seattle	1301 6th Ave	206-6240500	www.thehiltonseattle.com
Sheraton Seattle Hotel	1400 6th Ave	206-6219000	www.sheratonseattle.com

塔科马国际机场区

经济型酒店

名称	地址	电话	网址
Inn at the Market	86 Pine St	206-4433600	www.innatthemarket.com
Salty's on Alki Beach	1936 Harbor Ave SW	206-9371600	www.saltys.com
Ivar's Acres of Clams	1001 Alaskan Way	206-6246852	www.ivars.com

中档酒店

名称	地址	电话	网址
Alaska Airlines Inc	19530 International Blvd	206-8249800	www.alaskaair.com
Horizon Air	South Concourse	206-4333200	www.alaskaair.com
Alaska Airlines Inc	20435 72nd Ave S	206-3922550	www.alaskaair.com

高档酒店

名称	地址	电话	网址
Inn At Langley	400 1st St	360-2213033	www.innatlangley.com
W Seattle	1112 Fourth Ave	206-2646000	www.wseattle.com
Salish Lodge and Spa	6501 Railroad Ave	425-8882556	www.salishlodge.com
JetBlue Airways	SeaTac	800-5382583	www.portseattle.org

盐湖城周边大盐湖

PART 6

拉斯维加斯→盐湖城

1 拉斯维加斯

Lasiweijiasi

拉斯维加斯交通

从机场前往市区

·麦卡伦国际机场

麦卡伦国际机场（LasVegas McCarran International Airport）是服务于美国拉斯维加斯市和克拉克县的主要机场，主要以停靠国际航班为主，以停靠国内航班为辅，中国的北京、上海、香港、广州等城市及特别行政区都有航班飞往这里。机场内有1、2、3号航站楼，每座航站楼之间均有巴士运送乘客。此外，机场内还可以免费上无线网。

拉斯维加斯麦卡伦国际机场信息

名称	地址	电话	网址
麦卡伦国际机场	5757 wayne Newton blvd	702-2615211	www.macarran.com

从麦卡伦国际机场进入拉斯维加斯市内

从麦卡伦国际机场进入拉斯维加斯市内的主要交通工具有专线巴士（CAT巴士108路）、机场巴士灰线、出租车三种。

名称	运行时间	费用/电话	交通概况
专线巴士（CAT巴士108路）	4:45至次日2:05（周一至周五），4:45至次日2:02（周六），4:45至次日2:01（周日）	2美元/702-2287433	从机场行李领取处后面的升降电梯或手扶电梯下楼后，在大门右侧乘车，约40分钟可到达市内
机场巴士（灰线）	24小时	6.5~8.5美元/702-7395700	从机场行李领取处10号门出来后，在灰线巴士公司的窗口买票，也可以直接在车上向司机买票，可以直接到达长街（strip）或市中心
出租车	24小时	约25美元/702-8732000	从机场行李领取处1~4号门出，可以看到出租车乘车场，大约15分钟可以到达市内

🚌 乘电车玩拉斯维加斯

·有轨电车

有轨电车是游玩拉斯维加斯最常用的交通工具之一，其运行线路主要从拉斯维加斯大道北面的凌霄塔到南面的曼德勒湾，不但串联起了众多的著名景点，而且还将很多有名的酒店连接了起来，给游客带来了很大的便利。有轨电车的运行票价一般为5美元左右。

·无轨电车

无轨电车是拉斯维加斯非常方便的交通工具，主要有红线、绿线、橙线、蓝线四条线路，票价一般为2.5美元。

🚌 乘巴士游拉斯维加斯

在拉斯维加斯市内运行的巴士有CAT巴士、Deuce巴士、Ace gold line、108路巴士四种。其中，CAT巴士是最为便捷的巴士；Deuce巴士是最适合观光的双层巴士；Ace gold line是运行线路最广的巴士；108路巴士则是连接机场和市区的巴士。这些巴士的运行线路和票价都有所区别，具体情形可以在乘车时留心查看。

名称	票价、运行时间	电话	网址
CAT巴士	2美元、24小时	702-2287433	
Deuce巴士	3美元、24小时	800-2283911	www.rtcsouthemnevade.com
Ace gold line	3美元、24小时	800-2283911	

🚌 自驾车**玩转**拉斯维加斯

　　自驾车是在拉斯维加斯旅行的最佳交通工具。拉斯维加斯的租车公司主要分布在机场附近，游客从航站楼10号门出去就能看见前往租车中心的班车，乘坐班车到达租车公司后，便能在临时的柜台办理手续，然后用临时驾照、护照和预订单去取车即可。

拉斯维加斯租车公司信息			
名称	地址	电话	网址
Ace Cab Company	5010 S Valley View Blvd	702-8884888	
Union Cab Company	5010 S Valley View Blvd	702-7368444	
Frias Transportation Management	5010 S Valley View Blvd	702-7983400	www.lvcabs.com
Vegas Western Cab Company	5010 S Valley View Blvd	702-8884888	
Vegas Western Cab Company	5010 S Valley View Blvd	702-8884888	
Nellis Cab Co	5490 Cameron St	702-2481111	

📍 拉斯维加斯景点

📍 凌霄塔

　　凌霄塔（Stratosphere Tower）位于凌霄酒店内，是拉斯维加斯非常有名的景点。塔上设有瞭望台、旋转餐厅、高空弹跳、速度滑车等餐饮、娱乐设施，其中以速度快著称的速度滑车是最受游客欢迎的娱乐设施。

💬 旅游资讯

地址： 2000 S Las Vegas Blvd
交通： 乘坐Deuce路公交车在Las Vegas @ Stratosphere (N)下车
电话： 800-9986937
开放时间： 10:00至次日1:00
网址： www.stratospherehotel.com

📷 旅游达人游玩攻略

1. 凌霄塔上所有的娱乐设施在雷雨和大风天气均不对外开放，遇到这种天气时建议你不要前去游玩。

2. 凌霄塔上的速度滑车，乘坐一次的票价为10美元。不过，乘客可以选择购买22.95元的门票，这样你就可在一天内无限次乘坐速度滑车。

拉斯维加斯自然历史博物馆

拉斯维加斯自然历史博物馆（Las Vegas Natural History Museum）是一家以展览自然生物为主题的大型博物馆。馆内设有模拟自然生态环境和动物生活状况的展示区、会动的恐龙标本区、化石区，以及标本制作过程介绍等展览区。

旅游资讯

地址： 900 Las Vegas Blvd N
交通： 乘坐113路公交车在Las Vegas @ Cashman (N)下车
电话： 702-3843466
门票： 7美元
开放时间： 9:00～16:00，感恩节、圣诞节闭馆
网址： www.lvnhm.org

拉斯维加斯周边景点

胡佛水坝

胡佛大坝（Hoover Dam）位于内华达州及亚利桑那州的西北部交界处，因两州之间有一小时的时差，所以两端各设有一面时钟来方便人们对时。来到这里，你可以在大坝顶部观赏周围的风景，可以在内部看到美洲土著居民所设计的图案地板，还可以坐电梯直达大坝底部观看发电厂房。

旅游资讯

地址： 内华达州和亚利桑那州交界之处
电话： 702-2936180
门票： 10美元
开放时间： 9:00～18:00
网址： www.usbr.gor

📷 旅游达人游玩攻略

参观胡佛大坝（Hoover Dam）时，建议在15:00之前前往，这样你就可以在天黑之前达到大坝最顶端；另外，胡佛水坝地处沙漠地区，夏天游玩时，建议穿比较薄的衣服，并带上足够的饮用水。

米德湖

米德湖由科罗拉多河上的胡佛水坝拦蓄而成，是世界上最大的人工湖之一。米德湖内开发有米德湖国家游览区，区内开设有包括划船、钓鱼、水橇、游泳、日光浴等在内的多种旅游休闲项目，同时湖边还有很多奇特的峭壁，也是探险的好去处。

米德湖

旅游资讯

地址： 拉斯维加斯米德湖

火焰谷州立公园

火焰谷州立公园（Valley of Fire State Park），简称火焰谷，是内华达州最古老的国家公园。公园内的红色砂岩在阳光的照射下，会折射出像烈火般的红色，非常壮观。公园入口处还有反映印第安人生活及大自然变化等壁画的影片放映，并介绍了公园内的生态环境。此外，这里还是《全面回忆》、《星舰迷航记VII：星空奇兵》、《变形金刚》等好莱坞影片的取景地。

火焰谷州立公园

旅游资讯

地址：29450 Valley of Fire Hwy
电话：702-3972088
开放时间：8:30～16:30
网址：www.parks.nv.gov

大峡谷国家公园

大峡谷国家公园位于科罗拉多大峡谷内，是世界奇景之一，也被联合国教科文组织选为受保护的天然遗产之一。大峡谷内环境极其优美，游人前往参观时，一般都由南缘进入。公园内的游玩项目有自然步行、营火活动、骑马和骡子游览、骑自行车、钓鱼、河面漂流、空中游览等，其中乘木筏沿科罗拉多河漂流是最受欢迎的游览项目之一。

旅游资讯

地址：Grand Canyon
交通：从拉斯维加斯麦卡伦国际机场乘坐飞机可到大峡谷国家公园机场
电话：928-6387888
开放时间：南缘全年开放，北缘夏季开放
网址：www.nps.gov

旅游达人游玩攻略

1.大峡谷国家公园北岸的景色相对南岸的景色更美一些，想要从大峡谷国家公园北岸游览的游客，必须在每年的5～10月自己租车前往，其余时间段北岸不对外开放，只能从南岸前往大峡谷国家公园参观。

2.想乘坐水上交通工具沿科罗拉多河漂流的话，必须提前数月打电话或上网预订门票。科罗拉多河的水上交通工具有摩托艇和非机动化设备两种，其中摩托艇的行程时间一般为3天，非机动化设备行程时间一般在18天以上。

拉斯维加斯美食

拉斯维加斯的美食种类非常多，几乎全世界各地的特色美食你都能在这里找到。拉斯维加斯的餐馆大多分布在大型酒店内，如韦恩酒店、Mirage酒店、巴黎酒店、阿拉丁酒店等；也有很多分布在商场内，价位也不尽相同，你可以根据自己的喜好选择相应的餐馆。

美国本土风味

·碧堤半岛咖啡厅

碧堤半岛咖啡厅（Cafe Bellagio）是拉斯维加斯的一家非常高档的自助餐厅。餐厅内部设计风格独特，有充满异国情调的植物摆放其中，外面还配有游泳池和花园，景色惊奇美丽。餐厅内有各式各样的菜肴，味道十分可口，还有香浓的咖啡。

地址： 3600 S Las Vegas Blvd
交通： 乘坐Deuce、Sdx路巴士在Las Vegas @ Paris (N)下车
电话： 702-6937356
开放时间： 24小时
网址： www.bellagio.com

· The Steak House

The Steak House是拉斯维加斯一家非常有名的餐厅。餐厅内环境极为舒适、雅致，给人一种温馨的感受。餐厅内以提供口味独特的牛排为主，价格合理，服务也极为周到。

地址： 2880 S Las Vegas Blvd
交通： 乘坐Deuce路巴士在Las Vegas @ Riviera (N)下车
电话： 702-7943767
网址： www.circuscircus.com

· Mesa Grill

　　Mesa Grill位于拉斯维加斯恺撒宫大酒店内，是一家非常高档的餐厅。餐厅内装饰奢华，处处洋溢着一种辉煌、大气的气势。餐厅内提供早中晚餐和甜品，主打菜肴有蓝色玉米饼条、茹阿扎斯、腌制红洋葱等。

地址： 3570 S Las Vegas Blvd

交通： 乘坐Deuce路巴士在Las Vegas @ Caesars Palace (S)下车

电话： 877-3464642

网址： www.mesagrill.com

其他美国本土风味餐厅推荐			
名称	**地址**	**电话**	**网址**
Lola's	241 W Charleston Blvd	702-2275652	www.lolaslasvegas.com
B.B. King's Blues Club	3400 S Las Vegas Blvd	702-2425464	www.bbkingclubs.com
Rhythm Kitchen	6435 S Decatur Blvd	702-7678438	www.rhythmkitchenlv.com
The Henry	3708 South Las Vegas Boulevard	213-9729279	www.pantrycafe.com

🍴 中国风味

· Fin

　　Fin餐厅位于Mirage酒店内，是一家非常高档的自助中餐厅。餐厅内以提供中国港式美食为主，专门聘请香港当地的烹饪大师制作菜肴，口味极其地道，是享受美味中国自助餐的好去处。

地址： The Mirage, 3400 S Las Vegas Blvd

交通： 乘坐Deuce路巴士在Las Vegas @ Mirage (S)下车

电话： 866-3394566

网址： www.mirage.com

· Food Express

　　Food Express是拉斯维加斯最受欢迎的的餐厅之一。餐厅内提供有众多特色美食，几乎每个人都能找到自己想要的美食。餐厅内的主打菜肴有西兰花牛肉、宫保鸡丁、姜片葱段鲷、黑豆龙虾等。

地址： 2003 S Decatur Blvd

交通： 乘坐103路公交车在Decatur@O'Bannon CN站下车

电话： 702-8701595

网址： www.lvfoodexpress.com

·永利轩

永利轩（Wing Lei）是一家非常受欢迎的中餐厅。餐厅内环境舒适，服务周到，价格也较为实惠。餐厅内以提供带有法国风味的上海菜为主，兼营带有广东、四川等地风味的特色菜式。

地址：3131 S Las Vegas Blvd
交通：乘坐Ｓｄｘ路巴士在Ｌａｓ Vegas @ Wynn (N)下车
电话：702-7703463
网址：www.wynnlasvegas.com

其他中国风味餐厅推荐			
名称	地址	电话	网址
Chin Chin	3790 Las Vegas Blvd	702–7406300	www.newyorknewyork.com
Blossom	3730 S Las Vegas Blvd	877–2302742	www.arialasvegas.com
Jasmine	3600 S Las Vegas Blvd	702–6938166	www.bellagio.com
Joyful House Chinese Cuisine	4601 Spring Mountain Rd	702–8898881	www.joyfulhouselv.com

🍴 世界美味

·我的朋友戈比

我的朋友戈比（Mon Ami Gabi）是一家非常受欢迎的法式餐厅。餐厅有着巨大的落地玻璃窗，视野很开阔，可以看到拉斯维加斯大道上的风景。餐厅内比较受欢迎的菜肴有培根沙拉、牛排薯条等。此外，餐厅内还有特色葡萄酒可供品尝。

地址：3655 S Las Vegas Blvd
交通：乘坐Deuce路巴士在Las Vegas @ Paris (N)下车
电话：702-9444224
网址：www.monamigabi.com

·Hyakumi

Hyakumi位于恺撒宫大酒店内，是一家日式料理餐厅。餐厅内以提供寿司、铁板烧、生鱼片为主，有数十种不同口味的菜肴。此外，餐厅内还有各种美味啤酒、葡萄酒可以饮用。

地址：3570 S Las Vegas Blvd
交通：乘坐LV001路公交车在Flamingo下车
电话：702-7317519
网址：www.caesarspalace.com

·Wazuzu

Wazuzu位于安可酒店内，是一家非常有名的泰式风味餐厅。餐厅内装饰风格时尚，环境优雅。餐厅内提供咖喱虾、木瓜沙拉、牛排、面食等美味食物，价格实惠，服务周到，是值得一去的餐厅。

地址：3131 S Las Vegas Blvd
交通：乘坐Deuce路公交车在Las Vegas @ Encore Hotel & Casino (S)下车
电话：702-2483463
网址：www.wynnlasvegas.com

其他世界美味餐厅推荐			
名称	地址	电话	网址
Lotus of Siam	953 E Sahara Ave A5	702-7353033	www.saipinchutima.com
Le Thai	523 Fremont St	702-7780888	www.lethaivegas.com
Komol Restaurant	953 E Sahara Ave E-10	702-7316542	www.komolrestaurant.com
Weera Thai Restaurant	3839 W Sahara Ave #9	702-8738749	www.weerathai.com

拉斯维加斯购物

拉斯维加斯分布有很多大型商场，是购买品牌商品的好去处。来到这里，你几乎可以买到所有你所知道的品牌商品，还能买到便宜很多的品牌折扣商品。

· 弗里蒙特街

弗里蒙特街（Fremont Street Experience）是一个跨越五个街区的大型购物中心，几乎所有的品牌商品你都能在这里找到。街道上除了有众多品牌商店外，还有极其炫目的"电子天幕"，你可以一边购物一边欣赏天幕上的画面。

地址：425 Fremont St
交通：乘坐113、215路公交车在4th @ Carson (N)下车
电话：702-6785777
网址：www.vegasexperience.com

· 罗马广场购物商城

罗马广场购物商城是拉斯维加斯一处非常著名的大型购物中心。商城内拥有160多家商店，商品种类齐全，其中包括LV、Jack Jones等品牌商品，价格较高昂，是追求时尚的年轻人的理想购物场所。

地址：caesars palace附近
交通：乘坐Deuce路公交车在Las Vegas @ Caesars Palace (S)下车

拉斯维加斯大道

·永利·拉斯维加斯

永利·拉斯维加斯（Wynn las Vegas）是拉斯维加斯一座非常有名的酒店，酒店内有一条包括有香奈尔、芬迪、古奇、蒂芬妮、范思哲等众多知名品牌在内的大型购物街。来到这里，你既可以找到舒适的住宿点，也能买到想要的高档商品。

地址： 3131 S Las Vegas Blvd
交通： 乘坐Deuce路巴士在Las Vegas @ Wynn (N) 下车
电话： 702-7707000
网址： www.wynnlasvegas.com

·Las Vegas Center

Las Vegas Center是拉斯维加斯最好、最大的名牌折扣大卖场之一。卖场内分布有雅狮威、凯文、乔奇、李维斯等众多品牌商店，商品种类繁多，价格普遍比市场价格低很多。

地址： 拉斯维加斯大道南端
交通： 乘坐Deuce路公交车在Las Vegas @ Encore Hotel & Casino (S)下车

拉斯维加斯娱乐

拉斯维加斯是世界上最大的赌城，也是一座不夜城，有众多大型的娱乐场所，并以娱乐业吸引着世界各地的游客。来到这里，不管你是喜欢美酒飘香的酒吧，还是喜欢激情四射的夜总会，或是喜欢欣赏精彩的表演秀，你都能找到你想要的娱乐项目，并从中获得最大的满足。

夜总会

·纯

纯(PURE)位于恺撒宫内，是拉斯维加斯当地及全美国最顶尖的夜总会之一。这里有大型的乐队表演舞台和让顾客狂欢的舞池，以及各种特色美酒。来到这里，你总能随着乐队演奏的激情四射的音乐而忘情地动起来。

地址： 3570 S Las Vegas Blvd
交通： 乘坐Deuce路巴士在Las Vegas @ Caesars Palace (S)下车
电话： 702-7317873
门票： 20美元（周二、周五至周日），周一、周三至周四休息
网址： www.purethenightclub.com

旅游达人游玩攻略
想前往纯娱乐的人，建议早点进入里面，这样可以不用排队。同时，建议你带上护照，这样可以在人多需要排队时，直接进入。

·蓝宝石

蓝宝石（SAPPHIRE）是拉斯维加斯的一家知名成人夜总会。蓝宝石距离市中心虽有一段距离，但这并没有影响它的吸引力，因为它有着精彩的乐队表演和良好的服务，是一个能让每个来到这里的人获得快乐的地方。

地址： 3025 Industrial Rd
电话： 702-7966000
开放时间： 24小时
网址： www.lasvegas.com

旅游达人游玩攻略

蓝宝石（SAPPHIRE）夜总会并非24小时都需要门票，在某些特定时间内可以免费入场。如：游客在6:00～18:00这个时间段内，可以免费入场；在18:00至次日6:00这个时间段，则需要交纳30美元购买门票。

🎳 秀

· Bellagio广场

Bellagio广场是你在拉斯维加斯欣赏音乐喷泉的最佳地点。每当夜幕降临后，这里便被五彩灯光染上了美丽的色彩，悠扬的音乐声中，大大小小的喷泉中，一股股水流一跃而起冲向天际，整个场面非常壮观。

地址： 3600 S Las Vegas Blvd
交通： 乘坐202路公交车在Flamingo @ Las Vegas (W)下车
电话： 702-6937111
开放时间： 15:00～24:00
网址： www.bellagio.com

📷 旅游达人游玩攻略

Bellagio广场的音乐喷泉在15:00～20:00这个时间段内，每30分钟喷发一次，在20:00～24:00这个时间段，每15分钟喷发一次。喷发的时候播放的音乐都会不同。不过，在20:00～24:00这个时间段内广场上的游客非常多，建议早点前往广场。

·Magic of David Copperfield

Magic of David Copperfield是一处非常有名的魔术表演地。来到这里，你可以看到令人叫绝的魔术表演，并有机会成为魔术师表演时的配合者，从而近距离欣赏魔术的魅力。不过，观看魔术表演的门票比较贵，一般在100美元以上。

地址： 3650 W Russell Rd
交通： 乘坐104路公交车在Russell @ Valley View (E)下车
电话： 702-7950405

 电影院

·纯果乐电影院

纯果乐电影院（Tropicana Cinemas）是拉斯维加斯一家非常有名的电影院。电影院外部建筑风格十分时尚，内部装饰风格华丽，配有先进的电影放映设备。电影院以放映美国大片为主，有时也会放映一些外国纪录片。

地址： 3330 E Tropicana Ave
交通： 乘坐201路公交车在Tropicana @ Pecos (W)下车
电话： 702-4383456
网址： www.regencymovies.com

拉斯维加斯住宿

拉斯维加斯住宿种类非常多，酒店、青年旅舍、汽车旅馆、度假村等，其中以巨型酒店为主。拉斯维加斯的巨型酒店内设施非常齐全，服务也很周到，不过收费普遍比较高。青年旅舍、汽车旅馆等住宿点，收费则较为便宜，设施也比较好。

拉斯维加斯住宿推荐			
名称	**地址**	**电话**	**网址**
Wynn Hotel & Casino Las Vegas	3131 S Las Vegas Blvd	702-7707000	www.wynnlasvegas.com
Bellagio	3600 S Las Vegas Blvd	702-6937111	www.bellagio.com
Plaza Hotel & Casino	1 S Main St	800-6346575	www.plazahotelcasino.com
Travelodge Ambassador Strip Inn Las Vegas	5075 Koval Ln	702-7363600	www.travelodge.com
Caesars Palace	3570 S Las Vegas Blvd	702-7317110	www.caesarspalace.com
Las Vegas Club Hotel & Casino	18 Fremont St	702-3851664	www.vegasclubcasino.net
The Mirage	3400 S Las Vegas Blvd	702-7917111	www.mirage.com
Best Western Plus Casino Royale	3411 S Las Vegas Blvd	702-7373500	www.book.bestwestern.com
Four Queens Hotel & Casino	202 Fremont St	702-3854011	www.fourqueens.com
Palazzo Resort Hotel Casino Las Vegas	3325 S Las Vegas Blvd	702-6077777	www.palazzo.com
Best Western Mardi Gras Hotel & Casino	3500 Paradise Rd	702-7312020	www.mardigrasinn.com
MGM Grand	3799 Las Vegas Blvd S	702-8911111	www.mgmgrand.com
Bally's Las Vegas	3645 S Las Vegas Blvd	877-6034390	www.ballyslasvegas.com

2 拉斯维加斯 → 盐湖城

Lasiweijiasi → Yanhucheng

盐湖城交通

从拉斯维加斯前往盐湖城

·飞机

　　从拉斯维加斯前往盐湖城，乘坐飞机是最快捷的交通方式。飞机从拉斯维加斯麦卡伦国际机场起飞，在空港国际机场（Sky Harbor International）或丹佛国际机场（Denver International Airport）降落，然后再由空港国际机场或丹佛国际机场的航班载客飞往盐湖城国际机场，飞行时间为3小时左右，费用为150美元左右。

名称	地址	电话	网址
空港国际机场	3400 E. Sky Harbor Blvd	602-2733300	www.skyharbor.com
丹佛国际机场	8500 Peña Blvd	303-3422000	www.flydenver.com
盐湖城国际机场	776 N Terminal Dr	801-5752400	www.slcairport.com

·灰狗巴士

从拉斯维加斯前往盐湖城，乘客可以在拉斯维加斯市区弗里蒙特街拉斯维加斯灰狗巴士总站，乘坐前往盐湖城的灰狗巴士，大约8个小时便能到达盐湖城灰狗巴士总站（300 South 600 west），车费一般在50～60美元。

乘轻轨玩盐湖城

盐湖城的轻轨车名为TRAX Light Rail，运行线路主要有Sandy、North、University路。乘TRAX Light Rail时，在市区的Courthouse到Delta Center不收费，超过了这个区域则需要交2美元的额外费用。TRAX Light Rail的运行时间一般都是5:30到晚上21:30以后，车辆运行时间间隔一般为15～30分钟（按线路的不同而异）。

乘巴士游盐湖城

·犹他巴士

犹他巴士（UTA bus）是从盐湖城市区前往郊区游玩最方便的交通工具，在市区的商业中心可免费乘车，其他区域只在2小时之内可以免费乘坐，超过2小时则需要收2美元费用，运行时间为周一至周五6:00～24:00，周六日7:00～24:00（部分路线在周末停运），具体情况可在网上（www.rideuta.com），或者在盐湖城旅游局了解。

盐湖城旅游局信息			
名称	地址	电话	网址
盐湖城旅游局	3600 S 700 W	801-5414900	www.visitsaltlake.com

·滑雪巴士

滑雪巴士只在冬季开放，主要在市中心与重要滑雪场之间运行，一般往返费用在7美元左右。

盐湖城市区景点

寺院广场

　　寺院广场（Temple Square）位于盐湖城中心地带，是摩门教总部所在地。广场周围的主要建筑有盐湖寺院、大礼拜堂、大会堂、史密斯纪念大厦等，其中盐湖寺院是摩门教教徒接受洗礼及结婚典礼时所使用的场所，大礼拜堂内没有一根支撑天花板的柱子，因此即使非常微小的声音在这里也能起到很好的音响效果。

旅游资讯

地址：North Temple

交通：乘坐701、704路轻轨车在South Temple @
　　　155 W下车，或乘坐3、6、200路公交车在
　　　North Temple St @ 20 E下车

电话：801-2401706

门票：免费

开放时间：9:00～21:00

网址：www.visittemplesquare.com

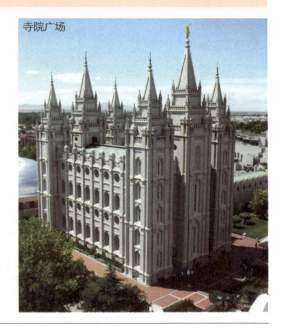

寺院广场

旅游达人游玩攻略

1. 游客禁止进入院广场（Temple Square）旁边的盐湖寺院，只能在外面拍照。

2. 寺院广场每天都有管风琴独奏，游客不需要购买门票便可入内观看，演出时间为周一至周六12:00，周日14:00，演奏时间约30分钟。

教会历史和艺术博物馆

　　教会历史和艺术博物馆（Museum of Church History and Art）是收集和展示摩门教相关历史资料、绘画等物品的大型博物馆。博物馆内共有两层展厅，一层主要展示摩门教的历史和开拓者的艰辛，二层主要展示19、20世纪的绘画、雕塑、肖像等艺术作品。

旅游资讯

地址：45 NW Temple

交通：乘坐701、704路轻轨车在South Temple @ 155 W下车，或乘坐3路公交车在West Temple @ 75 N下车

电话：801-2403310

门票：免费

开放时间：周一至周五9:00-21:00，周六至周日10:00-17:00

网址：www.lds.org

克拉克天文馆

　　克拉克天文馆（Clark Planetarium）是盐湖城规模最大的天文馆。馆内有展厅、放映厅、半圆天幕等设施。馆内每天都会放映数场天文影片，同时，你还能看到配有音乐背景的激光表演和有3D效果的激光表演。

旅游资讯

地址：110 4th W

交通：乘坐701路轻轨车在400 w @ 150 S下车

电话：801-4567827

门票：9美元

开放时间：10:30～23:00（根据季节的变化会有所调整）

网址：www.Clarkplanetariun.org

犹他州议会大厦

　　犹他州议会大厦（Utah State Capitol Buidling）是一座规模宏伟的白色建筑，为文艺复兴时期的风格。大厦内部设计极其奢华，站在大厦顶端，你还可以看到Wasatch山、Oquirrh山、大盐湖等美景。

旅游资讯

地址：350 N State St

交通：乘坐461、463、470路公交车在Columbus St @ 350 N下车

电话：801-5383000

网址：www.utahstatecapitol.utah.gov

盐湖城周边景点

黄石国家公园

　　黄石国家公园（Yellowstone National Park）简称黄石公园，是世界第一座国家公园，也是世界上最壮观的国家公园之一。黄石公园内地形复杂，气候多变，主要景点有间歇泉、大棱镜、黄石湖、黄石瀑布、黄石大峡谷、巨象温泉等。此外，这里还是美国最大的野生动物保护区，美洲野牛、麋鹿、羚羊、小黑熊等野生动物很常见。

旅游资讯

地址：Yellowstone National Park

交通：盐湖城国际机场附近的酒店有巴士前往

电话：307-3447381

门票：12美元

网址：www.nps.gov

旅游达人游玩攻略

1.黄石国家公园内地热活动频繁，许多步行道上都有浓郁炎热的蒸气冒出，身体不适的游客在进入公园前，可先向医生询问自己的身体状况能否入内。

2.想要在黄石国家公园欣赏老忠实喷泉的人，可在公园游客中心询问喷泉确切的喷发时间，然后在喷泉旁边看台上等候。需要注意的是，人多的时候你可能无法很好地欣赏其喷发时的壮美景象，建议在晚上前往看台观看。

3.游览黄石国家公园时，最佳游览交通工具就是有导游专门讲解的老爷车巴士。乘坐巴士前，你可以通过打电话（307-3447901）或上网（www.travelyellow stone.com）的方式提前预约，车票一般为12.5～87美元。晚上会温度低，注意保暖。

大蒂顿国家公园

　　大蒂顿国家公园设立于1950年，其名字来源于公园内的最高峰——大蒂顿峰。公园内，动植物种类繁多，动物有黑熊、灰熊、驼鹿、麋鹿等。公园内主要有Jackson Lack Lodge、Colter Bay Village、Jenny Lake Lodge三大景区，其中Jackson Lack Lodge为总部景区，游玩项目有雪山、漂流、骑马、游泳等。

旅游资讯

地址： highway 89 Jackson
交通： 从杰克逊霍尔机场乘车可到
电话： 307-7393399
网址： www.nps.gov

旅游达人游玩攻略

大蒂顿国家公园的游客中心设有免费为游客提供解说的服务，并循环播放有关介绍公园内自然环境和生态特点的影片。想要解说服务的话，你可以在游客中心的咨询台申请。

大盐湖

　　大盐湖（Great Salt Lake）是北美洲最大的内陆盐湖，也是西半球最大的咸水湖。湖内盐度很高，有着很强的浮力。湖周围有野生动物保护区，你可以见到鹈鹕、苍鹭、鸬鹚、燕鸥等珍禽。同时，公园内还有丰富多彩的水上体育运动。

旅游资讯

地址： 风华达山和瓦萨启山之间的盆地中
交通： 在灰狗巴士总站乘坐前往大盐湖的灰狗巴士可到
电话： 801-2501898
开放时间： 10:00～18:00

宾汉峡谷铜矿

　　宾汉峡谷铜矿（Bingham Canyon Copper Mine Tour）位于盐湖城西南处，是世界上最大的露天铜矿。铜矿的山岩壁的颜色呈浅黄色，有巨大的采矿坑。来到这里，你可以在山顶上的访问中心，向外俯瞰露天开采场内的情景。

旅游资讯

地址： West Bountiful
交通： 乘坐228、460、461路公交车在400 S @ 10 W下车
电话： 801-6497757
网址： www.toursofutah.com

盐湖城美食

　　盐湖城的美食以美式和意大利式风味菜肴为主，以亚洲风味菜肴为辅。盐湖城除了有美味的菜肴外，还有冰激凌、豆卷、野牛肉三明治等小吃。如果你想要品尝豆卷可以在盐湖城市区购买，想要品尝野牛肉三明治还要去羚羊岛。

美国本土风味

·烤羊排餐馆

　　烤羊排餐馆（Lamb's Grill）创建时间较早，是一家深受顾客喜爱的餐厅。餐厅内装饰风格古朴，有红色椅子和木桌子摆放其中。餐厅内的主打菜肴有蛋包饭、烤猪扒、红酒炖牛肉、红烧羊肉等，价格一般为10～20美元。

地址： 169 S Main St
交通： 乘坐2、11、205路公交车在200 S @ 15 W下车
电话： 801-3647166
网址： www.lambsgrill.com

·花园餐厅

　　花园餐厅（The Garden Restaurant）位于约瑟夫·史密斯纪念大厦内，是一家可以眺望沃萨奇山脉的餐厅。餐厅内有汉堡包、意大利面、鱼等菜肴，味道十分鲜美，不过价格也相对昂贵。

地址： 15 E South Temple
交通： 乘坐701、704路轻轨车在South Temple @ 155 W下车
电话： 801-5393170
开放时间： 11:00～21:00（周一至周六），周日休息
网址： www.templesquarehospitality.com

·火锅痴迷者

　　火锅痴迷者（The Melting Pot）是盐湖城一家非常有名的西式火锅餐厅。餐厅内装饰风格独特，总能给人一种温馨、舒适的感受。餐厅内菜肴种类非常多，其中最受欢迎的菜肴为大夜晚餐。此外，客人还可以根据自己的喜好来选择各种味道独特的主菜。

地址：340 S Main St
交通：乘坐701、704路公交车在
　　　Main St @ 255 S下车
电话：801-5216358
网址：www.meltingpot.com

其他美国本土风味餐厅推荐			
名称	地址	电话	网址
The Bayou	645 S State St	801-9618400	www.utahbayou.com
Z'Tejas	191 S Rio Grande St	801-4560450	www.ztejas.com
Good Thymes	1456 New Park Blvd	435-6157090	www.goodthymes.info
Chimayo Restaurant	368 Main St	435-6496222	www.billwhiteenterprises.com
Union Grill	2501 Wall Ave	801-6212830	www.uniongrillogden.com

世界风味

·蓝色舞娘

　　蓝色舞娘（The Blue Iguana）是一家非常受欢迎的墨西哥餐厅。餐厅内装饰风格时尚，处处洋溢着墨西哥风情，给人以轻松的感觉。餐厅内菜肴种类虽不多，但菜量很大，且服务细心周到。

地址：165 SW Temple
交通：乘坐3、200路公交车在West Temple @ 155 S下车
电话：801-5338900
开放时间：11:30～21:00（周一至周五），12:00～22:00（周六），16:00～21:00（周日）

·齐格弗里德餐馆

　　齐格弗里德餐馆（Siegfried's Delicatessen Inc）是一家拥有数十年历史的泰国风味餐馆。餐馆内以提供火腿、烤肉、咸牛肉等为主，以提供三明治、小麦面包等为辅。此外，餐厅内的铁板腊肠沙拉也是非常美味的菜肴。

地址：20 W 200 S
交通：乘坐2、11、205路公交车在200 S @ 15 W下车
电话：801-3553891
开放时间：9:00～21:00（周一至周四），9:00～
　　　　　22:00（周五至周六），周日休息
网址：www.siegfriedsdelicatessen.biz

· Rice

Rice是盐湖城一家生意火爆的日式餐厅。餐厅内装饰风格别致优雅，内部有酒杯造型的灯管和玻璃桌椅，给人一种新奇的感受。餐厅内以提供美味寿司为主，价格较为实惠，服务也极为周到。

地址： 1158 S State St
交通： 乘坐200路公交车在State St @ 1120 S下车
电话： 801-3283888
网址： www.riceutah.com

其他世界风味餐厅推荐			
名称	地址	电话	网址
Dojo	423 W 300 S #150	801–3283333	www.dojoslc.com
Benihana	165 SW Temple #1	801–3222421	www.benihana.com
Ichiban Sushi & Japanese	336 S 400 E	801–5327522	www.ichibanutah.com
Tsunami Restaurant & Sushi Bar	2223 S Highland Dr	801–4675545	www.tsunamiutah.com
Ahh Sushi	22 E 100 S	801–3596770	www.ahhsushi.com

盐湖城购物

盐湖城的购物场所主要集中在市区内，主要有南汤中心、港威商城、丹吉尔工厂直销中心等大型购物场所。这些购物场所大多数以销售品牌商品为主，购物环境非常好，且价格较为便宜。

商品集中的大本营

· 南汤中心

南汤中心（South Towne Center）是盐湖城最大的购物中心，这里有百余家品牌商店，商品种类众多，其中包括Dillard's、、Macy's、JCPENNEY、埃迪鲍尔等品牌商品，是你在盐湖城购物不可错过的购物场所。

地址：10450 S State St
交通：乘坐313路公交车在10600 S @ 55 E下车
电话：801-5721516
网址：www.southtownecenter.com

📷 **旅游达人游玩攻略**
前往南汤中心购物前，你可以先上网查看店内具体的商品样式和价位，然后直接前往购买；当然，也可以直接在网上选购商品，并写明收获地址和联系方式，商家会在很短的时间内送达你的住处。

· Fair购物中心

　　Fair购物中心（Valley Fair Mall）是一个区域性的购物中心，有数十家品牌商店，主要有梅西、JCPENNEY、Ross Dress For Less、Costco等品牌商品，商品质量非常好，价格自然也比较高昂。

地址：3601 S 2700th W
交通：乘坐240、248、509路公交车在Constitution Blvd @ 3601 S下车
电话：801-9696211
网址：www.zumiez.com

· 港威商城

　　港威商城(The Gateway Malls)是一个集购物、餐饮、娱乐于一体的大型商业中心。商城内有百余家商店，商品种类繁多，价格也不尽相同。来到这里，你既可以享受购物的乐趣，还能品尝到众多特色美食。

地址：90 South 400 West
交通：乘坐701路公交车在400 w @ 150 S下车
电话：801-4560000
网址：www.shopthegateway.com

🎳 价格实惠的品牌直销地

· 巴塔哥尼亚工厂直销中心

　　巴塔哥尼亚工厂直销中心（Patagonia Outlet Salt Lake City）是盐湖城一家大型品牌商品直销工厂。这里有众多低于市场零售价格的品牌衣物可供选择，特别是在"国殇纪念日"及"劳工节"期间，你在这里可以买到价格非常便宜的品牌服饰。

地址：2292 S Highland Dr
交通：乘坐213路公交车在Highland Dr @ 2291 S下车
电话：801-4662226
网址：www.patagonia.com

· 丹吉尔工厂直销中心

　　丹吉尔工厂直销中心（Tanger Factory Outlet Center）拥有数十家品牌商店，商品种类众多，包括Coach Factory、Banana Republic、Polo Ralph Lauren、Factory Store、NIKE等品牌。来到这里，仔细挑选一番后，你会发现可以用很低的价格买到自己想要的品牌商品。

地址：6699 North Landmark Dr
交通：乘坐7路公交车在Tanger Outlets Bus Stop下车
电话：866-6558681
网址：www.tangeroutlet.com

盐湖城娱乐

　　盐湖城是一座可以让游客尽兴游玩的城市。盐湖城最受欢迎的娱乐场所是充满欢声笑语的滑雪场，其次是酒吧、夜总会。除此之外，喜欢篮球比赛的人，还可以看到犹他爵士队精彩的篮球比赛。

酒吧

· Squatter's Pub

　　Squatter's Pub是盐湖城一家非常受欢迎的酒吧。酒吧内的装饰风格时尚大气，有五彩灯光闪耀其间，并有各色美酒可以品尝。来到这里，你很容易就会沉醉在美酒的海洋中，身心也会随之变得愉悦起来。

地址：147 W Broadway
交通：乘公交车在west temple @ 320s下车可到
电话：801-3632739
网址：www.squatters.com

· The Green Pig Pub

　　The Green Pig Pub位于盐湖城中心地带，是深受当地人喜爱的酒吧。酒吧内有专业的调酒师为顾客调制特色美酒，还有激情四射的音乐飘荡其中，是能让每一个来到这里的人都能感受到快乐的地方。

地址：31 E 400 S
交通：乘公交车在west temple @ 320s下车可到
电话：801-5327441
网址：www.thegreenpigpub.com

滑雪场

· 阿尔塔滑雪场

　　阿尔塔滑雪场是盐湖城最受欢迎的滑雪场之一。滑雪场有初级滑雪道、中级滑雪道、高级滑雪道三种滑雪道，同时还有游园缆车。滑雪场内地面条件适宜，雪质较好，还有着高低差较大的滑雪坡度。不过，滑雪场内不允许使用滑雪板滑雪。

地址：Box 8007
交通：乘坐951、952路公交车在Perurian Up@7E站下车
电话：801-3591078

· 雪鸟滑雪场和避暑胜地

　　雪鸟滑雪场和避暑胜地（Snowbird Ski & Summer Resort）是一座位于特温皮克斯山脉附近的大型滑雪场。滑雪场内有以适合专业滑雪者滑雪的众多滑雪道，滑雪面积较大，设施也非常完备。此外，这里还有百余辆可以享受从山顶一瞬间回到山脚下的刺激感觉的有轨电车。

地址：9600 Little Cottonwood Canyon Rd
交通：乘坐990路公交车在Snowbird Center @ 4 N下车
电话：801-9332222
网址：www.snowbird.com

球队

· 犹他爵士队

犹他爵士队（Utah Jazz）是美国国家篮球协会（NBA）比较有名气的篮球队，主场是能源方案球馆。爵士队的主场坐落在高原上，很多球员来到这里往往会受到气候影响而发挥不佳，因而这里便有了"魔鬼主场"的称号。爵士队近年来战绩非常好，中国球员姚明曾两次在这里经历了"铩羽而归"的季后赛首轮争夺战。

地址： 301 W South Temple
交通： 乘坐701路轻轨车在400 w @ 150 S下车
电话： 801-3257219
网址： www.utahjazz.com

📷 **旅游达人游玩攻略**

想要观看犹他爵士队比赛，你可以登录美国国家篮球协会官方网站（www.nba.com）查看具体赛程，再通过打电话或上网的方式预订门票，建议最好提前2个月预订。

盐湖城住宿

盐湖城的住宿点非常多，设施也都比较齐全。盐湖城市中心的很多酒店都会提供免费的机场接送服务，想要享受这种服务，可以打电话或网上预约时，具体向酒店咨询。

盐湖城中心区			
名称	地址	电话	网址
Hilton Salt Lake City Center	255 SW Temple	801-3282000	www.hilton.com
Radisson Salt Lake City Downtown	215 W South Temple	801-5317500	www.radisson.com
Red Lion Hotel	161 W 600 S	801-5217373	www.saltlakecityredlion.com
Peery Hotel	110 W Broadway	801-5214300	www.peeryhotel.com

盐湖城其他区			
名称	地址	电话	网址
Radisson Hotel Salt Lake City Airport	2177 W North Temple	801-3645800	www.radisson.com
Super 8 Salt Lake City Airport	223 Jimmy Doolittle Rd	801-5338878	www.super8.com
Days Inn Salt Lake City	315 W 3300 S	801-4868780	www.daysinn.com

林肯公园

PART 7

芝加哥→底特律→尼
亚加拉瀑布城→匹兹堡

1 芝加哥
Zhijiage

芝加哥交通

🚌 从机场前往市区

芝加哥有两座机场，一座为奥黑尔国际机场（O'Hare Intsernational Airport），一座为芝加哥中途国际机场（Midway International Airport）。其中奥黑尔国际机场是芝加哥的主机场，而芝加哥中途国际机场为辅助性机场。

·奥黑尔国际机场

奥黑尔国际机场是联合航空和美国航空的枢纽机场，也是全球最繁忙的机场之一。机场内有4座航站楼，其中1、2、3号为国内航线航站楼，5号为国际航线航站楼，每座航站楼之间由无人驾驶的地铁和旅客运输系统（people mover）相连接。中国飞往该机场的航班主要来自北京、上海、广州等城市的飞机。

奥黑尔国际机场信息			
名称	地址	电话	网址
奥黑尔国际机场	芝加哥市中心西北约27千米处	773-6862200	www.flychicago.com

从奥黑尔国际机场进入芝加哥市内

从奥黑尔国际机场进入芝加哥市内的交通工具主要有芝加哥捷运、机场巴士、出租车三种。

名称	运行时间	票价	交通概况
芝加哥捷运	24小时，深夜1:00~5:00，30分钟一班，其余时间7~10分钟一班	2美元	在机场内2号航站楼地下的地铁蓝线奥黑尔站台乘车，约40分钟可到达市内
机场巴士	6:00~23:00，10~15分钟一班	25~28美元	从机场各航站楼的行李寄存处乘车
出租车	24小时	40~45美元	在各个航站楼的出租车乘车处乘车

·芝加哥中途国际机场

芝加哥中途国际机场是美国芝加哥的主要机场之一，以停靠国内航线为主，以停靠国际航线为辅，旅客大多数为商务乘客。

芝加哥中途国际机场信息			
名称	地址	电话	网址
芝加哥中途国际机场	5700 S Cicero Ave（芝加哥市区西南约12千米处）	773-8380600	www.fiychicago.com

从芝加哥中途国际机场进入芝加哥市内

从芝加哥中途国际机场进入市区的主要交通工具有机场快车、高铁（橙线）、出租车（黄线）三种。

名称	运行时间	票价	交通概况
机场快车	6:00～23:30，15分钟一班	约22美元	从机行李提取处对面的柜台处申请，在航站楼外的Midway站乘车
高铁（橙线）	周一至周五3:00至次日0:55，周六4:55至次日0:51，周日5:31～23:31	2美元	从航站楼往停车场路上的Midway站乘车
出租车（黄色）	24小时	25～35美元	从航站楼前的出租车乘车处乘车

🚌 乘轨道交通游芝加哥

·高铁

高铁是在芝加哥旅行时的一种非常方便的交通工具。高铁有绿线、橙线、棕线、紫线、黄线等线路，票价为2.25美元。

·地铁

地铁是游玩芝加哥最快捷的交通工具之一。芝加哥的地铁主要有蓝线、红线2条线路，票价为2.25美元。

芝加哥轨道交通信息		
名称	线路	运行站点（首末站）
高铁	绿线	harlem-green line/cottage grove
	橙线	midway-see downtown inset
	棕线	kimball-see downtown inset
	紫线	linden-see downtown inset
	黄线	skokie-howard
地铁	蓝线	o'hars-forest park
	红线	howard-95th/dan ryan

📷 旅游达人游玩攻略

1. 在芝加哥乘坐轨道交通时，一定要在轨道交通的站内看好各线路的颜色，以区分高铁和地铁，以防坐错。

2. 在芝加哥乘坐轨道交通时，你可以直接在检票口附近的自动售票机上购买出入通行证乘车；另外，也可以购买芝加哥公交卡，用这种卡可以任意乘坐芝加哥市内的地铁、公交车、有轨电车。此类公交卡有1天、3天、7天、30天四种类型，价格分别为5.75美元、14美元、23美元、86美元。

·有轨电车

有轨电车只在水塔大厦至阿德勒天文馆之间运行，主要在市内的著名景点停靠。此外，芝加哥市内还会在特定时间段推出6条免费的观光路线，几乎可到达市内各大景点，具体信息你可以在有轨电车站咨询。

🚌 乘巴士玩芝加哥

·公交车

公交车是游玩芝加哥最方便的交通工具之一，线路几乎覆盖了芝加哥的每一个角落。芝加哥的公交车主要有南北走向和东西走向两种类型，乘车时，你只要在公交站台处确认好想要乘车的地铁线路，便能轻松到达目的地。

·双层观光巴士

双层观光巴士主要在水塔大厦至阿德勒天文馆之间运行，主要在市内的著名景点停靠。

📷 旅游达人游玩攻略

芝加哥的高铁、地铁、有轨电车、公交车、双层观光巴士之间都可以换乘，换乘时只需向司机出示当天第一次乘车时所购买的车票，然后再交纳50美分即可。之后，在2个小时以内第二次换乘时不需要缴纳费用。想了解芝加哥具体交通信息，你可以向芝加哥交通局咨询。

名称	地址	电话	网址
芝加哥交通局	567 W Lake St	312-8367200	www.transitchicago.com

🚌 乘出租车游芝加哥

出租车在芝加哥市内随处可见，非常快捷。芝加哥的出租车起步价为2.25美元，在运行179米以后，会每179米加收20美分。

芝加哥出租车公司信息			
名称	地址	电话	网址
Yellow Cab	2231 S Wabash Ave	312-8294222	www.yellowcabchicago.com
Chicago Water Taxi–Michigan Ave Stop	400 N Michigan Ave	312-3371446	www.wendellaboats.com
Chicago Carriage Cab Co	2617 S Wabash Ave	312-7911273	www.chicagocarriagecab.com
Elite Chicago Limo	400 E Randolph St	312-2011055	www.elitechicagolimo.com
Select Chicago Limo	70 W Madison St	312-3886868	www.chicagosuvlimo.net

芝加哥景点

玛丽娜大厦

　　玛丽娜大厦（Marina Tower）由两座孪生大楼组合而成，是芝加哥著名的玉米形建筑。建筑内部有造型别致的洛伊斯绿屋酒店和风格独特的House of Blues夜总会，以及趣味十足的停车场，是游人不可错过的地方。

旅游资讯

地址：300 N State St

交通：乘坐29、36、62路公交车在State & Marina City下车

电话：312-6441187

开放时间：11:30～24:00

网址：www.mymtca.com

千禧公园

　　千禧公园（Millennium Park）位于芝加哥洛普区，是一座深受游人喜爱的大型公园。园内有一座名为"豆子（The Bean）"的巨大雕塑，远远望去如同一滴水银，十分引人注目。此外，园内还有露天音乐厅、云门和皇冠喷泉这三大最具代表性的后现代建筑。

旅游资讯

地址：201 E Randolph

交通：乘坐红线地铁在Randolph St. Metra下车，或乘坐橙线高铁在Randolph St. Metra下车

电话：312-7421168

开放时间：6:00～23:00

网址：www.millenniumpark.org

约翰·汉考克中心

　　约翰·汉考克中心（John Hancock Observatory）是芝加哥的一幢摩天大楼，别名"BigJohn"，由结构工程师法兹勒汗设计而成。大楼44楼建有全美国最高的室内游泳池，94楼设有观景台，95楼设有餐厅，在大楼上，你可以饱览芝加哥和密歇根湖的美景。

旅游资讯

地址：875 N Michigan Ave

交通：乘坐10、125路公交车在Chestnut & Mies Van Der Rohe下车

电话：312-7513681

门票：15美元

开放时间：9:00～23:00

网址：www.jhochicago.com

约翰·汉考克中心

📍 海军码头

　　海军码头是芝加哥的地标性建筑，也是芝加哥最美丽的地方。码头广场中央矗立着一座由芝加哥号巡洋舰送给海军码头作为纪念的大铁锚，码头两边有两座巨大的灯塔，港湾区还有一座小型的鸟岛。此外，码头岸边还有剧院、商店、露天咖啡厅、游乐场等设施。

💬 旅游资讯

地址： 600 E Grand Ave
交通： 乘坐29、66路公交车在Navy Pier Terminal下车
电话： 312-5957437
门票： 免费
开放时间： 10:00～17:00，周一闭馆
网址： www.navypier.com

📷 旅游达人游玩攻略

海军码头附近有个芝加哥儿童博物馆，带孩子前去游玩的，可以让孩子在博物馆中修建堡垒，利用3层高的绳索攀爬帆船，修建水渠。

📍 林肯公园

　　林肯公园（Lincoln Park）位于芝加哥市区北部，是芝加哥最大的公园之一。公园占地规模庞大，内部有动物园、植物园、高尔夫球场、海滩、散步专用道、自行车专用道、游艇湾港等设施，且均免费开放。

💬 旅游资讯

地址： 密歇根湖沿岸，北大街与阿德摩尔大街之间
交通： 乘151路巴士至Armitage Ave站下车
电话： 312-7427726
门票： 免费
网址： www.chicagoparkdistrict.con

📷 旅游达人游玩攻略

1.林肯公园内的植物园每年均会举办4次大型鲜花展，想了解鲜花展的具体时间，你可以打电话或上网进行咨询。
2.参观完林肯公园后若还有很多时间，你可以前往公园西边的时尚街区逛逛，买些自己喜爱的物品。

📍 芝加哥现代美术馆

　　芝加哥现代美术馆（Museum of Contemporary Art）是世界上最大的现代美术馆之一，也是美国芝加哥的一所现代美术馆。馆内收藏有数千件艺术作品，涵盖了图书、雕塑、照片、录像、绘画等各种各样的艺术形式；同时，这里还曾开展过包括弗里达·卡罗、杰夫·昆斯在内的多位知名艺术家举办的"首次展览"。

💬 旅游资讯

地址： 220 E Chicago Ave
交通： 乘坐3、10、26路公交车在Chicago & Mies Van Der Rohe下车
电话： 312-2802660
门票： 12美元
网址： www.mcachicago.org

芝加哥现代美术馆

📍 菲尔德自然史博物馆

　　菲尔德自然史博物馆是一座集中介绍芝加哥历史、生命演变等内容的大型博物馆。博物馆内收藏有数万件藏品，涵盖了动物学、地质学、人类学等方面的内容，其中最吸引人的有猛犸象、图腾柱、恐龙骨架等。此外，博物馆内还有一个展示从新石器时代到铜器时代，以及中国各个朝代文物的翡翠厅，也是值得一看的亮点。

💬 旅游资讯

地址： 1400 S Lake Shore Dr
交通： 乘坐130、146路公交车在Soldier Field & Field Museum下车
电话： 312-9229410
门票： 15美元
开放时间： 9:00～17:00
网址： www.fieldmuseum.org

📷 旅游达人游玩攻略

菲尔德自然史博物馆内的藏品相当丰富，需要花费很多的时间才能全部看完，建议在早上前往，花一天的时间进行参观。

📍 芝加哥科学与工业博物馆

　　芝加哥科学与工业博物馆是世界上最大的科学博物馆之一。馆内有3万多件展品，展品注重互动性、趣味性，能让参观者在游戏中收获知识，从而激发人类的科学探索和创新精神。

💬 旅游资讯

地址： 57th st.& lake shore dr.
交通： 乘坐6、10路公交车可到
电话： 773-6841414
门票： 15美元
开放时间： 9:30～18:00
网址： www.msichicago.org

📷 旅游达人游玩攻略

参观芝加哥科学与工业博物馆时，馆内的讲解员会通过讲解、设备操作和表演等方式来帮助游客了解馆内的一切。

📍 阿德勒天文馆及天文学博物馆

　　阿德勒天文馆及天文学博物馆（Adler Planetarium and Astronomy Museum）是西半球第一座天文馆。馆内拥有望远镜展、陨石展和三维体验银河系构造而成的展区，从各个角度展示了宇宙的奥秘。来到这里，你可以看到太阳系各个行星的姿态，还可以穿越时空回到宇宙大爆炸前的宇宙空间。

💬 旅游资讯

地址： 1300 S Lake Shore Dr
交通： 乘坐130、146路公交车在Solidarity Dr & Planetarium下车
电话： 312-9227827
门票： 10美元
开放时间： 10:00～16:00，感恩节、圣诞节闭馆
网址： www.adlerplanetarium.org

📍 谢德水族馆

　　谢德水族馆（Shedd Aquarium）是美国第一座内陆水族馆，也是世界上最大的水族博物馆之一。馆内有数百个水草，养育了上百种鱼类，分为热带、温带、寒带三个不同气候区的咸水鱼、淡水鱼进行展览。

💬 旅游资讯

地址： 1200 S Lake Shore Dr
交通： 乘12、146路巴士可到

电话：312-9392438

门票：24.95美元

开放时间：9:00～17:00，圣诞节闭馆

网址：www. sheddaquarium.org

📷 **旅游达人游玩攻略**

游玩谢德水族馆时，一定不要错过的景观就是拥有"大珊瑚礁"的海底世界，你可以从中看到加勒比海底珊瑚礁的景象。

最容易让人忽略的景点

📍 芝加哥美术馆

芝加哥美术馆是世界上最古老的美术展览馆之一，也是当今美国三大美术馆之一。美术馆的外观呈维多利亚风格，拥有数十万件藏品。博物馆的藏品主要以欧美和东方的雕刻、绘画、版画、素描、装饰艺术品为主，以摄影、非洲艺术品和前哥伦布时期的美洲艺术品为辅。

💬 **旅游资讯**

地址：111 S Michigan Ave

交通：乘坐3、4、26路公交车在Michigan & Jackson下车

电话：312-4433600

网址：www.artic.edu

📍 里格利大厦

里格利大厦（Wrigley Building）是一座有着文艺复兴风格的白色建筑，也是著名的里格利口香糖总公司所属的大楼。大厦共分为两部分，由4位顶级建筑师设计而成，中间有桥梁相连，顶部有里格利钟塔。每到夜晚，在霓虹灯照耀下的大厦显得格外美丽。

💬 **旅游资讯**

地址：401 North Michigan Ave

交通：乘坐2、3、10路公交车在Michigan & Hubbard站下车

电话：312-6442121

网址：www.wrigley.com

📍 威利斯大厦

威利斯大厦（Willis Tower）原为西尔斯大厦，是世界上最雄伟的建筑之一。大厦外部平面随层数增加而分段收缩，形成了不同形状的外观。大厦内有高速电梯，在短短一分钟的时间里便能到达能欣赏芝加哥全景的观望台。

💬 **旅游资讯**

地址：233 S Wacker Dr

交通：乘坐1、7、28路公交车在Adams & S. Wacker下车

电话：312-8750066

门票：15.95美元

开放时间：10:00～22:00（4～9月），10:00～22:00（10月至次年3月）

网址：www.willistower.com

芝加哥美食

　　几乎全世界的美食你都能在芝加哥找到。比萨、汉堡、热狗、牛排自然是不可错过的，唐人街上的中餐厅也值得一去。此外，芝加哥还有许多名人餐厅，在那里遇到名人的机会非常大。

美国本土风味

·迈克尔·乔丹的牛排馆

　　迈克尔·乔丹的牛排馆（Michael Jordan's Steak House）对于很多人来说听起来就那么的熟悉，其实这正是篮球巨星迈克尔·乔丹开的高级餐厅。餐馆内装饰风格独特，美酒、饮料应有尽有。这里的主打菜肴还是美味的牛排。

地址： 1 Mohegan Sun Blvd
开放时间： 11:00～14:00，17:00～23:00
电话： 860-8628600
网址： www.michaeljordansteakhouse.com

旅游达人游玩攻略

迈克尔·乔丹的牛排馆虽是一家高档餐馆，但菜肴价格并不是十分昂贵，一份大盘牛排一般为50美元左右，其他的菜肴都在30美元以下。另外，在这里就餐，遇到名人的机会很大，足够幸运的话，你甚至能看到乔丹。

· Lou Malnati's Pizzeria

　　Lou Malnati's Pizzeria是芝加哥一家非常有名的比萨店。店内以"这里的比萨最棒"为口号，其比萨有着独特的风味，馅料很丰富，无论什么口味的比萨，都十分香脆可口，价格也比较实惠。

地址： 6649 N Lincoln Ave
交通： 乘坐210路公交车在Lincoln下车
电话： 847-6730800
网址： www.loumalnatis.com

· Planet Hollywood

Planet Hollywood是芝加哥一家很有情调的餐厅，由影视明星阿诺·史瓦辛格、布鲁斯·威利斯、席维斯·史泰龙共同经营。餐厅内部展示很多电影造型、服装等物品，趣味性十足。餐厅内以传统的美国食物为主打，价格比较实惠，服务员的服务态度也很好。

地址： 633 N.Wells St.at Ontario St

交通： 乘坐37路公交车在Wells & Ontario站下车

电话： 312-2667827

开放时间： 11:00至次日2:00

其他美国本土风味餐厅推荐			
名称	地址	电话	网址
Heaven on Seven	111 N Wabash Ave	312-2636443	www.heavenonseven.com
Wishbone Restaurant	1001 W Washington Blvd	312-8502663	www.wishbonechicago.com
Big Jones	5347 N Clark St	773-2755725	www.bigjoneschicago.com
Flo	1434 W Chicago Ave	312-2430477	www.flochicago.com
Heaven on Seven	600 N Michigan Ave	312-2807774	www.heavenonseven.com

中国美食

· Go 4 Food

Go 4 Food位于唐人街上，是芝加哥一家非常著名的中餐厅。餐厅内部采用古代与现代相结合的风格，环境干净整洁，给人一种温馨的感受。餐厅内以"我们认为，愉快的一餐不仅是味道好吃，服务也要很好"为经营理念，以传统中国风味菜为主打，口味极其地道，因而深受人们欢迎。

地址： 212 W 23rd St

交通： 乘坐24路公交车在Wentworth & 23rd Street下车

电话： 312-8428688

开放时间： 9:30～10:00

网址： www.go4foodusa.com

· The Publican

The Publican是一家风格独特的中餐厅。餐厅内有许多古色古香的木质桌椅，墙壁上挂有许多精美的画卷，环境干净整洁。餐厅内以猪肉为主打食材，其特色猪皮尤其受欢迎。

地址： 837 W Fulton Market

交通： 乘坐8路公交车在Halsted & Fulton Market下车

电话： 312-7339555

网址： www.thepublicanrestaurant.com

·万年青

万年青（Evergreen Restaurant）是芝加哥一家高档的中餐厅，也是最受欢迎的中餐厅之一。餐厅装饰风格时尚，以提供中国传统风味菜肴为主，其核桃虾、酸甜鸡是最受欢迎的菜肴。

地址： 2411 S Wentworth Ave

交通： 乘坐24路公交车在Wentworth & 24th Street下车

电话： 312-2258898

网址： www.evergreenrestaurantchicago.com

其他中国风味餐厅推荐			
名称	地址	电话	网址
Lao Sze Chuan	2172 S Archer Ave	312-3265040	www.tonygourmetgroup.com
Dragonfly Mandarin Restaurant	832 W Randolph St	312-4551400	www.dragonflymandarin.com
Eat n Drink	212 W Randolph St	312-3688233	www.eatanddrinkchicago.com
Sun Wah BBQ	5039 N Broadway St	773-7691254	www.sunwahbbq.com
P.F. Chang's	530 N Wabash Ave	312-8289977	www.pfchangs.com

🍴 世界美食

· Vivere

Vivere是一家意大利式乡村风格餐厅。餐厅环境干净整洁，以美酒大餐为主打，菜肴种类丰富，菜量也很大，且服务周到，因而深受食客喜爱。

地址： 71 W Monroe St

交通： 乘坐蓝线地铁在Monroe-Blue下车

电话： 312-3324040

网址： www.italianvillage-chicago.com

· Kiki's Bistro

Kiki's Bistro是一家深受食客喜爱的法式餐厅。餐厅很时尚，从窗帘到餐桌布置都流露着一种浪漫的气息。餐厅内以提供经典的法式佳肴和美酒为主，你可以尽情选择各种美食。

地址： 900 N Franklin St

交通： 乘坐37路公交车在Orleans & Locust下车

电话： 312-3355454

网址： www.kikisbistro.com

· Takashi

Takashi是芝加哥一家非常受欢迎的日式餐厅。餐厅内装饰风格时尚，布置也十分别致，没有丝毫凌乱感，时刻给人以清新、明快的感受。餐厅内以提供美味海鲜为主，菜量足，口感也非常好。

地址： 1952 N Damen Ave
交通： 乘坐50、73路公交车在 Damen & Armitage下车
电话： 773-7726170
网址： www.takashichicago.com

其他世界美味餐厅推荐			
名称	地址	电话	网址
Macku	2239 N Clybourn Ave	773–8808012	www.mackusushi.com
Blue Fin Sushi Bar	1952 W North Ave	773–3947373	www.bluefinsushichicago.com
Yoshi's Cafe	3257 N Halsted St	773–2486160	www.yoshiscafe.com
Itto Sushi	DePaul	773–8711800	www.ittosushi.com
Fin Sushi Bar	1742 W Wilson Ave	773–9617452	www.finsushibar.com

芝加哥购物

芝加哥是"购物者的天堂"，品牌专卖店、传统工艺品店、廉价的跳蚤市场等，能满足你的购物欲望。

人气旺盛的购物大街

· 豪华一英里

豪华一英里（Magnificent Mile）是芝加哥首屈一指的购物大街。大街上聚集了众多著名的高级商店、百货商店、大型购物中心，商品种类齐全，价格也较为昂贵，是你来芝加哥购物的好去处。此外，这里还有许多高档酒店和餐馆，购物完后，你可以尽情地享受美食。

地址： 密歇根大街上，芝加哥北岸至奥克街之间
交通： 乘坐3、16、26路公交车在Michigan & Huron下车

· Vivere

River North是芝加哥一处集艺术作品、时尚商品和花样设计作品于一体的街道。街道上最具特色的是艺术品画廊、拍卖会场、古玩店、珠宝时装名品店等，商品种类非常多。来到这里，你很容易就能找到自己喜欢的商品。

地址： 71 N Monroest
交通： 乘坐37、65路公交车在Grand & Wells下车

· Oak St.

Oak St.是一条非常繁华的购物街道。街道上有数十家精品店，代表了巴黎、伦敦和米兰的最新潮流。此外，这里还有众多专卖店，如玛丽莲·米格林学院店、莱斯特·兰帕特店、阿拉斯加画展店和爱斯基摩人艺术品店等。

地址： Oak St.
交通： 乘坐36路公交车在State & Oak下车

🎁 名牌集中的大本营

· 北桥商店

北桥商店（The Shops at North Bridge）是一个名牌商品云集的大型购物商场。商场内有阿玛尼、路易威登、丝芙兰等数十家品牌商店，商品种类齐全，价格也比较高昂。

地址： 520 N Michigan Ave
交通： 乘坐29、65路公交车在下车
电话： 312-3272300
网址： www.theshopsatnorthbridge.com

· Lane Bryant

Lane Bryant是芝加哥一家非常有名的女装专卖店，店内女装品牌种类齐全，几乎你所知道的知名品牌都能在这里找到，是爱购物的女士在芝加哥不可错过的地方。

地址： 129 N Wabash Ave
交通： 乘坐绿线、粉线高铁在Randolph下车
电话： 312-3327063
网址： www.lanebryant.com

🎁 物美价廉的淘宝地

· 买家跳蚤市场

买家跳蚤市场（The Buyers Flea Market）是芝加哥一处非常有名的跳蚤市场。商场内以销售廉价商品为主，商品种类齐全，包括水果、服饰、食品、小工艺品等，价格都比较实惠。

地址： 4545 W Division St
交通： 乘坐70路公交车在Division & Kolmar下车
电话： 773-2271889
网址： www.buyersfleamarket.com

其他物美价廉的淘宝地推荐			
名称	地址	电话	网址
Swap-O-Rama	4100 S Ashland Ave	708-3447300	www.swap-o-rama.com
Jayson Home	1885 N Clybourn Ave	773-2488180	www.jaysonhome.com
Andersonville Galleria	5247 N Clark St	773-8788570	www.andersonvillegalleria.com
P.F. Chang's	530 N Wabash Ave	312-8289977	www.pfchangs.com

芝加哥娱乐

芝加哥的娱乐场所主要是剧院、音乐厅、酒吧等，几乎每晚你都可以观看舞蹈、歌剧以及各种音乐的现场表演，同时还可以看到精彩、激烈的体育球队。

球队

·芝加哥公牛队

芝加哥公牛队（Chicago Bulls）是美国国家篮球协会（NBA）一支非常有名的篮球队，曾经的"飞人"迈克尔·乔丹和如今的"风之子"罗斯这些名声响亮的篮球巨星都是来自这里。公牛队以联合中心球场为主场，球场占地面积庞大，座位布置合理，几乎每一个观众都能很好地观赏到赛场上的情景。

地址：1901 W Madison St
交通：乘坐20、50路公交车在 Madison & Damen下车
电话：312-4554000
网址：www.bulls.com

·芝加哥白袜队

芝加哥白袜队（Chicago White Sox）是美国一支非常有名的棒球队，属于美国棒球联赛中部赛区。白袜队以美国行动通讯球场（U.S. Cellular Field）为主场，可容纳4万余人在此观看比赛，每逢比赛之时，这里的气氛都十分火爆。

地址：333 W 35th St
交通：乘坐24、35路公交车在Wentworth & 35th Street下车
电话：312-6741000
网址：www.chicago.whitesox.mlb.com

·芝加哥黑鹰队

芝加哥黑鹰队是美国最著名的冰球队之一，主场是联合中心球场。黑鹰队拥有辉煌的队史，但在20世纪90年代逐渐陷入低迷状态，球迷开始逐渐减少。近年来，球队战绩逐渐回升，其主场观众席也经常出现爆满的情况。

地址：1901 W Madison St

交通：乘坐20路公交车在Madison & United Center下车

电话：312-4557000

网址：www.blackhawks.nhl.com

🎥 **旅游达人游玩攻略**

联合中心球场分为两部分，一部分为芝加哥公牛队球馆，另一部分为芝加哥黑鹰队球馆。前往看球的游客，一定要看清两队的标识，以免走错球馆。

🎭 剧院

·芝加哥歌剧院

芝加哥歌剧院（Lyric Opera of Chicago）是美国三大剧院之一。剧院内部装饰奢华，音响效果良好。剧院内以表演传统剧目为主，拥有出色的演员，每到演出时，场面总是十分火爆。

地址：20 N Upper Wacker Dr

交通：乘坐20、56、60路公交车在Madison & N. Wacker下车

电话：312-3322244

网址：www.lyricopera.org

🎥 **旅游达人游玩攻略**

想在芝加哥歌剧院看演出的人，建议提前一个星期左右在网上或打电话预订门票。

·胜利花园剧院

胜利花园剧院（Victory Gardens Biograph Theatre）因拥有复杂而又传奇的历史而闻名，是芝加哥最具号召力、最有活力的剧院。剧院内设施完备，音响效果极佳，是你观看演出的好去处。

地址：2433 N Lincoln Ave

交通：乘坐8、37、74路公交车在Halsted & Lincoln下车

电话：773-8713000

网址：www.victorygardens.org

🎵 音乐俱乐部

·金斯顿矿井

金斯顿矿井（Kingstone Mines）是芝加哥最具代表性的音乐俱乐部。俱乐部有两个部分，主要以表演布鲁斯为主，有两个乐团现场演奏，吸引了众多观光客前来。此外，俱乐部附近还有许多西餐馆，游客可以在这里尽情享受美食。

地址：2548 N Halsted St

交通：乘坐8路公交车在Halsted & Wrightwood下车

电话：773-4774646

网址：www.kingstonmines.com

· 蓝色芝加哥在克拉克

蓝色芝加哥在克拉克（Blue Chicago On Clark）是一家充满生机与活力的布鲁斯音乐俱乐部。俱乐部门面虽然不大，但装饰风格独特，服务也很周到，所以顾客非常多。

地址： 353 N Clark St
交通： 乘坐156路公交车在LaSalle & Grand下车
电话： 312-6610100
开放时间： 8:00至次日1:30
网址： www.bluechicago.com

芝加哥其他娱乐场所推荐				
名称	地址	电话	网址	类别
ROOF on theWit	201 N State St	312-2399502	www.roofonthewit.com	酒吧
Miller's Pub	134 S Wabash Ave	312-2634988	www.millerspub.com	酒吧
Spy Bar	646 N Franklin St	312-3372191	www.spybarchicago.com	酒吧
Grand Lux Cafe	600 N Michigan Ave	312-2762500	www.grandluxcafe.com	咖啡馆
Iguana Cafe	517-19 N Halsted St	312-4320663	www.iguanacafe.com	咖啡馆
Intelligentsia Coffee	3123 N Broadway	773-3488058	www.intelligentsiacoffee.com	咖啡馆
Congress Theater	2135 N Milwaukee Ave	773-3608162	www.congresschicago.com	电影院
Regal Cinemas City North Stadium 14 RPX Movie Theater	2600 N Western Ave	773-3421763	www.regmovies.com	电影院
Facets Multi-Media	1517 W Fullerton Ave	773-2819075	www.facets.org	电影院

芝加哥住宿

芝加哥可供选择的住宿点非常多，其中以世界著名的连锁酒店居多。芝加哥的住宿点主要有青年旅舍、酒店、旅馆、度假村等，需要注意的是，芝加哥客流量比较大，在入住之前最好提前预订。

里戈里大厦

经济型酒店

名称	地址	电话	网址
Embassy Suites Chicago–Downtown	600 N State St	312–9433800	www.embassysuiteschicago.com
帕尔默豪斯酒店	17 E Monroe St	312–7267500	www.hilton.com
Allerton Crowne Plaza	701 N Michigan Ave	312–4401500	www.theallertonhotel.com
The Silversmith Hotel & Suites	10 S Wabash Ave	312–3727696	www.silversmithchicagohotel.com
The Congress Plaza Hotel & Convention Center	520 S Michigan Ave	312–4273800	www.congressplazahotel.com
Renaissance Blackstone Chicago Hotel	636 S Michigan Ave	312–4470955	www.blackstonerenaissance.com

中档酒店

名称	地址	电话	网址
Hotel Sax Chicago	333 N Dearborn St	312–2450333	www.hotelsaxchicago.com
Chicago Marriott Downtown Magnificent Mile	540 N Michigan Ave	312–8360100	www.marriott.com
Hotel Burnham	1 W Washington St	312–7821111	www.burnhamhotel.com
Hotel Allegro Chicago	171 W Randolph St	312–2360123	www.allegrochicago.com
City Suites	933 W Belmont Ave	773–4043400	www.chicagocitysuites.com
Hotel Felix	111 W Huron St	312–4473440	www.hotelfelixchicago.com

高档酒店

名称	地址	电话	网址
Hard Rock Hotel Chicago	230 N Michigan Ave	312–3451000	www.hardrockhotelchicago.com
Omni Chicago Hotel	676 N Michigan Ave	312–9446664	www.omnihotels.com
Trump International Hotel & Tower* Chicago	401 N Wabash Ave	312–5888000	www.trumphotelcollection.com
Hotel Monaco–Chicago	225 N Wabash Ave	312–9608500	www.monaco–chicago.com
JW Marriott Chicago	151 W Adams St	312–6608200	www.marriott.com
The Peninsula Chicago	108 E Superior St	312–3372888	www.peninsula.com

2 芝加哥 → 底特律

Zhijiage → Diteliü

底特律交通

🚌 从芝加哥前往底特律

·飞机

　　从芝加哥前往底特律游玩，乘坐飞机是最方便、快捷的交通方式。芝加哥的飞机从奥黑尔国际机场或芝加哥中途国际机场起飞，降落在底特律大都会国际机场，飞行时间约1小时20分钟，票价约120美元。

底特律大都会国际机场信息			
名称	地址	电话	网址
底特律大都会国际机场	1 Detroit Metro Airport	734-2477678	www.metroairport.com

·灰狗巴士

从芝加哥前往底特律游玩，搭乘灰狗巴士是一种比较实惠的交通方式。芝加哥的灰狗巴士从位于Harrison St.及Jefferson St.交叉处的灰狗巴士总站（电话：312-4085800）出发，开往底特律灰狗巴士总站（地址：1001 howard st.电话：313-9618011），运行时间约5小时。

🚌 乘轨道交通玩底特律

无人驾驶高铁（Detroit People Mover）是底特律一种适合在市内参观的交通工具。无人驾驶高铁共有13个站点，绕行一周约15分钟。无人驾驶高铁的票价为50美分，不过购票时只能使用1、5、10美元的钱币，不找零，建议在投币时1美元1美元地投。

无人驾驶高铁信息				
名称	地址	电话	网址	运营时间
无人驾驶高铁	1420 Washington Blvd	313-2242160	www.thepeoplemover.com	6:30~24:00（周一至周五），9:00至次日2:00（周六），12:00~24:00（周日）

🚌 乘巴士游底特律

·DOT巴士

DOT巴士是底特律市区极为常见的一种巴士，几乎整个底特律市内你都能见到它的踪影。DOT巴士的单程票价为1.5美元，不过只能使用硬币购票。

·SMART巴士

SMART巴士的运行范围非常广，你不仅可在市区乘坐，甚至在密歇根州东南部也可乘坐。SMART巴士的特征是白色车身加

上红、橙色线条，起步价为2美元，按路段不同收取不同的费用。如果你需要这种巴士运行路线图、时刻表等相关资料，可以在凯迪拉克广场旁的第一家国家银行一层免费领取。

底特律市区景点

底特律文艺复兴文化中心

底特律文艺复兴文化中心（Renaissance Center）是底特律市风景最美的地方，也是通用汽车公司的新总部。这里由5栋漂亮的大楼组成，可以鸟瞰底特律河畔的贝尔岛及河岸的温莎市的景色。

旅游资讯

地址： 4500 Renaissance Center
交通： 乘坐25、445、475路公交车在Jefferson & Beaubien下车
开放时间： 6:00～21:0
电话： 313-5688000

摩城历史博物馆

摩城历史博物馆（Motown History Museum）是底特律著名的音乐博物馆。博物馆内展出有底特律的历史遗迹及美国音乐史，收藏有包括史蒂夫汪德、诱惑合唱团、马文盖伊、至高无上合唱团在内的许多著名歌手及组合的物品。

旅游资讯

地址： 2648 W Grand Blvd
交通： 乘16路DOT巴士可到
电话： 313-8752264
门票： 10美元
开放时间： 10:00～18:00，周一、周日闭馆
网址： www.motownmuseum.com

希腊城

希腊城（Greektown）是一处希腊移民的集中地，是你在底特律可以尽情享受夜生活的地方，街道上有众多希腊风味的餐馆、音乐厅、酒店、商店等设施，你可以从中体会到浓郁的希腊风情。

旅游资讯

地址： 554E.Lafayette Blvd
交通： 乘坐无人驾驶高铁在Greektown People Mover Station下车
电话： 888-7714386
开放时间： 24小时
网址： www.greektowncasino.com

旅游达人游玩攻略

在希腊城游玩时，晚上最好结伴同行，或者尽量在人多热闹的地方闲逛，尽量不要单独出门。

希腊城

底特律历史博物馆

底特律历史博物馆

　　底特律历史博物馆（Detroit Historical Museum）成立时间较早，是美国最出名的历史博物馆之一。博物馆共有三层，通过卵石小路、19世纪的商店、汽车装配线、18世纪的毛皮贸易站等讲述了底特律300多年的历史和文化，让游客可以从中轻松了解底特律的方方面面。

旅游资讯

地址： 5401 woodward ave.

交通： 乘坐53路公交车在Woodward & Kirby下车

电话： 313-8331805

门票： 6美元

开放时间： 9:30～15:00（周三至周五），10:00～17:00（周六），12:00～17:00（周日），周一、周二闭馆

网址： www.detroithistorical.org

底特律科学中心

　　底特律科学中心（Detroit Science Center）是一个科学博物馆，也是美国最大的科学博物馆之一。馆内设有影剧场和多个主题展区，分为全天域电影院、科学大厅、美国钢铁趣味工厂、特别活动大厅、天文馆等部分，主要以非常独特的手段将科学知识传授给儿童，从而使儿童用最直观的方式了解、认识科学奥秘。

旅游资讯

地址： 5020 john R st.

交通： 乘坐14路公交车在Warren & Brush下车

电话： 313-9826001

门票： 13美元

开放时间： 9:00～15:00（周一至周五），10:00～18:00（周六日）

网址： www.detroitsciencecenter.org

底特律周边景点

亨利·福特博物馆

亨利·福特博物馆（Henry Ford Museum）位于美国密执安州的迪尔伯恩，是一个包括室内和室外展示区的大型历史博物馆。博物馆内不仅珍藏有福特汽车公司的汽车，还有飞机、火车、蒸汽机以及美国人使用的家具、服装和生活用品等物品。

旅游资讯

地址：20900 Oakwood Blvd
交通：乘坐200路SMART巴士可到
电话：313-9826001
门票：14美元
开放时间：9:30～17:00
网址：www.thehenryford.org

旅游达人游玩攻略

参观完亨利·福特博物馆后，你还可以前往附近的绿野村、汽车名人堂、福特汽车红河工厂等景点参观。其中，绿野村的门票价格为22美元，汽车名人堂的门票价格为15美元，福特汽车红河工厂之旅的门票价格为11美元。另外，参观福特汽车红河工厂内的汽车IT时，不要用照相机拍照。

非裔美国人国家博物馆和档案馆

非裔美国人国家博物馆和档案馆（National African American Archives and Museum）创立时间悠久，是阿拉巴马州最重要的非裔美洲人博物馆。博物馆内收藏了非裔美洲人的档案、记录、照片、书籍、非洲木雕、家具等，是了解非洲人移民美国后的历史与文化的好去处。

旅游资讯

地址：564 Dr Martin Luther King Jr Ave
交通：乘坐14路公交车在Wallen & Brush站下车
电话：251-4338511
网址：www.nationalafricanamericanarchives.org

亨利·福特庄园

亨利·福特庄园是亨利·福特和妻子克拉拉生活的场所。庄园虽不是十分豪华，但设施齐全，游泳池、发电站等设施都有，房子也特别坚固。这里每年都有无数来自世界各地的专家和游人前来参观，因而也有了"不到福特府，枉进汽车城"的说法。

旅游资讯

地址：4901 Evergreen Rd.
交通：乘坐200路Smart巴士在Fairlane town center购物中心下车
电话：313-5935590
门票：12美元
开放时间：10:30～14:30，周一闭馆
网址：www.henryfordestate.org

克莱斯勒博物馆

　　克莱斯勒博物馆（Walter P.Chrysler Museum）是为了展示克莱斯勒汽车制作、发展过程而修建的博物馆。博物馆内分为地上两层和地下一层，其中地上第一层陈列的是最早期创新性的一些克莱斯勒车型和技术，第二层展示的是一些年代稍近的藏车，地下收藏的是许多性能车、纪念版车型和古董车。

旅游资讯

地址： 1 Chrysler Dr
交通： 乘坐756路公交车在Squirrel & Chrysler Dr下车
电话： 248-9440001
门票： 8美元
开放时间： 10:00～17:00（周二至周六），12:00～17:00（周日），周一闭馆
网址： www.wpchryslermuseum.org

最容易让人忽略的景点

非裔美国人历史博物馆

　　非裔美国人历史博物馆（Charles H. Wright Museum of African American History）是一座以介绍非洲裔美国人为专题的大型博物馆。博物馆内设有7个展厅，集中展示了史前人类史、殖民地美洲蓄奴、黑人奋起抗争、赢得平等权利等内容，游客可从中了解到别具特色的非洲文化、历史和民俗风情。

旅游资讯

地址： 315 E Warren Ave
交通： 乘坐14路公交车在Warren & Brush下车
电话： 313-4945800
门票： 8美元
开放时间： 9:00～17:00（周二至周日），周一闭馆
网址： www.thewright.org

底特律美术馆

　　底特律美术馆（Detroit Institute of Arts – Catering）位于底特律文化中心地区，是一座大型博物馆。博物馆内设有欧洲美术厅、亚洲艺术展区等展厅，共收藏有6万余件藏品，其中包括梵高、莫奈、雷诺阿、迭戈·里维拉等著名艺术家的作品。

旅游资讯

地址： 5200 Woodward Ave
交通： 乘坐53路公交车在Woodward & Farnsworth下车
电话： 313-8331925
网址： www.dia.org

底特律美食

底特律是有名的汽车城，也是美国人种最多的城市之一。这里的美食口味也非常多，希腊、墨西哥，中东、东欧、亚洲风味美食你都能在这里轻易地找到。此外，在这里，你还可以品尝到味道可口的梭子鱼和白鲑鱼。

美国本土美食

· Lafayette Coney Island

Lafayette Coney Island是底特律一家以提供当地特色美食为主的餐厅。餐厅中最受欢迎的美食是Coney Island，采用装填热狗的面包，加上柔软的牛肉片，再加上奶酪、洋葱和红番椒制作而成，味道很好，深受食客喜爱。

地址： 118 W Lafayette Blvd
交通： 乘坐200、255、510路公交车在Michigan & Shelby下车
电话： 313-9648198
网址： www.americanconeyisland.com

· Southern Fires Restaurant

Southern Fires Restaurant是底特律一家非常受欢迎的餐厅。来到这里，你可以选择表面涂满粗玉米的鲇鱼、炖烂的小排骨、肉排等食品，还可以选择绿色芥蓝、甜土豆、黄油玉米面包。餐厅内的菜肴价格十分合理，服务人员的服务也非常好。

地址： 575 Bellevue St
交通： 乘坐610、620路公交车在Jefferson & Bellevue下车
电话： 313-3934930
网址： www.southernfiresrestaurant.com

其他美国本土风味餐厅推荐			
名称	地址	电话	网址
Fishbone's	400 Monroe St	313-9654600	www.fishbonesusa.com
Metro Times	733 St Antoine	313-9614060	www.metrotimes.com
Mudgie's	1300 Porter St	313-9612000	www.mudgiesdeli.com
Traffic Jam & Snug Restaurant	511 W Canfield St	313-8319470	www.trafficjamdetroit.com
Red Hot & Blue	33800 Van Dyke Ave	586-9796400	www.redhotandblue.com

🍴 中国风味

·家乡餐厅

　　家乡餐厅（Chia Shiang Chinese Restaurant）位于安娜堡地区，是当地非常受欢迎的中餐厅之一。餐厅内装饰风格古朴，处处流露着中国气息，给人一种回到家乡般的亲切感。餐厅内以酸菜鱼为主打菜肴，辣劲十足，口味非常棒。

地址：2016 Packard St
交通：乘坐5路公交车在W- Packard btw Jorn Ct and Harpst下车
电话：734-7410778
网址：www.chiashiang.com

·Wah-Hoo

　　Wah-Hoo是一家位于底特律市中心繁华地带的中餐厅。餐厅外观独特，有两扇玻璃窗和一扇木制玻璃门，门上方有龙形图案，给人以古色古香的感觉。餐厅内以提供传统中国美食为主，价格较为实惠，菜量也非常大。

地址：536 Shelby St
交通：乘坐10、48路公交车在Larned & Shelby站下车
电话：313-3248700
网址：www.wah-hoo.net

其他中国风味餐厅推荐			
名称	地址	电话	网址
China One	3750 Woodward Ave #1	313-8321111	www.chinaonedetroit.com
Rice Bowl Fresh Asian Kitchen	3031 W Grand Blvd	313-8717000	www.ricebowlasiankitchen.com
Tai Hing	1114 Holcomb St	313-8248330	www.taihingchinese.com
Midtown Shangri-La	4710 Cass Ave	313-9747669	www.midtownshangri-la.com

🍴 世界美食

· El Rancho Restaurant

　　El Rancho Restaurant是一家非常著名的墨西哥风味餐厅。餐厅内装饰风格独特，环境干净、整洁，以墨西哥玉米煎饼为主打菜肴，价格比较实惠，服务也很好，值得前来。

地址：5900 W Vernor Hwy
交通：乘坐49路公交车在Vernor & Military下车
电话：313-8432151
网址：www.elranchomexrest.net

· 渴望

　　渴望（Crave）是一家很受欢迎的日式餐厅。餐厅内以提供寿司、烤肉、咖喱美味为主，菜肴十分精致，色香味俱全。餐厅内环境舒适整洁，服务周到，不过菜肴价格相对比较昂贵。

地址：22075 Michigan Ave
交通：乘坐200路公交车在Michigan @ Mason下车
电话：313-2777283
网址：www.cravelounge.com

其他世界美味餐厅推荐

名称	地址	电话	网址
Benihana	18601 Hubbard Dr	313-5933200	www.benihana.com
Green Safe Products	1331 Holden St	313-8714000	www.michigangreensafeproducts.com
Art Van Furniture	29905 W 7 Mile Rd	248-4788870	www.artvan.com
Art Van Furniture	8300 N Wayne Rd	734-4259600	www.artvan.com
Strong Veterinary Hospital	29212 5 Mile Rd	734-4276360	www.strongveterinaryhospital.com

底特律购物

　　底特律的大型购物中心比较少，全城仅有几家，但大多数购物场所的商品非常齐全，且价格便宜。除了大型商场外，底特律的超市、小型商店非常多，东西也便宜，大大方便了购物。

· New Center Place Shopping Center

　　New Center Place Shopping Center是一个由两座大型购物中心组成的商城。商城内一边是普通品牌购物中心，一边是世界名牌购物中心，中间由玻璃桥相连，以方便顾客来往。商场内的货物种类非常齐全，几乎任何你想要的商品都能在这里找到。

地址：3031 West Grand Blvd，Detroit
交通：乘坐23、851路公交车在Second & Grand Blvd.下车
电话：313-9724000
网址：www.newcenterplace.com

· **Great Lake Crossing Outlet**

Great Lake Crossing Outlet是离底特律市中心的折扣商城。商城内有众多品牌商品，价格比商场上的都低很多，其中以Outdoor户外用品专卖店的商品最为实惠，深受顾客喜爱。

地址： 4000 Baldwin Rd
交通： 乘坐18路公交车在14th & McGraw下车
电话： 877-7467452
网址： www.greatlakescrossingoutlets.com

· **Birch Run Cooperative Townhouses**

Birch Run Cooperative Townhouses是底特律一处大型品牌购物中心。这里虽然营业面积巨大，商品种类齐全，但商品价格普遍较为便宜，质量也非常好，是你在底特律购物，值得一逛的地方。

地址： 35477 Garner St
交通： 乘坐10路公交车在Mary St站下车
电话： 734-7285311
网址： www.birchruncoop.com

其他购物场所推荐			
名称	地址	电话	网址
GM Renaissance Center	400 Renaissance Center #2500	313-5673126	www.gmrencen.com
University Foods	1131 W Warren Ave	313-8330815	www.universityfoodsmidtown.com
Dollar Tree	2720 E Jefferson Ave	313-5672349	www.dollartree.com
Family Dollar #6301	6365 W Vernor Hwy	313-5516005	www.familydollar.com
Kmart	19990 Telegraph Rd	313-5378010	www.kmart.com
Detroit Artists Market	4719 Woodward Ave	313-8328540	www.detroitartistsmarket.org

底特律娱乐

底特律的娱乐场所非常有限，不过酒吧、歌舞厅、剧院、球场等样样齐全。底特律娱乐场所最集中的地方是希腊城，是很多游客到底特律后最喜欢去的地方。

 球队

·底特律活塞

　　底特律活塞（Detroit Pistons）是美国国家篮球协会（NBA）的一支老牌劲旅，奥本山宫殿球馆是其主场。活塞队有着辉煌的队史，给球迷留下的最好回忆莫过于曾经的"坏小子军团"和"草根军团"。如今，活塞队在当家球星门罗、德拉蒙德的带领下，比赛场面依然十分精彩。

地址：6 Championship Dr
交通：乘坐8路公交车在Capper Rd.站下车
电话：248-3770100
网址：www.palacenet.com

·底特律红翼队

　　底特律红翼队（Detroit Red Wings）是NHL的一支老牌冰球队，乔·刘易斯体育馆是其主场。红翼队曾经是一支夺冠热门球队，如今虽面临着新老更替时期，战绩逐渐下滑，但依然深受球迷喜爱。

地址：600 Civic Center Dr
交通：乘坐无人驾驶高铁在Joe Louis Arena下车
电话：313-9836606
网址：www.redwings.nhl.com

其他娱乐场所推荐			
名称	地址	电话	类型
Foran's Irish Pub	612 Woodward Ave	313-9613043	酒吧
Nemo's Bar	1384 Michigan Ave	313-9653180	酒吧
Centaur	2233 Park Ave	313-9634040	酒吧
Olympia Entertainment: Fox Theatre	2211 Woodward Ave	313-4713200	电影院
The Redford Theater	17360 Lahser Rd	313-5372560	电影院
Detroit Institute of Arts	5200 Woodward Ave	313-8337900	电影院
Fisher Theatre	3011 W Grand Blvd	313-8721000	剧院
City Theatre	2301 Woodward Ave	313-9659500	剧院
Detroit Opera House	1526 Broadway St	313-2377464	剧院

底特律住宿

　　底特律的住宿点非常多，几乎在城市的每个角落你都能找到住宿地。底特律的住宿场所主要有酒店、汽车旅馆、青年旅舍等，其中以酒店居多。在底特律旅行时，只需要提前通过打电话的方式预约，就可以轻松预订一个房间。

经济型酒店			
名称	地址	电话	网址
The Atheneum Suite Hotel	1000 Brush St	313-9622323	www.atheneumsuites.com
Hilton Garden Inn Detroit Downtown	351 Gratiot Ave	313-9670900	www.hiltongardeninn3.hilton.com
Hotel St. Regis Detroit	3071 W Grand Blvd	313-8733000	www.hotelstregisdetroit.com
The Inn on Ferry Street	84 E Ferry Ave	313-8716000	www.theinnonferrystreet.com
Milner Hotel	1538 Centre St	313-9633950	www.detroit.milner-hotels.com

中档酒店			
名称	地址	电话	网址
底特律文艺复兴中心万豪酒店	400 Renaissance Dr	313-5688000	www.marriott.com
MotorCity Casino Hotel	2901 Grand River Ave	313-2377711	www.motorcitycasino.com
DoubleTree Suites by Hilton Hotel Detroit Downtown-Fort Shelby	525 W Lafayette Blvd	313-9635600	www.doubletree3.hilton.com
Courtyard Detroit Downtown	333 E Jefferson Ave	313-2227700	www.marriott.com
Greektown Casino Hotel	1200 St Antoine St	313-9615805	www.greektowncasino.com

高档酒店			
名称	地址	电话	网址
The Westin Book Cadillac Detroit	1114 Washington Blvd	313-4421600	www.bookcadillacwestin.com
MGM Grand Detroit	1777 3rd St	877-8882121	www.mgmgranddetroit.com
Crystal House Motel	20490 Greenfield Rd	313-3427300	www.geminihotelsgroup.com
The Westin Detroit Metropolitan Airport	2501 Worldgateway Place	734-9426500	www.westindetroitmetroairport.com

3 底特律→尼亚加拉瀑布城

Ditelu→Niyajialapubucheng

尼亚加拉瀑布城交通

从底特律前往尼亚加拉瀑布城

· 飞机

　　从底特律前往尼亚加拉瀑布城游玩，乘飞机是最方便的交通方式。飞机从底特律维纳郡机场起飞，降落在布法罗尼亚加拉国际机场（Buffalo Niagara International Airport），飞行时间约1小时10分钟，票价一般为520美元左右。

·**灰狗巴士**

　　乘灰狗巴士从底特律前往尼亚加拉瀑布城，是一种比较实惠的交通方式。灰狗巴士从底特律巴士总站出发，到达布法罗灰狗巴士总站（地址：181 Ellicott st.,电话：716-8557533）。你可以从布法罗灰狗巴士客运中心乘40、60路巴士前往尼亚加拉瀑布城。

布法罗尼亚加拉国际机场信息			
名称	地址	电话	网址
布法罗尼亚加拉国际机场	4200 Genesee St	716-6306000	www.buffaloairport.con

🚌 乘**尼亚加拉观光车**游**尼亚加拉瀑布城**

　　尼亚加拉观光车是尼亚加拉瀑布城中一种非常便利的交通工具。观光车从尼亚加拉瀑布城纽约一侧的展望台停车点出发，绕山羊岛运行一周，中途经过风洞窟、三姐妹岛、水族馆等景点。尼亚加拉观光车票价为2美元，运行时间为9:00～17:30。

🚌 乘**灰狗巴士**玩**尼亚加拉瀑布城**

　　灰狗巴士连接了尼亚加拉瀑布城美国一侧的所有景点，同时还连接了尼亚加拉瀑布城的所有重要酒店，是游玩尼亚加拉瀑布城时的一种非常方便快捷的交通工具。

灰狗巴士信息				
名称	地址	电话	网址	运行时间及票价
灰狗巴士	尼亚加拉瀑布城	716-2852113	www.graylineniagarafalls.com	9:00、15:00发车（4～9月），约80美元

尼亚加拉瀑布城景点

📍雾中少女号

　　雾中少女号（Maid of the Mist）是载着游客顺着尼亚加拉河前行，观赏尼亚加拉大瀑布的游船。游船在顺河开往美国瀑布时，游客可以很真切地看到瀑布狂泻直下所产生的巨大水汽与浪花，听到瀑布冲击所发出的有如千军万马奔腾般的声响，还会体验到身上被瀑布所带起的水雾淋湿的快感。

旅游资讯

地址： 151 Buffalo Ave

交通： 乘坐40、50、55路公交车在3rd Street Rainbow Boulevard North Farside下车，再向南步行可到

电话： 716-2848897

门票： 13.5美元

开放时间： 9:45～16:45（4～10月，每15分钟一趟），10月至次年3月停运

网址： www.maidofthemist.com

雾中少女号

旅游达人游玩攻略

1.在乘坐雾中少女号前，游船工作人员会给游客每人发一件雨衣，这样可以在观看瀑布时防止你的衣服被水淋湿。不过，由于瀑布水量过大，在前往观看瀑布时你最好带一件干净的衣服，若身上的衣服打湿了可以换上，以免感冒。

2.前往观看美国瀑布时，如果你随身携带的相机不能防水，建议不要带到瀑布前，以防进水。

眺望台观测点

　　眺望台观测点（The Observation Tower）是一处可以同时眺望美国瀑布和加拿大国境内的瀑布的观测点。来到这里，站在观测台上，你可以尽情地欣赏瀑布，并可以从各个不同的角度拍下瀑布的美景。

旅游资讯

地址： 尼亚加拉大瀑布美国旅游咨询处旁边

电话： 716-2781730

门票： 1美元（冬季免费）

开放时间： 9:00～20:00

眺望台观测点

风洞窟之旅

　　风洞窟之旅（Carve of The Winds Trip）是一种可以近距离观看、感受瀑布的景点。来到这里，游客穿上雨衣后，便可在导游的引导下穿过洞窟，沿着岩石区来到木桥下面的新娘面纱瀑布正下方。在这里抬起头，你便能感受到瀑布如同一个固体的水块在往下落一般的错觉。

旅游资讯

地址： 新娘面纱瀑布正下方

电话： 716-2781730

门票： 11美元

开放时间： 9:00～17:00（5月7日至6月18日），9:00～21:00（6月19日至9月7日），9:00～19:30（9月8日至10月17日）；11月至次年4月停运

📍 山羊岛

山羊岛（Goat Island）在尼亚加拉河中央的小岛上，是一处可以品味河流变成瀑布之前的寂静的地方。山羊岛上风景极其优美，你可以在很短的时间内绕岛游走一圈。岛的东北角有一个水龟观测点，这是可以同时观测加拿大瀑布和远眺美国瀑布的地方。

💬 旅游资讯

地址：Niagara Falls

交通：乘坐40、50、55路公交车在South Rainbow Blvd 1st Street South Nearside下车，再向南步行可到

电话：716-2781796

网址：www.niagarafallsstatepark.com

尼亚加拉瀑布城美食

尼亚加拉瀑布城的美食餐厅主要分布在尼亚加拉河沿岸，主要以牛排、海鲜、烤肉、咖喱为主打美食。餐厅内环境都非常舒适、洁净，服务员态度也非常好，菜肴口味大多数为美国本土风味，也有少许日本、印度风味的菜肴。

· 硬摇滚咖啡

硬摇滚咖啡（Hard Rock Cafe）是尼亚加拉瀑布城一家非常受欢迎的餐厅。餐厅内珍藏有众多摇滚乐迷喜爱的藏品，装饰风格极其独特。餐厅内主打菜肴是具有本地特色的牛排，味道也十分鲜美，且价格实惠。

地址：333 Prospect St

交通：乘坐40、50、55路公交车在Rainbow Blvd Micheal O'laughlin Drive North下车

电话：716-2820007

开放时间：11:00～22:00（周一至周四、周日），11:00～23:00（周五至周六）

网址：www.hardrock.com

· 雷德科奇酒店

雷德科奇酒店（The Red coach inn）是尼亚加拉瀑布城一家老字号美国风味餐厅。餐厅内提供早、中、晚三顿精致菜肴，服务周到，不过价格比较昂贵。来到这里，你不仅可以品尝到美味的菜肴，还可以俯视瀑布奔流而下的壮美景观。

地址：2 Buffalo Ave

交通：乘坐40、50、55路公交车在South Rainbow Blvd 1st Street South Nearside下车，再向南步行可到

电话：716-2821459

开放时间：7:30～21:00

网址：www.redcoach.com

·科依诺尔砖石印度餐厅

科依诺尔砖石印度餐厅（Kohinoor Indian Restaurant）是一家非常受欢迎的印度风味餐厅。餐厅内菜肴种类非常多，海鲜、烤肉、沙拉、咖喱、面包等你都能在这里品尝到。此外，餐厅内还有众多美味甜品可供品尝。

地址：200 Rainbow Blvd

交通：乘坐40、50、55路公交车在Rainbow Boulevard 2nd Street West Nearside下车

电话：716-2842414

网址：www.kohinoorrestaurant.com

其他餐厅推荐			
名称	地址	电话	网址
Murphy's Cafe On Third	250 Rainbow Boulevard	716-2058341	www.murphyscafeusa.com
Legends Bar & Grill	240 1st Street	716-2990250	www.legendsbarnf.com
Savor	28 Old Falls St	716-2102580	www.nfculinary.org
Top of the Falls Restaurant	24 Buffalo Ave	716-2780337	www.niagarafallsstatepark.com
Hard Rock Cafe Niagara Falls USA	333 Prospect Street	716-2820007	www.hardrock.com

尼亚加拉瀑布城购物

尼亚加拉瀑布城的购物场所不多，且大多数购物地都分布在交通便捷的公路旁边。尼亚加拉瀑布城的购物场所主要以经营当地特色礼品为主，也有少量面包店和便利商店。

·三姐妹商栈

三姐妹商栈（ThreeSiters Trading Post）是一家以经营个性礼品为主的小店铺。来都这里，一进门你便能看到一只"会说话"的驼鹿雕塑，接着便能见到放置在专柜里的美洲印度安人偶、雕刻、珍贵玉石等礼品，还能买到珍贵的T恤。

地址：454 Main St

交通：乘坐40、50、55路公交车在Main St. 1st Street West Opposite下车

电话：716-2843689

网址：www.threesisterstradingpost.com

·迪卡米洛面包店

迪卡米洛面包店（Mounted Police Trading Post）是由意大利移民创建，是一家拥有90余年历史的面包店。店铺内以制作美味的面包和点心为主，样式非常多，价格普遍较为便宜，而且都十分可口。

地址：811 linwood ave.
开放时间：6:00～19:00
电话：716-2822341
网址：www.dicamillobakery.com

其他购物场所推荐		
名称	地址	电话
Wireless Communications of WNY	336 19th Street	716-2846760
Merry Mart Wireless Comm	336 19th Street	716-2846760
Andy's Quick Shop	1822 Niagara Street	716-2848310
Dollar Tree	810 Portage Road	716-2853740
Rainbow	810 Portage Road	716-2853129

尼亚加拉瀑布城住宿

尼亚加拉瀑布城的住宿选择非常多，酒店、旅馆、青年旅舍你都能轻易找到。尼亚加拉大瀑布的住宿点收费都比较高，但设施齐全，环境也较舒适。不过，游客在入住住宿点前，最好提前打电话或上网预订。

经济型酒店			
名称	地址	电话	网址
Rodeway Inn	492 Main St	716-2858366	www.rodewayinn.com
Howard Johnson Closest to the Falls and Casino	454 Main St	716-2855261	www.hojo.com
Econo Lodge At The Falls North	5919 Niagara Falls Blvd	716-2831100	www.econolodge.com

| Swiss Cottage Inn | 6831 Niagara Falls Blvd | 716-2838142 | www.swisscottageinn.com |
| Americas Best Value Inn | 6505 Niagara Falls Blvd | 888-3152378 | www.americasbestvalueinn.com |

中档酒店			
名称	地址	电话	网址
Hampton Inn Niagara Falls	501 Rainbow Blvd	716-2856666	www.hamptoninn.hilton.com
COMFORT INN THE POINTE	1 Prospect St	716-2846835	www.comfortinnthepointe.com
Quality Hotel & Suites	240 1st St	716-2821212	www.qualityniagarafalls.com
Days Inn-Niagara At the Falls	443 Main St	716-2848801	www.daysinn.com
Super 8 Niagara Falls	795 Rainbow Blvd	716-2849778	www.super8.com

高档酒店			
名称	地址	电话	网址
Holiday Inn-Niagara Falls	114 Buffalo Ave	716-2852521	www.holidayinn.com
Four Points by Sheraton Niagara Falls	7001 Buffalo Ave	716-2990344	www.fourpointsniagarafalls.com
Sheraton At The Falls	300 3rd St	716-2853361	www.sheratonatthefalls.com
Seneca Niagara Casino & Hotel	310 4th St	877-8736322	www.senecaniagaracasino.com
Econo Lodge at the Falls	2nd St	716-2857316	www.econolodge.com

4 尼亚加拉瀑布城 → 匹兹堡

Niyajialapubucheng → Pizibao

🚌 **匹兹堡交通**

🚌 **从尼亚加拉瀑布城前往匹兹堡**

·飞机

　　从尼亚加拉瀑布城去匹兹堡，乘飞机是非常方便的交通方式。飞机从布法罗尼亚加拉国际机场起飞，降落在匹兹堡国际机场（Pittsburgh International Airport），票价一般为200美元左右。

匹兹堡国际机场信息			
名称	地址	电话	网址
匹兹堡国际机场	1000 Airport Blvd	412-4723525	www.pitairport.com

·灰狗巴士

从尼亚加拉瀑布城乘坐灰狗巴士前往匹兹堡，可先搭乘40、60路巴士在布法罗灰狗巴士总站下车，然后乘坐开往匹兹堡的灰狗巴士。灰狗巴士最终抵达匹兹堡灰狗巴士总站（55 1th st.），行车时间约5小时。

🚌 乘轻轨玩匹兹堡

乘轻轨游玩匹兹堡是一种非常方便快捷的方式。匹兹堡轻轨（Pittsburgh Light Rail）主要有两条线路，一条是走华盛顿山公交隧道（Mt. Washington Transit Tunnel），另外一条是走路面轨道，但坡度较大。匹兹堡轻轨的票价是按行驶区域来计算，有免费也有收费路段，具体情况可以在匹兹堡旅游局游客中心或市区服务中心咨询。

名称	地址	电话	网址
匹兹堡旅游局游客中心	Liberty ave.	800-3590758	www.visitepittshburgh.com
市区服务中心	534 smithfeild st.	412-2551356	www.smithfeild.com

🚌 乘公交车游匹兹堡

匹兹堡的公交车主要运行于匹兹堡市中心及奥克兰地区，运行线路非常多，其中包括2、4、7、12、71A、71C、71D等线路。公交车在市中心运行时，一般在16:00～19:00免费（具体情况可在市区服务中心咨询），其余时间则需要交2美元车费；公交车从市中心运行至奥克兰地区，票价一般为2美元。

🚌 乘缆车游匹兹堡

缆车是匹兹堡一种非常受欢迎的观光交通工具。匹兹堡的缆车主要有两条运行线路，分别为莫农格希拉线和迪尤肯线，游客无论选择乘坐哪条线路，都能欣赏到匹兹堡最美的景色。匹兹堡缆车的票价一般为2美元。

📷 旅游达人游玩攻略

匹兹堡的所有地铁、巴士和缆车之间都可以相互换乘，换乘时只需向司机出示前面乘坐的地铁、巴士或缆车的票，然后多缴纳50美分即可，不需要再购买全额的车票。

🚌 乘出租车逛匹兹堡

匹兹堡的出租车非常多，不过很少有空车在街道上行驶，打车时必须通过打电话叫车。匹兹堡的出租车公司主要有黄色出租车公司（Yellow Cab Co of Pittsburgh），叫车电话为412-3218100；检验员出租车公司（Checker Cab），叫车电话为412-6646600。出租车的具体收费标准可以在打电话叫车时询问。

匹兹堡市区景点

匹兹堡床垫工厂艺术博物馆

匹兹堡床垫工厂艺术博物馆（Mattresss Factory Art Museum）是由Mattresss Factory改造而成的博物馆。博物馆内收集了众多新锐艺术家的作品，且每年都会有新的作品展示出来。参观博物馆时，你还可以亲眼看到艺术家创作的情景。

💬 旅游资讯

地址：500 Sampsonia Way

交通：乘坐13、15、16路公交车在Brighton Rd at Jacksonia St FS下车

电话：412-2313169

门票：10美元

开放时间：10:00～17:00，周一闭馆

网址：www.mattress.org

安迪·若霍尔美术馆

安迪·若霍尔美术馆（The Andy Warhol Museum）是为了纪念安迪·若霍尔而修建的博物馆。安迪·若霍尔是美国著名的现代艺术家，20世纪艺术界最有名的人物之一。美术馆内设有5个展区，主要收藏、展示了安迪·若霍尔从出名前到去世时的很多作品，包括广告宣传画、素描、雕塑、影像等。

安迪·若霍尔美术馆

💬 旅游资讯

地址：117 Sandusky St

交通：乘坐2、4、7、12路公交车在Anderson St at General Robinson St下车

电话：412-2378300

门票：15美元

开放时间：10:00～17:00，周一闭馆

网址：www.warhol.org

📷 旅游达人游玩攻略

安迪·若霍尔美术馆在每周五的17:00～22:00这个时间段内，都会有一个叫做Good Fridays的特别节目举行。此时，美术馆内会有DJ和乐队的音乐演出，以及除了若霍尔作品以外的特别展览，感兴趣的人，可以前往参观。

📍 匹兹堡鸟园

　　匹兹堡鸟园（National Aviary）是匹兹堡一个非常受欢迎的鸟类公园。公园占地面积庞大，环境清幽，有数百种外来鸟类和濒危鸟类，仔细参观之后，你能从中学到很多关于鸟类学和生物学方面的知识。

💬 旅游资讯

地址： 700 Arch St

交通： 乘坐54路公交车在Arch St Opp Allegheny Middle School下车

电话： 412-3237235

门票： 12美元

开放时间： 10:00~17:00，感恩节闭馆

网址： www.aviary.org

📍 儿童博物馆

　　儿童博物馆（Childrens Museum）是匹兹堡一座非常受小孩子喜爱的博物馆。馆内拥有很多互动式的展品，小孩子可以通过观看和亲身体验的方式来享受乐趣。此外，博物馆内还放有很多适合儿童观赏的若霍尔的作品。

💬 旅游资讯

地址： 10 Children's Way

交通： 乘坐54路公交车在Allegheny Sq West at Stop #2下车

电话： 412-3225058

门票： 11美元

开放时间： 10:00~17:00

网址： www.pittsburghkids.org

📍 卡内基科学中心

　　卡内基科学中心（Carnegie Science Center）是一座以面向儿童为主题的博物馆。博物馆有五层展厅，其中最值得一看的是第四层展厅中的探测站和儿童游览区。此外，博物馆内的现场演示剧院、工程剧院和厨房剧院也非常值得一看。

💬 旅游资讯

地址： 1 Allegheny Ave

交通： 乘坐BLLB路公交车在Allegheny Station下车，或乘坐14、18路公交车在Allegheny Ave at Reedsdale FS下车

电话： 412-2373400

门票： 17.95美元

开放时间： 10:00~17:00（周六至19:00）

网址： www.carnegiesciencecenter.org

卡内基科学中心

匹兹堡周边景点

流水别墅

流水别墅（The Falling Water）又称落水山庄，由建筑家赖特设计，是美国最著名的建筑之一，也被称为"一生中一定得造访一次的地点"。别墅分主楼和客楼两部分，其中主楼建在瀑布上面的大石头上，很好地将大自然美与建筑美融合在一起，极为壮观。

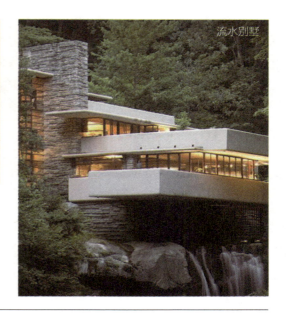

流水别墅

💬 旅游资讯

地址：1491 Mill Run Rd
电话：724-3298501
门票：18美元
开放时间：10:00～16:00
网址：www.fallingwater.org

黑根之家

黑根之家（Kentuck Knob）位于阿勒格尼（Allegheny）山脉的切斯纳特山脊上，是尤宁敦的冰淇淋商艾萨克·牛顿·黑根（Isaac Newton Hegan）夫妇请求赖特设计的住宅。黑根之家占地面积庞大，由水泥地基、沙岩石墙、红柏木梁架、铜屋顶构建而成，设计极其精巧，东西南面有多扇大小不一的门窗，冬日便于采光，夏季则可以避开阳光直射。

💬 旅游资讯

地址：723 Kentuck Rd
电话：724-3291901
门票：16美元
开放时间：10:00～16:00（3月中旬至10月），10:00～15:00（11月至次年2月）
网址：www.kentuckknob.com

最容易让人忽略的景点

弗里克艺术和历史中心

弗里克艺术和历史中心（The Frick Art & Historcal Center）位于匹兹堡东郊奥克兰区，是一座集艺术、自然历史于一体的大型博物馆。馆内主要展示了弗里克所收藏的藏品，种类多样，包括佛兰德斯地区、法国和意大利等国的珍贵绘画作品。

旅游资讯

地址：7227 Reynolds St

交通：乘坐74路公交车在Homewood Ave at Reynolds下车

电话：412-3710600

门票：免费

开放时间：10:00～17:00（周二至周日）

网址：www.thefrickpittsburgh.org

旅游达人游玩攻略

参观完弗里克艺术和历史中心后，时间充裕的游人可以前往马车博物馆参观。

弗里克艺术和历史中心

民族教堂

　　民族教堂（Nationality Rooms）位于匹兹堡大学内，是一座非常引人注目的哥特式大教堂，装饰异常奢华。这里有世界上屋顶最高的教室，教室内有数十间不同国家风格的房间，非常值得一看。

旅游资讯

地址：1209 Cathedral of Learning
交通：乘坐54、75路公交车在5th Ave at Bigelow
　　　Blvd下车
电话：412-6246150
门票：3美元
开放时间：9:00～14:30，感恩节、元旦节闭馆
网址：www.nationalityrooms.pitt.edu

旅游达人游玩攻略

1. 民族教堂内的问询处和礼品店设在1楼，教室设在1～3楼。在礼品店，你可以购买匹兹堡当地的特色商品，教室则是匹兹堡某些大学授课的地方。此外，需要注意的是民族教堂内的教室，只能在没有学生上课的时间参观。

2. 在5～8月下旬这个时间段内游玩民族教堂时，你每天都可以在问询处租借录音带。在9月至次年4月这个时间段游玩民族教堂时，你只能在周末时租借。

匹兹堡美食

　　匹兹堡的每个区域都分布着众多美食餐厅，以本地风味的民族餐馆和素食餐馆为主，也有很少的一部分中餐厅和日式、泰式餐厅。另外，匹兹堡的餐厅都允许抽烟，吸入二手烟将难以避免。

美国本土美食

· Tom's Diner

　　Tom's Diner是一家仿照20世纪50年代的风格装扮而成的美式餐馆。餐馆内环境优雅别致，给人一种温馨的感觉。餐厅的主打菜肴有烤鱼和金枪鱼沙锅菜等，价格较为实惠，是一家不错的餐馆。

地址：2937 W Liberty Ave
交通：乘坐41路公交车在West Liberty Ave at
　　　Illinois下车
电话：412-5312350

· Gypsy Cafe

Gypsy Cafe是一家非常受欢迎的餐厅。餐厅内的地板和墙壁都用紫色装扮，入口处还铺有彩色的地毯。餐厅内主要以提供苹果馅馄饨、瑞士格律耶尔干酪、意大利乳清干酪、热虾和羊奶酪炖肉为主，价格较为实惠，服务员的服务也极为周到。

地址：222 Alice St
交通：乘坐54路公交车在McKinley Ave at Alice下车
电话：412-3814977

· Dish Osteria Bar

Dish Osteria Bar是一家深受当地人热捧的餐厅。餐厅内放置着简单的木制餐桌，地板也并非十分华贵，给人一种简简单单的感觉。餐厅菜肴以沙丁鱼烤洋葱、白脱奶油面羊肉为主，味道十分可口。

地址：128 S 17th St
交通：乘坐48、51路公交车在E Carson St at 17th St下车
电话：412-3902012
网址：www.dishosteria.com

其他美国本土风味餐厅推荐			
名称	地址	电话	网址
Panera Bread	3401 Boulevard of the Allies	412-6839616	www.panerabread.com
Say Cheese Pizza Co	3507 Cable Place	412-6870606	www.saycheesepizzamenu.com
Eatunique	305 South Craig Street	412-6839993	www.eatuniquecafe.com
Legume	214 North Craig Street	412-6212700	www.legumebistro.com
Tamarind Flavor of India	257 North Craig Street	412-6050500	www.tamarindpa.com

🍴 中国风味

· Spice Island Tea House

Spice Island Tea House位于奥克兰地区，是一家非常受欢迎的中餐厅。餐厅装饰有着浓浓的中国风，环境整洁。餐厅以提供面食为主，是很多上班族、学生都愿意光顾的地方。

地址：253 Atwood St
交通：乘坐58、67、69路公交车在Forbes Ave at Atwood St下车
电话：412-6878821
网址：www.spiceislandteahouse.com

· China Wok

China Wok是一家风格十分独特的中餐厅。餐厅外墙为深红色，招牌上有用中英两种文字写成的店名，并有巨大的落地玻璃窗。餐厅内装饰风格时尚，主打菜肴有蒙古牛肉、杏仁鸡、宫保鸡丁等。

地址：1202 5th Ave
交通：乘坐61A、61B、65路公交车在5th Ave at Washington Pl下车
电话：412-2810885
网址：www.tianchinawok.com

其他中国风味餐厅推荐

名称	地址	电话	网址
Mandarin Gourmet	305 Wood St	412–2616151	www.mandaringourmetpittsburgh.com
Chinatown Inn	522 3rd Ave	412–2611292	www.chinatowninn.net
Wai Wai Chinese Cuisine	4717 Liberty Ave	412–6210133	www.waiwaipgh.com
Sesame Inn	125 W Station Square Dr #201	412–2818282	www.sesameinn.net
Fu Lai Chinese Restaurant	525 Penn Ave	412–4716338	www.fulaichinese.com

🍴 世界美食

· Mad Mex

Mad Mex是匹兹堡一家经济实惠的墨西哥餐厅。餐厅内装饰风格时尚，桌椅、墙壁、地板都流露着浓郁的现代化元素。餐厅内以提供新鲜、美味的墨西哥玉米煎饼和多种蔬菜沙拉为主，价格十分实惠。

地址：370 Atwood St
交通：乘坐58、65路公交车在Blvd of the Allies Opp Halket St下车
电话：412-6815656
网址：www.madmex.com

· Nakama

Nakama是一家非常受欢迎的日式风格餐厅。餐厅内提供的日式菜肴非常丰富，包括寿司、料理、牛排等，还有冰激凌等甜品可以品尝。菜肴分量都比较大，并且价格都比较便宜。

地址：1611 E Carson St
交通：乘坐48、51路公交车在E Carson St at 17th St下车
电话：412-3816000
网址：www.eatatnakama.com

其他世界美味餐厅推荐

名称	地址	电话	网址
Kiku Japanese Restaurant	225 W Station Square Dr	412–7653200	www.kikupittsburgh.net
Pittsburgh Steak Co Inc	1924 E Carson St	412–3815505	www.pghsteak.com
Hard Rock Cafe Pittsburgh	230 W Station Square Dr	412–4817625	www.hardrock.com
Storms Restaurant & Catering	429 4th Ave	412–2884321	www.stormsrestaurant.com
Nicky's Thai Kitchen	856 Western Ave	412–3218424	www.nickysthaikitchen.com

匹兹堡购物

匹兹堡和美国大多城市一样，都有专门的购物地带，其中横排区、罗宾森镇购物中心、精品奥特莱斯是匹兹堡最受欢迎的购物地带。

·横排区

横排区（Strip District）是匹兹堡唯一的历史市场区。这里流露着浓郁的旧时代风格，商品店铺众多，包括特色食品商店、新鲜水果店、特产专卖店、古董画廊、礼品店、纺织品店和室内设计商店等。来到这里，你既可以享受购物的乐趣，也可以品尝到众多特色美食。

地址：匹兹堡宾夕法尼亚

交通：乘坐54、56、87路公交车在Liberty Ave at 24th St下车

·精品奥特莱斯

精品奥特莱斯（Grove City）是匹兹堡一家大型购物商场，也是美国"20大奥特莱斯购物中心"之一。商场内拥有百余家名牌商店，商品种类齐全，其中包括Coach Factory、Juicy Couture、Polo Ralph Lauren Factory Store、Calvin Klein等。来到这里，你可以购买免税的服饰类商品，并能享受约为3折的超低折扣。

地址：匹兹堡市区

交通：乘坐50路公交车在Outlets Dr站下车

其他购物场所推荐			
名称	地址	电话	网址
Food For Thought Deli	194 North Craig Street	412-6825033	www.foodforthoughtdeli.com
Riviera Jeweler	4523 Centre Avenue	412-6876800	www.rivierajeweler.com
T-Mobile: Forbes & S. Bouquet St	3807 Forbes Avenue	412-6873439	www.t-mobile.com
New Balance	3810 Forbes Avenue	412-6971333	www.newbalancepittsburgh.com
Rita's Water Ice	3712 Fifth Avenue	412-6216423	www.ritasice.com
Campus Bookstore	3610 Fifth Ave	412-6819770	www.campusbookstore-pitt.com
Rita's Water Ice	3712 Fifth Avenue	412-6216423	www.ritasice.com

匹兹堡娱乐

匹兹堡的娱乐活动非常多，其中最不能错过的是，欣赏一场最出名的、拥有百余年历史的匹兹堡交响乐团的演出。此外，匹兹堡还有球场、酒吧、电影院、剧场等娱乐场所提供各种各样的娱乐活动。来到这里，只要你愿意，就可以玩得尽兴。

音乐演出地

·Heinz Hall

Heinz Hall是一家非常受欢迎的演出乐团——匹兹堡交响乐团（Pittsburgh Symphony Orchestra）的主要演出场所。这里以演奏交响乐为主，由匹兹堡著名音乐家带团演奏，音响效果极佳，是你来匹兹堡欣赏音乐的好去处。

地址：600 Penn Ave
交通：乘坐BLLB路公交车在Gateway Station下车，或乘坐8、11路公交车在Penn Ave at 6th St FS (Heinz Hall)下车
电话：412-3924819
网址：www.pittsburghsymphony.org

·Shadow Lounge

Shadow Lounge是匹兹堡一处非常有名的音乐演出地。这里不仅有DJ播放热辣的Hip-hop音乐和House音乐，还有独立乐队演出、表演和开放麦克风之夜等活动，是非常受游人欢迎的地方。

地址：5972 Baum Blvd
交通：乘坐718路公交车在Highland Ave Opp Baum Blvd下车
电话：412-3638277
网址：www.avapgh.net

球队

· 匹兹堡海盗队

匹兹堡海盗队（Pittsburgh Pirates）是美国职棒大联盟的一支棒球队，隶属国联中区。海盗队以匹兹堡Pncpark球场为主场，曾5次获得棒球世界大赛冠军。不过，近年来球队战绩逐渐下滑，球迷也随之慢慢减少。

地址：115 Federal St
交通：乘坐BLLB路地铁在North Side Station下车
电话：412-3212827
网址：www.pittsburgh.pirates.mlb.com

·匹兹堡钢人队

匹兹堡钢人队（Pittsburgh Steelers）是美国国家美式橄榄球大联盟（NFL）的一支球队，主场是Heinz Field球场。钢人队有着辉煌的队史，一共获得了6次国家橄榄球联盟（NFL）"超级碗"冠军。每到比赛开始时，球场内总会被激情四射的氛围所笼罩。

地址：3400 S Water St
交通：乘坐75路公交车在Sidney St at 28th St下车
电话：412-4327800
网址：www.steelers.com

·匹兹堡企鹅队

匹兹堡企鹅队（Pittsburgh Penguins）是美国国家冰球联盟(NHL)一支非常有名的冰球队，主场是Mellon Arena。匹兹堡企鹅队一共获得了3次美国国家冰球联盟的总冠军，其中最近的一次夺冠发生在2009年。

地址：1001 Fifth Ave
交通：乘坐65、67、69路公交车在5th Ave at Washington Pl下车
电话：412-6421300
网址：www.penguins.nhl.com

🎳 电影院

·Harris Theater

Harris Theater是匹兹堡一家历史非常悠久的老牌电影院。电影院内装饰风格时尚，主要以放映各种艺术电影为主。此外，这家电影院在举办电影节期间，前来看电影的人会非常多，场面十分热闹。

地址：809 Liberty Ave
交通：乘坐7、15路公交车在Liberty Ave at Tito Way下车
电话：412-4719702
网址：www.pghfilmmakers.org

·Southside Works Cinema

Southside Works Cinema是匹兹堡一家非常受欢迎的新型电影院，以放映主流影片和独立影片为主。电影院内的装饰十分奢华，配有数量众多的崭新荧屏，观众观看起来非常舒服。

地址：425 Cinema Dr
交通：乘坐75路公交车在Sidney St at 28th St下车
电话：412-3817335
网址：www.clevelandcinemas.com

匹兹堡住宿

　　匹兹堡的住宿选择非常多，酒店、汽车旅馆、青年旅舍你都能轻易找到。匹兹堡的住宿地大部分集中在市内，价格并不十分昂贵，内部设施也较为完善，你可以根据自己的需要选择住宿点。

经济型酒店			
名称	地址	电话	网址
Holiday Inn Pittsburgh North	4859 McKnight Rd	412-3665200	www.holidayinn.com
Hampton Inn Pittsburgh–Mcknight Rd	4575 McKnight Rd	412-9393200	www.hamptoninn3.hilton.com
Holiday Inn Express	10 Landings Dr	412-8289300	www.ihg.com
Marriott Pittsburgh Hotel Cranberry Township	100 Cranberry Woods Dr	724-7723700	www.marriott.com

中档酒店			
名称	地址	电话	网址
Hyatt Regency Pittsburgh International Airport	1111 Airport Blvd	724-8991234	www.pittsburghairport.hyatt.com
Courtyard Pittsburgh Airport	450 Cherrington Pkwy	412-2645000	www.marriott.com
SpringHill Suites Pittsburgh Mills	3015 Pittsburgh Mills Blvd	724-2741064	www.marriott.com
Four Points by Sheraton Pittsburgh North	910 Sheraton Dr	724-7766900	www.starwoodhotels.com

高档酒店			
名称	地址	电话	网址
Quality Inn Pittsburgh North	2801 Freeport Rd	412-8289400	www.qualityinn.com
Fairfield Inn & Suites Butler	200 Fairfield Ln	724-2830009	www.marriott.com
Motel 6 Pittsburgh Airport	1170 Thom Run Rd	412-2690990	www.motel6.com
Super 8 Motel	8991 University Blvd	412-2647888	www.super8.com

塞班岛

PART **8**

热岛探访——
夏威夷、塞班岛

1 夏威夷
Xiaweiyi

夏威夷交通

🚌 从机场前往市区

夏威夷有两座机场可以降落国际航班，一座是檀香山国际机场，另一座则是科纳国际机场。其中，檀香山国际机场（Honolulu International Airport）是大多数国际航班的降落点，科纳国际机场（KonaInternationalAirport）则只有少部分国际航班降落。

· 檀香山国际机场

檀香山国际机场是夏威夷瓦胡岛檀香山的一座民用机场，也是全美最繁忙机场之一，中国飞往这里的航班主要来自上海、北京、广州、香港等城市。机场内设有第1大堂、本岛大堂、第2大堂、第3大堂、国际大堂、第4大堂、全日空、第5大堂、第6大堂、第7大堂、第8大堂等航站楼，各航站楼内还设有24小时医疗服务中心、餐厅、购物中心、商务中心等附属设施。各航站楼之间往来，你可以乘坐一种叫做威基威基（Wiki Wiki）的免费班车。想租用行李车的人，须交纳1.5美元的租金。

檀香山国际机场信息			
名称	地址	电话	网址
檀香山国际机场	瓦胡岛	808-8366411	www.hawaii.gov

从檀香山国际机场前往附近岛屿

从檀香山国际机场前往夏威夷大岛、考爱岛、毛伊岛游玩时，你可以乘坐飞机直接在夏威夷大岛希洛国际机场（Hilo International Airport）、考爱岛利互也机场（Lihue Airport）、毛伊岛卡互陆伊机场（Kahului Airport）降落，飞行时间分别为40分钟、30分钟、30分钟，票价可以在檀香山国际机场售票处询问。

名称	地址	电话	网址
希洛国际机场	2450 Kekuanaoa St	808-9619300	www.hawaii.gov
利互也机场	3901 Mokulele Loop	808-2743800	
卡互陆伊机场	1 Kahului Airport Rd	808-8723830	

从檀香山国际机场进入瓦胡岛市内

从檀香山国际机场前往檀香山市区或者怀基基的交通工具有机场巴士、公交车、出租车三种。

机场巴士

机场巴士是从檀香山国际机场进入檀香山市区或者怀基基旅游区最方便的交通工具之一。机场巴士往返票价为9美元，乘客只需在行李认领处的地面交通隔离带乘车即可。

公交车

公交车是从檀香山国际机场进入檀香山市区或者怀基基旅游区最便宜的交通工具，票价为2美元。可乘坐19、20路公交车，乘车点一般设在第4大堂的第一站。不过，需要注意的是，公交车一般比较拥挤。

出租车

从檀香山国际机场进入檀香山市区或者怀基基旅游区的出租车旅游区乘车点，你一般在各航站楼的出口处都能找到，票价一般为30美元以上。

·科纳国际机场

科纳国际机场是夏威夷大岛上的国际机场之一，主要运营美国本土的跨洋国内线航班和往返于加拿大的北美国际航班。科纳国际机场服务范围广阔，夏威夷的岛屿中除了瓦胡岛以外的其他岛屿都在其服务范围。从中国飞往科纳国际机场的航班主要来自北京、上海等城市。

科纳国际机场信息			
名称	地址	电话	网址
科纳国际机场	73-200 Kupipi St	808-3279520	www.hawaii.gov

从科纳国际机场进入夏威夷大岛市内

从科纳国际机场进入夏威夷大岛市内主要的交通工具有机场巴士、出租车两种。

机场巴士

从科纳国际机场进入夏威夷大岛的机场巴士乘车点设在科纳国际机场航站楼外，乘客在车上直接购票即可。机场巴士的运行时间一般在30分钟左右，票价你可以在乘车时具体咨询。

出租车

从科纳国际机场进入夏威夷大岛的出租车非常多，乘客只需在出航站楼后，便可找到出租车等候处。出租车均为24小时运行，从机场到达市区的费用大约30美元。

🚌 乘巴士游夏威夷

·旅游巴士

夏威夷由一百多个岛屿组成，80％的人口聚集在其首府所在地瓦胡岛上。旅游巴士是瓦胡岛的主要交通工具之一。旅游巴士以威凯丽接驳巴士为主，主要在威凯丽直营购物商场、Hilton Hawaiian Village、Renaissance Thellikai、Radisson Prince Kuhio Hotel等地停靠，每天运行2班，票价一般在22美元以上。乘坐旅游巴士需要提前通过电话（808-5912561）订票。

·公交车

夏威夷的公交车主要在瓦胡岛运行，有8、19、20、23、24、47、58等路公交车，停靠站点一般在市内购物商场、酒店、景点旁，也有很少一部分在郊区运行。不过，瓦胡岛的公交车运行间隔时间都比较长，一般是半小时一班。

🚌 自驾车玩转夏威夷

自驾车是游玩夏威夷各大岛屿最为方便的交通工具。夏威夷的道路系统简单清楚，车辆一般是靠右行驶。夏威夷的租车公司一般设在机场附近或大酒店附近，只要持有护照、国内驾照及翻译件的游客都可租车，费用一般为25～35美元/天。

夏威夷租车公司推荐			
名称	地址	电话	网址
Aloha Rent A Car	190 Papa Pl（毛伊岛）	808-8774477	www.aloharentacar.com
Kihei Rent A Car	96 Kio Loop（毛伊岛）	808-8797257	www.kiheirentacar.com
Thrifty Car Rental	3147 N Nimitz Hwy（瓦胡岛）	877-2830898	www.thrifty.com
Little Hawaii Car Rental	1700 Kaiulani Ave（瓦胡岛）	808-3472886	www.littlehawaiirentals.com
Island Cars Llc	2983 Aukele St（考爱岛）	808-2466000	www.islandcars.net
Avis Hyatt Poipu Kauai Rent-A-Car	1571 Poipu Road（考爱岛）	808-7421627	www.locations.avis.com
Harper Car and Truck Rental	456 Kalanianaole Ave（夏威夷大岛）	808-9691478	www.harpershawaii.com
Harper Car and Truck Rental	456 Kalanianaole Ave（夏威夷大岛）	808-9691478	www.harpershawaii.com

夏威夷瓦胡岛景点

福斯特植物园

福斯特植物园（Foster Botanical Garden）是夏威夷最古老的植物园之一，也是火奴鲁鲁的三大植物园之一。植物园面积虽然不大，但植物种类繁多，主要分布在兰花园、经济花园、蝴蝶园、奇异树等区域，你在这里能找到很多濒临灭绝的热带植物。

旅游资讯

地址：Honolulu

网址：www1.honolulu.gov

珍珠港

珍珠港（Pearl Harbor）是瓦胡岛一处非常有名的海港，也是唯一与深水港火奴鲁鲁港相邻的港口。来到这里，你可以参观亚利桑那号军舰纪念馆、密苏里号纪念馆、近海神祠等景点，其中近海神祠是夏威夷游客最密集的地方之一。

旅游资讯

地址：西洛赫南部沿岸

怀基基海滩

怀基基海滩（Waikiki Beach）是世界上最出名的海滩之一，也是多数游客心中最典型的夏威夷海滩。来到这里，你可以在金黄的沙滩中享受阳光浴，可以在滔滔的白浪中游泳，还可以看到在碧海蓝天中飞翔的海鸟。

旅游资讯

地址：檀香山

交通：乘坐2L、22路公交车在Kalakaua Ave + Opp Seaside Ave下车

旅游达人游玩攻略

游玩怀基基海滩时，带了孩子的游客可以顺便前往怀基基水族馆和檀香山动物园游玩。

钻石头山

钻石头山（Diamond Head）是一座死火山，也是夏威夷的标志性景致。来到这里，你可以沿着小径往上攀登，沿途美丽的风景几乎可以让你忘却疲劳。到达山顶后，你可以全方位观看东南海岸至科科角的壮美风光。

旅游资讯

地址：檀香山市区南部

交通：乘坐9、23、24路公交车在Diamond Head Rd + Opp 18th Ave下车

旅游达人游玩攻略

在夏天攀登钻石头山时，由于小径上很少有阴凉地，所以出发前要做好防晒工作。

夏威夷大岛景点

📍 夏威夷火山国家公园

夏威夷火山国家公园（Hawaii Volcanoes National Park）是美国最有趣、最特别的国家公园之一，也是世界上最安全的火山公园之一。公园内风景优美，主要有冒乌纳罗亚(Mauna Loa)和奇劳威亚（Kilauea）两座活火山。来到这里，你可以看到火山熔岩从地下慢慢流出，还可以看到硫黄海岸、火山喷气眼、灾难路、绿沙滩等景观。

💬 **旅游资讯**

地址：夏威夷大岛可到　　**交通：**沿11号公路向南驾驶可到

电话：808-9856000　　**开放时间：**24小时

网址：www.nps.gov

📷 **旅游达人游玩攻略**

1.夏威夷火山国家公园非常大，前往游玩时，建议你租车前往，这样比较方便。

2.夏威夷火山国家公园内可以观看的景致非常多，单单一个景点就可以让你消磨一上午甚至是一天的时间，建议你前往游玩时多预留点时间。

📍 夏威夷国家历史公园

夏威夷国家历史公园（Pu'uhonua o Honaunau National Historical Park）是能唤起你对古老夏威夷产生无限遐想的地方。公园濒临海洋，风景优美，屹立在院内的人形木雕是最吸引人的景致。此外，公园中央区南面的海滨棕榈树林，是野餐的最佳地点之一。

💬 **旅游资讯**

地址：State Highway 160

交通：沿Mamalahoa Hwy公路向南驾驶可到

电话：808-3282326

网址：www.nps.gov

📍 哈普纳海滩州立游乐区

哈普纳海滩州立游乐区（Hapuna Beach State Recreation Area）是夏威夷大岛最大的白沙海滩之一。公园内风景优美，有金字塔形的小木屋、棕榈树、游乐园等景致。来到这里，会让人产生一种走进了浪漫的电影场景内的错觉。

💬 **旅游资讯**

地址：Hawaii

交通：沿Old Puako Rd向北驾驶可到

网址：www.hawaiistateparks.org

📍 阿卡卡瀑布州立公园

阿卡卡瀑布州立公园（Akaka Falls State Park）位于夏威夷大岛哈玛库亚海岸以北，是一座长条状的大型公园。公园内有卡胡纳瀑布、阿卡卡瀑布、热带雨林、环形小径等景致，环境极其清幽。

💬 **旅游资讯**

地址：Honomu

交通：开车沿220号公路前行可到

电话：808-9619540

夏威夷考爱岛景点

利德盖特海滩公园

利德盖特海滩公园（Lydgate Beach Park）位于椰子海岸（Coconut Coast）附近，是适合一家人游玩的大型海滩公园。公园内有安全的游泳场所、适合初学者浮潜的场所和两个儿童乐园，几乎可以让每个来到这里的人都能玩得开心、尽兴。

旅游资讯

地址：考爱岛　交通：沿56号公路向北驾驶可到

悬崖海岸州立公园

悬崖海岸州立公园（Na Pall Coast Atate Park）是世界上景色最壮丽的大型公园之一。公园内居住着在岛上世代生活了数百年的夏威夷人，你可以在卡拉拉乌小径边欣赏到海岸的美景。

旅游资讯

地址：考爱岛西北部　交通：沿550号公路向南驾驶可到　网址：www.gifts.com

怀梅阿峡谷州立公园

怀梅阿峡谷州立公园（Waimea Canyon State Park）由考爱岛的原始盾状火山沿着古老的断层下陷而形成，占地面积非常庞大。公园内最值得参观的景致是古代熔岩层，岩层上面经过岁月、风雨剥蚀而呈现出的不同颜色，在阳光照耀下显得格外美丽。

夏威夷毛伊岛景点

莫洛基尼火山口

莫洛基尼火山口（Molokini Crater）位于毛伊岛和卡霍奥拉韦岛之间，火山口的水面下生活着大量海洋生物。浮潜者和潜水者可以找到自己的乐趣。

旅游资讯

地址：Maui

海勒卡拉国家公园

海勒卡拉国家公园（Haleakala National Park）是毛伊岛的一个大型国家公园。公园内风景优美，生物种类众多，形成了一个生物圈保护区。来到这里，你可以在密林间畅游，还可以在山顶观看海景。

旅游资讯

地址：State Highway 378
交通：沿Halemall Trail公路向北驾驶可到
电话：808-5724400
网址：www.nps.gov

旅游资讯

地址：Waimea Canyon Dr
交通：沿550号公路向北驾驶可到
电话：808-5870300
网址：www.hawaiistateparks.org

夏威夷美食

在夏威夷旅行，除了美丽的景色会给你的旅途留下深刻的印象外，各色小吃同样也同样令你难以忘怀。这里的美食原材料大部分是岛上自产的，只是在经过来自不同地方的厨师加工制作之后，便成为了"夏威夷地方美味"。

瓦胡岛美食

· Hoku's

Hoku's是瓦胡岛上顶级的餐厅之一。虽然餐厅地理位置并不是十分优越，但依然凭借着独特的设计和时髦优雅的装饰风格，以及顶级美食而吸引了大量食客前来就餐。此外，这里还是很多情侣求婚的地点。

地址：5000 Kahala Ave
交通：乘坐14、22路公交车在Kahala Ave + Opp Pueo St下车
电话：808-7398780
网址：kahalaresort.com

· La mer Restaurant

La mer Restaurant是夏威夷最顶级的法国餐厅，其内部装饰极其奢华，服务周到。餐厅内的食材全部取自夏威夷岛上，菜肴风味独特，每一道菜都如同艺术品一般精致、美观，让人不忍立马品尝。

地址：2199 Kalia Rd
交通：乘坐8、19、20路公交车在下车
电话：808-9232311
网址：www.halekulani.com

· Alan Wong's Restaurant

Alan Wong's Restaurant曾被美食家杂志评选为"全美50家顶级餐馆"之一，其装饰风格时尚，环境优雅、别致，给人一种温馨的感受。餐厅内的主打菜肴有姜味红鳍笛鲷和回锅排骨。

地址：1857 S King St #208
交通：乘坐1、6路公交车在Wailea Alanui Dr站下车
电话：808-9491939
网址：www.alanwongs.com

瓦胡岛其他餐厅推荐

名称	地址	电话	网址
Kincaid's Fish, Chop, and Steakhouse	1050 Ala Moana Blvd	808–5912005	www.kincaids.com
Kapuakea Products	439 Kamani Street	808–5967855	www.kapuakeaproducts.com
Jack in the Box	875 Kapiolani Boulevard	808–5938076	www.jackinthebox.com
Fresh Cafe LLC	831 Queen Street	808–6888055	www.freshcafehi.com
Karen's Kitchen	614 Cooke Street	808–5978195	www.karenskitchenhawaii.com

夏威夷大岛美食

· Bubba Gump Shrimp

Bubba Gump Shrimp是夏威夷大岛的一家连锁店餐厅。餐厅内有岛上最大的海景露台，食客可以一边品尝美食一般观看海景。餐厅以"小鸡快跑"沙拉和Popcorn Shrimp为主打菜肴，味道十分可口。

地址：75-5776 Alii Dr
交通：乘坐23、25路公交车在 Papalaua St站下车
电话：808-3318442
网址：www.bubbagump.com

· Big Island Grill

Big Islang Grill是一家深受食客喜爱的烧烤店。店铺面积虽不大，但内部收拾得极为干净、整洁。餐厅以拼盘客饭和烤肉为主打菜肴，菜量很大，味道十分可口，且价格十分实惠。

地址：75-5702 Kuakini Hwy
交通：沿Kuakini Hwy公路向北驾驶可到
电话：808-3261153

· Seaside Restaurant

Seaside Restaurant是一家风格十分别致的餐厅，餐厅后院还有一个养着许多鱼的鱼塘。来到这里，你可以品尝到味道十分鲜美的生鱼片，还能吃到极其稀有的夏威夷箭鱼。

地址：1790 Kalanianaole Ave.
交通：乘坐14、J路公交车在Balt Anna Blvd站下车
电话：808-9358825

夏威夷大岛其他餐厅推荐

名称	地址	电话	网址
L&L Hawaiian Barbecue	78–6831 Alii Drive D 124	808–3229888	www.hawaiianbarbecue.com
Kenichi Pacific	78–6831 Alii Drive #125	808–3226400	www.kenichihawaii.com
Sam Choy's Kai Lanai	78–6831 Alii Drive	808–3333434	www.samchoy.com
Bongo Ben's Island Cafe	75–5819 Alii Drive	808–3299203	www.bongobens.com
Sushi Shiono	75–5799 Alii Drive	808–3261696	www.sushishiono.com

🍴 考爱岛美食

· Beach House Restaurant

Beach House Restaurant是一家可供恋人待在一起享受浪漫日落的餐厅。餐厅内装饰风格浪漫，有十分可口的美食，和爱人来到这里，在夕阳的余晖下共度美好的时光，将成为你们最难忘的回忆。

地址： 5022 Lawai Rd
交通： 乘坐8路公交车在Lawai Rd站下车
电话： 808-7421424
网址： www.the-beach-house.com

· La Cascata

La Cascata是享用舒适浪漫晚餐的理想场所。餐厅内铺设有红褐色的地板，墙壁上有手工绘制的壁画，让人有一种仿佛置身于托斯卡纳式别墅之中的错觉。餐厅内以提供皮具特色的当地食品为主，尤以Brodetto di pesce、黑胡椒鸡胸这两种食品深受食客欢迎。

地址： 5520 Ka Haku Rd
交通： 沿Ka Haku Rd公路向西驾驶可到
电话： 808-8262761

· Naupaka Terrace Restaurant

Naupaka Terrace Restaurant是一家位于希尔顿海滩度假村内的餐厅。餐厅内以提供夏威夷特色菜肴为主，以提供意大利菜、日本寿司为辅。此外，这里还设有一个户外就餐区域，食客可以在享受美食的同时，感受美好的自然气息。

地址： 4331 Kauai Beach Dr
交通： 沿56号公路向南驾驶可到
电话： 808-24511955
网址： www.kauaibeachresorthawaii.com

考爱岛其他餐厅推荐

名称	地址	电话	网址
Dude Dogs	2829 Ala Kalanikaumaka Street	808–7429438	www.dudedogs.com
Tortilla Republic Kauai	2829 Ala Kalanikaumaka Street	808–7428884	www.tortillarepublic.com
Josselin's Tapas Bar & Grill	2829 Ala Kalanikaumaka	808–7427117	www.josselins.com
Bubba Burgers	2829 Ala Kalanikaumaka Road	808–7426900	www.bubbaburger.com
Merriman's	2829 Ala Kalanikaumaka Street	808–7428385	www.merrimanshawaii.com

🍴 毛伊岛美食

· Nick's Fishmarket Maui

Nick's Fishmarket Maui是夏威夷的顶级海鲜餐厅之一，以提供夏威夷岛上最新鲜的鱼、鲜活的龙虾，以及在热带环境生长的毛伊岛牛肉为主，每道菜肴均由顶级厨师制作而成，味道十分鲜美。此外，餐厅的酒窖里还有上千瓶美酒可以购买或者品尝。

地址：Nick's Fishmarket Maui
交通：沿Wailea Alanui Dr公路向南驾驶可到
电话：808-8797224
网址：www.nicksfishmarketmaui.com

· Spago Restaurant

Spago Restaurant位于四季怀莱阿度假村内，是美国年度大厨Wolfgang Puck旗下的餐厅之一。餐厅内摆有独特的石头、木头手工制品，挂有充满异国情调的海葵壁画，整个餐厅充满着活力。此外，餐厅内除了拥有美味的菜肴，还有来自世界各地的葡萄酒和夏威夷风味的鸡尾酒可供品尝。

地址：3900 Wailea Alanui Dr
交通：沿31号公路向南驾驶可到
电话：808-8748000
网址：www.fourseasons.com

· Ferraro

Ferraro是毛伊岛上的一家既美味又经济的用餐之地，其内部装饰风格时尚，环境干净整洁，以提供意大利北部经典风味的菜肴为主，服务周到，价格也十分实惠。

地址：3900 Wailea Alanui Dr
交通：沿Wailea Alanni Dr公路向北驾驶可到
电话：808-8748000
网址：www.fourseasons.com

毛伊岛其他餐厅推荐			
名称	地址	电话	网址
Gannon's	100 Wailea Golf Club Drive	808–8758080	www.gannonsrestaurant.com
Capische	555 Kaukahi Street	808–8792224	www.capische.com
Polli's Mexican Restaurant	1202 Makawao Ave	808–5727808	www.pollismexicanrestaurant.com
Market Fresh Bistro	3620 Baldwin Ave #102A	808–5724877	www.marketfreshbistro.com
Hali'imaile General Store	900 Haliimaile Rd	808–5722666	www.bevgannonrestaurants.com

夏威夷购物

很多人都把夏威夷称为购物者的天堂，因而在夏威夷购物是你的夏威夷之旅中不可缺少的环节。夏威夷的购物环境非常好，最佳的购物地点大部分分布在瓦胡岛上，其他岛屿也有相对较少的购物点。

· Ala Moana Center

Ala Moana Center是夏威夷最大的豪华精品店的集中地，拥有众多高级美国品牌商店、各种各样的当地名牌商店，凡是你能想到的品牌商品几乎都能在这里买到。此外，这里还有众多高档餐馆，你可以在购物之余品尝众多美食。

地址： 1450 Ala Moana Blvd
交通： 乘坐40、42、52路公交车在Kona St + Opp Keeaumoku St下车
电话： 808-9559517
网址： www.alamoanacenter.com

· Pearl Ridge Shopping Center

Pearl Ridge Shopping Center是夏威夷最大的室内购物中心。购物中心分为Uptown 和Downtown两部分，有众多品牌商品，其中包括American Eagle、Footlocker、KB Toys、Sephora、MAC等。

地址： 98-1005 Moanalua Rd #231
交通： 乘坐11、20、32路公交车在Moanalua Rd + Opp Ualo St下车
电话： 808-4880981
网址： www.pearlridgeonline.com

· Keoni Collection

Keoni Collection是夏威夷本土的一家大型珠宝品牌商场。商场内的商品全以天然宝石及贵金属制作而成，包括天然牛血红珊瑚、五彩的黑珍珠、高贵的黄金珍珠、矫青绿的橄榄石等，做工精良，价格也较为昂贵。

地址： 2023 Young St
交通： 乘坐1、6路公交车在S King St + McCully St下车
电话： 808-9471668
网址： www.keonicollections.net

夏威夷娱乐

夏威夷既是美食的天堂，同时也是娱乐的天堂，其娱乐场所众多，酒吧、音乐厅、电影院、艺术活动场地、潜水地等你都能轻松找到，并尽情地娱乐许久。

·火奴鲁鲁艺术学院

火奴鲁鲁艺术学院（Honolulu Academy of Arts）是夏威夷最主要的视觉艺术活动场地。学院内的桃乐丝公爵剧院（Doris Duke Theatre）经常有关于艺术及世界电影的影片放映，想观看影片的人可以打电话或在网上了解具体时间后，前去观看。

地址：900 S Beretania St
交通：乘坐1、2、2L路公交车在S Beretania St + Ward Ave下车
电话：808-5328700
网址：www.honolulumuseum.org

·恐龙湾

恐龙湾（Hanauma Bay）是夏威夷瓦胡岛一处十分受游客喜爱的潜水胜地，其海水中有成群结队闪闪发光的银色鱼群游动，有带浅蓝色斑点的鹦嘴鱼追逐，还有习惯了浮潜着的海龟慢慢爬行。

地址：瓦胡岛南部海湾

·卡纳帕利海滩

卡纳帕利海滩（Ka'anpali Beach）是毛伊岛一家非常有名的度假村。这里有金色的海滩、蔚蓝的天空和清澈的海水，尤其适合情侣来此休闲、漫步。

地址：毛伊岛

夏威夷其他购物场所推荐			
名称	地址	电话	类型
Hoyts Cinemas 14	1591 West Nursery Road	410-8507300	电影院
Ward Stadium 16	1044 Auahi St	808-5947044	电影院
Brasserie Du Vin	1115 Bethel St	808-5451115	酒吧
Kona Alano Club	74-5606 Pawai Place #101	808-3295303	酒吧
O'Toole's Irish Pub	902 Nuuanu Ave	808-5364138	酒吧

夏威夷住宿

夏威夷的住宿点非常多，历史悠久的酒店、豪华度假村，魅力十足的短期出租住宿兼次日早餐的住所（B&B）、旅馆和出租公寓，你都能轻易找到。不过，在前往夏威夷游玩之前，一定要提前预订好住宿点，不然你很可能会找不到住宿的地方。

瓦胡岛酒店			
名称	地址	电话	网址
The Kahala Hotel & Resort	5000 Kahala Avenue	808-7398888	www.kahalaresort.com
Best Western the Plaza Hotel	3253 N Nimitz Hwy	808-8363636	www.book.bestwestern.com
Inn At Schofield Barracks	563 Kolekole Ave	808-6249650	www.innatschofield.com

夏威夷大岛酒店			
名称	地址	电话	网址
Paniolo Greens Resort	68-1745 Waikoloa Rd	888-4504646	www.paniologreens.com
Outrigger Fairway Villas	69-200 Pohakulana Pl	808-8860036	www.outriggerfairwayvillascondo.com
Wyndham Kona Hawaiian Resort	75-5961 Alii Dr	808-3344700	www.extraholidays.com

考爱岛酒店			
名称	地址	电话	网址
Grand Hyatt Kauai Resort and Spa	1571 Poipu Rd	808-7421234	www.kauai.hyatt.com
The St. Regis Princeville Resort	5520 Ka Haku Rd	808-8269644	www.stregisprinceville.com
Kauai Beach Resort	4331 Kauai Beach Dr	808-2451955	www.kauaibeachresorthawaii.com
Aston Kauai Beach at Makaiwa	650 Aleka Loop	808-8223455	www.marriott.com

毛伊岛酒店			
名称	地址	电话	网址
Peace of Maui Bed and Breakfast	1290 Haliimaile Rd	808-5725045	www.peaceofmaui.com
Hotel Wailea	555 Kaukahi St	808-8740500	www.hotelwailea.com
Hale Pau Hana Resort	2480 S Kihei Rd	808-8792715	www.hphresort.com
Four Seasons Maui at Wailea	3900 Wailea Alanui Dr	808-8748000	www.fourseasons.com

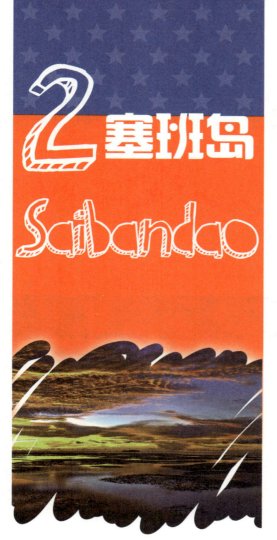

塞班岛交通

🚌 从**机场**前往**市区**

塞班岛科布勒国际机场，简称塞班国际机场，原是美国空军的专用机场，后改为民用国际机场。机场内主要停靠国际航班，有1座航站楼。从中国飞往该机场的航班主要来自北京、上海、成都、广州、台北等城市。塞班岛科布勒国际机场电话670-2376500，网址www.cpa.gov.mp。

从塞班岛科布勒国际机场进入塞班岛市内

塞班岛科布勒国际机场和塞班岛上的各个城镇都有公路相连，因此从机场进入市区特别方便。塞班岛科布勒国际机场进入市区的主要交通工具为旅游巴士和出租车。

旅游巴士

旅游巴士是从机场进入塞班岛市区、酒店以及各大旅游景区的主要交通工具。旅游巴士主要停靠在航站楼外面，进入塞班岛的时间一般在30分钟左右，想要乘车的人直接在车上购票即可。

出租车

塞班岛科布勒国际机场的出租车一般停靠在机场航站楼外，游客只需出航站楼便可轻易找到。出租车进入市内所需时间一般为30分钟，票价一般在20美元左右。

🚌 乘穿梭巴士游塞班岛

穿梭巴士是塞班岛往来于市中心购物场所与酒店之间的交通工具，一般在市中心大型购物场所和酒店附近就能乘坐。穿梭巴士运营时间间隔一般在20分钟左右，票价一般为3美元左右。

🚌 自驾车玩转塞班岛

自驾车是游玩塞班岛最方便的交通工具。塞班岛自驾车交通规则和中国一样，均是靠右行驶。在塞班岛上租车时，一般只要出示你的有效驾照和护照即可，租车费用最低价格约为65美元／天，按不同车子类型收取不同的费用。此外，在租车公司租车时可以获得免费的塞班岛汽车驾驶地图和安全路标指示图。

塞班岛租车公司信息	
名称	电话
Budget汽车租赁公司	670-2348232
Caes unlimited汽车租赁公司	670-2887261
Dollar汽车租赁公司	670-2348251

📍 塞班岛景点

📍 万岁崖

万岁崖（Banzai cliff）是位于塞班岛最北部的一处峭壁。万岁崖旁竖立着观音像慰灵塔，最高处有和平纪念碑。这里每年都有众多潜水爱好者受崖下陡直深渊的大深度峭壁地形吸引前来潜水。

💬 旅游资讯

地址：塞班岛北部

📷 旅游达人游玩攻略

万岁崖每年适合潜水的时间非常短暂，一般在5～7月是最适合潜水的时间段。此外，值得注意的是，万岁崖下的潮流及浪况都比较复杂，适合中高级程度的潜水者潜水。

万岁崖潜水

📍日军最后司令部遗址

日军最后司令部遗址 (Last Command Post)又名巴那迪洛，是第二次世界大战时日军司令部的所在地。遗址上现在依然完好地保存着日军最后司令部的主体建筑，周围还遗留有战争时所留下的坦克、大炮等物品。

💬 **旅游资讯**
地址： 塞班岛北端

📍鸟岛

鸟岛（Bird island）受海风的侵蚀而形成，是塞班岛最著名的风景名胜之一。鸟岛上不仅残留有远古时代的村落痕迹，还有种类众多的鸟类在此栖息。鸟岛在海水涨潮时，仿佛是海上的一座孤岛；退潮时则会与塞班岛相连，在阳光的照射下闪闪发光。

💬 **旅游资讯**
地址： 塞班岛东北部海湾

📷 **旅游达人游玩攻略**
鸟岛是自然保护区，是严禁狩猎、钓鱼及破坏任何植被的地方，因此在这里游玩时，你一定要注意别违反这些规定。

📍蓝洞

蓝洞（The Grotto）是与太平洋相连的天然洞穴，也是一处被《潜水人》杂志评为"世界第二"的洞穴潜水点。蓝洞外观形似张开嘴的海豚，内部有巨大的石钟乳，还有热带鱼、海龟、魔鬼鱼、海豚、水母、海胆等海洋生物。此外，蓝洞里面还有两个天然的游泳场，尤其适合人们游泳、潜水。

💬 **旅游资讯**
地址： Grotto Dr

📷 **旅游达人游玩攻略**
在蓝洞（The Grotto）潜水时，由于通往蓝洞的水泥石阶又陡又滑，所以你一定要小心行走。

蓝洞

塞班岛美食

塞班岛是一个美食天堂，其美食主要以查莫洛风味菜最受食客欢迎。查莫洛风味菜主要以产自岛上的食材制作成的椰子蟹、腌木瓜、烤乳猪、生鱼片、红米饭、椰汁虾等，利用当地的酱料、酱油、柠檬汁、洋葱等佐料精心调制而成，融合了西班牙、菲律宾及南洋的口味，可谓是色香味俱佳。此外，塞班岛上还有美式、中式、法式、日式、韩式、意式、墨西哥等各种美食。

塞班岛美食

· Kinpachi Japanese Restaurant

Kinpachi Japanese Restaurant是一家以提供查莫洛美食为主的日本餐厅。餐厅内装饰风格时尚，环境干净整洁，主打菜肴有椰子蟹、腌木瓜等，价格较为实惠，服务员的服务态度也非常好，是值得一去的好地方。

地址：Date St
电话：670-2346900
网址：www.saipanexplorer.com

· Governors

Governors是一家以供应不同主题自助式餐食为主的餐厅。餐厅内装潢十分奢华，服务员的服务也极为周到。餐厅内有查莫洛美食、波利尼西亚美食和日本料理等美食，食客可以根据自己的喜好选择相应的菜肴。

地址：PlumeriaResort普洛玛丽亚度假酒店内
电话：670-3226201

· Hard Rock Cafe

Hard Rock Cafe是一家非常有名的连锁摇滚餐厅。餐厅内所有物品摆设都与摇滚乐有关，让人有种走进了摇滚乐博物馆的错觉。餐厅内不仅提供美味的菜肴，还有各种香醇的烈酒、冰凉的啤酒、风味独特的鸡尾酒和完全无酒精的饮料等饮品。

地址：Beach Rd
开放时间：9:30至次日2:00

塞班岛购物

　　塞班岛是爱"血拼"的人心目中的购物天堂。塞班岛是自由港，商品上岛后可免去入口关税，因而岛上的名牌商品价格相对比较实惠。在塞班岛上，除了可以购买名牌商品外，草编手袋、木雕、贝壳工艺品、当地传统民服等地方特色商品也可随意挑选。

· 塞班岛DFS环球免税店

　　塞班岛DFS环球免税店是塞班岛最大的购物中心，其环境舒适，拥有众多世界名牌商品，其中包括LV、Guccci、Prada、Burberry、XO、兰蔻、雅诗兰黛、娇兰等品牌，并且都比市场价格便宜很多。

地址：Beach Road
电话：670-2336602
网址：www.dfsgalleria.com

其他购物场所推荐			
名称	地址	电话	网址
DFS Galleria Saipan	Beach Rd	670-2336602	www.dfsgalleria.com
Axe Murderer Tours	Ginger Ave	670-9897327	www.axemurderertours.com
Fiesta Resort and Spa Saipan	Beach Rd	670-2346412	www.fiestasaipan.com
Hard Rock Cafe Saipan	PMB 103 PPP Box 10000	670-2337625	www.hardrock.com

塞班岛娱乐

　　在塞班岛，享受日光浴、SPA、打高尔夫球是最受游客欢迎的娱乐项目。此外，塞班岛还有斗鸡、水上摩托艇、潜水等娱乐项目，其中斗鸡是一种很特别的消遣方式，但门票价格比较高。

·塞班岛度假酒店及水疗中心

塞班岛度假酒店及水疗中心（Mariana Resort & Spa Saipan）位于塞班岛东北部，濒临海洋，风景十分优美。水疗中心以为顾客提供特效ＳＰＡ按摩为主，不过价格昂贵。

地址：Marpi Cliffs
电话：670-3220770

·劳劳海湾高尔夫球俱乐部

劳劳海湾高尔夫球俱乐部（Lao Lao Bay Golf Course）是一处可以欣赏美丽海景的大型高尔夫球场。球场内草地坡度平缓，有36洞，144杆标准杆，设施齐全，很受游客喜爱。

地址：Kagman III
电话：670-2368888

其他娱乐场所推荐

名称	地址	电话	类型
Hard Rock Cafe Saipan	PMB 103 PPP Box 10000	670-2337625	酒吧
VFW Post 3457	Beach Rd	670-2354839	酒吧
Wild Bill's Bar & Grill	Beach Rd	670-2333372	酒吧
Hollywood Theaters	Roong Ln	670-2349000	电影院

塞班岛住宿

塞班岛虽然不大，但是住宿点非常多。从安静舒适型的酒店到宽敞高级型的酒店，从别具特色的汽车旅馆到适合背包族的青年旅舍，你都能找到。来到这里，游客可以根据自己的喜好选择各种住宿点入住。

塞班岛酒店推荐

名称	地址	电话	网址
Hyatt Regency Saipan	Capitol Hill Rural Branch	670-2341234	www.saipan.regency.hyatt.com
Capital Hotel	Filooris Ave	670-2336888	www.saipangoodtravel.com
Century Hotel	Kalachucha Ave	670-2331420	www.centuryhotel-saipan.com
Ocean View Hotel	Beach Rd	670-2348900	www.saipanhotel.com
Asia Scooter	Orchid St	670-2331114	www.asiarentcar.com
Hyatt Regency Saipan	Garapan	670-2341234	www.saipan.regency.hyatt.com

夏威夷

《去美国终极实用版》编委会

本书主编： 付春琳

编写成员：

单 雪 影	尹	浩	陈 玉 兰 丹	聂 宝 菊	李 玉 佳
朱 兰	董 蕾 芬	吴 丹 颖	岳 会 博 阳	汪 婷 龙
朱 五 红	刘 芬	陈 靳 文	李 来 莉 莉	陈 黄 嫚
王 磊	许 红 玲	刘 章	李 晓 小	尹 钢 晓
魏 亚 男	常 美 章	刘 春 洁 华	郑 晓 小 萌	王 曾 祥 厚
陈 艳	姚 章 琳	李 兴 华	刘 萌 薇	王 春
王 永 军	刘 佳 辉	李 褚 小 璇	姜 营	曾 祥

版式制作： 缪 利 军 　 江 　 豪 　 薄 静 　 顾 传

技术总监： 李彩燕